国家社会科学基金项目（08XYY016）

汉维多重定语语序对比研究

HANWEI DUOCHONG DINGYU YUXU DUIBI YANJIU

李素秋 ◎ 著

中国社会科学出版社

图书在版编目（CIP）数据

汉维多重定语语序对比研究 / 李素秋著. —北京：中国社会科学出版社，2015.2
ISBN 978-7-5161-5635-3

Ⅰ.①汉… Ⅱ.①李… Ⅲ.①维吾尔语（中国少数民族语言）-定语-词序-对比研究-汉语 Ⅳ.①H215.4②H146.3

中国版本图书馆 CIP 数据核字（2015）第 041750 号

出 版 人	赵剑英
责任编辑	任　明
责任校对	王　磊
责任印制	何　艳

出　　版	中国社会科学出版社
社　　址	北京鼓楼西大街甲 158 号
邮　　编	100720
网　　址	http://www.csspw.cn
发 行 部	010-84083685
门 市 部	010-84029450
经　　销	新华书店及其他书店

印刷装订	北京市兴怀印刷厂
版　　次	2015 年 2 月第 1 版
印　　次	2015 年 2 月第 1 次印刷

开　　本	710×1000　1/16
印　　张	12.25
字　　数	220 千字
定　　价	50.00 元

凡购买中国社会科学出版社图书，如有质量问题请与本社联系调换
电话：010-84083683
版权所有　侵权必究

前　言

　　语言是负载信息的音流，一纵即失，只在时间中流动，因此呈现在表层上为一种线性序列组合。对于同一世界的同一现象，不同民族有时会用不同的语序进行表达，那么制约这些语序的内在机制是什么呢？这一直深深地吸引着语言学家。

　　有关语序的研究早在19世纪的语言学著作中就已看到。R.Lepsius在《努比亚语语法》一书的序言中就有关于所有格的位置跟前置词、后置词的关系以及某些语言喜欢用"修饰语—被修饰语"的语序，而另外一些语言则用相反语序的看法。在这方面做过系统论述的可见于W.Schmidt《全世界的语系及其区域》以及其他一些著作。Schmidt认为：前置词伴随名词—所有格语序，后置词则伴随相反的语序。名词—所有格语序倾向于出现在V-O语言中，而所有格—名词语序则倾向于出现在O-V语言中[①]。可以看出Schmidt已经注意到了语言的不同要素之间存在着跨语言的相关性，只是没有朝精密化、系统化方向发展。

　　到了20世纪60年代，格林伯格（Greenberg）发表了《某些主要跟语序有关的语法普遍现象》，语序研究开始受到格外关注，学者们分别从不同侧面对不同语言的语序进行描写、分析，并挖掘其原因，使语序研究向前迈进了一大步。

　　在格林伯格这篇象征语言类型学奠基之作的文章中，多处论及修饰语与被修饰语之间的语序问题。如普遍现象18："当描写性形容词前置于名词时，除了偶然出现的情况外，绝大多数情况下指别词和数词也处于名词之前。"普遍现象20："当任何一个或者所有的下述成分(指别词、数词、描写性形容词)居于名词之前时，它们总以这种语序出现。如果它们后置，语序或者依旧，或者完全相反。"Hill、Vendler、Martin、Seilor等多位学者也对修饰语和被修饰语的语序进行过研究，认为英语和德语前置的多项定语大致会形成这样一个优先序列"逻辑量词—指示词/冠词/领属词—数词—表情

---

① [美]格林伯格：《某些主要跟语序有关的语法普遍现象》，陆丙甫、陆致极译，《国外语言学》1984年第2期。

状的形容词—表估价的形容词—表颜色的形容词—表质料的形容词及名词"，在经过更大范围的考察之后，匈牙利语、波兰语、土耳其语、印地语也是这种语序。① 虽然这些学者的研究在一定程度、一定范围内印证了格林伯格提法的正确性，但是格林伯格使用的语种库中没有汉语和维吾尔语，那么汉语和维吾尔语中指别词、数词、形容词作定语时的语序也是这样吗？除了这三类词外，其他可以充当定语的语法单位和指别词、数词、形容词共现时构成的多重定语语序又是怎样的呢？这是促使本课题选定多重定语语序作为研究对象的主要原因之一。

目前有关维吾尔语定语特别是多重定语的研究成果不多，探究其形成原因的文章、论著更是少之又少，因此本课题希望通过研究，能梳理出维吾尔语定语的基本情况、多重定语的基本语序，然后通过和汉语对比，描写出两种语言在多重定语语序上的共同点和不同点，同时挖掘出制约这些语序的内在机制和动因。

在过去的研究中，学者们较多局限于汉语和维吾尔语两种语言之间的对比，本课题打算突破这一局限，把两种语言放到世界语言范围内进行对比，试图找出汉维语与世界上其他语言在多重定语语序上的共性特征及相异之处。

理论的探讨最终要服务于实践，在汉语教学中，多重定语语序的讲授一直比较困难，也是学生掌握的难点。由于其重要性，HSK、MHK 几乎每年必考。因此本课题在对汉维语多重定语语序进行深入、细致的研究后，还将对民族学生试卷中的多重定语偏误进行收集、整理、分析，发现其问题，找出其原因，为多重定语的讲授提出自己的看法，最后本课题还将讨论维吾尔语多重定语的汉译问题，希望能为语言教学和维汉翻译提供一定的参考和指导。

---

① 参见张敏《认知语言学与汉语名词短语》，中国社会科学出版社 1998 年版，第 365-366 页。

目 录

前言 ………………………………………………………………………… 1

第一章　语言类型学述要 ………………………………………………… 1
第一节　语言类型学与形式语言学的比较 ……………………………… 1
第二节　蕴涵共性 ………………………………………………………… 4
第三节　语序优势和语序和谐 …………………………………………… 7
第四节　相关解释 ………………………………………………………… 9
第五节　研究方法和语料来源 …………………………………………… 12
第六节　符号转写与缩略 ………………………………………………… 14

第二章　汉维多重定语研究综析 ………………………………………… 19
第一节　现代汉语定语研究概况 ………………………………………… 19
第二节　现代汉语多重定语研究概况 …………………………………… 26
第三节　现代维吾尔语定语研究概况 …………………………………… 29
第四节　现代维吾尔语多重定语研究概况 ……………………………… 33
第五节　汉维定语研究评析 ……………………………………………… 34

第三章　汉维语多重定语语序的共同点和相异点 ……………………… 36
第一节　现代汉语定语的构成 …………………………………………… 36
第二节　现代维吾尔语定语的构成 ……………………………………… 42
第三节　汉维多重定语语序的共同点 …………………………………… 62
第四节　汉维多重定语语序的相异点 …………………………………… 69

第四章　汉维语多重定语语序的格局及其理据 ………………………… 75
第一节　名词在多重定语中的分布顺序及其理据 ……………………… 75
第二节　形容词在多重定语中的分布顺序及其理据 …………………… 82
第三节　数词在多重定语中的分布顺序及其理据 ……………………… 90
第四节　代词在多重定语中的分布顺序及其理据 ……………………… 95

第五节　各种短语在多重定语中的分布顺序及其理据…………101
　　第六节　动词在多重定语中的分布顺序及其理据……………113
　　第七节　板块组合对语序的影响…………………………………120

第五章　民族学生多重定语习得研究……………………………128
　　第一节　民族学生多重定语使用情况……………………………128
　　第二节　民族学生习得多重定语的偏误情况……………………137
　　第三节　民族学生多重定语的习得情况…………………………142
　　第四节　多重定语的教学策略……………………………………145

第六章　多重定语的翻译问题……………………………………148
　　第一节　名词的翻译………………………………………………148
　　第二节　形容词的翻译……………………………………………155
　　第三节　数词和代词的翻译………………………………………162
　　第四节　短语的翻译………………………………………………170
　　第五节　动词的翻译………………………………………………174

结语…………………………………………………………………177

参考文献……………………………………………………………182

后记…………………………………………………………………190

第一章 语言类型学述要

第一节 语言类型学与形式语言学的比较

目前世界上研究语言共性分为两种方法,一种是形式语言学,一种是语言类型学。形式语言学是对一种语言做详尽研究,通过用抽象的深层句法结构来表述语言共性,并倾向于用天赋性来进行解释,这种方法是乔姆斯基(Chomsky)提倡的转换生成语法。另一种方法是对广泛语言进行研究,主张用比较具体的分析来表述语言共性,在对语言共性的存在做出各种可能的解释时一般留有讨论的余地,这就是由格林伯格倡导的语言类型学的研究方法。

形式语言学认为在对语言的句法进行描写时,除了表层比较具体的句法表达层次外,还存在一些抽象的表达层次,这些表达层次就是深层结构以及介于深层结构和表层结构之间的各种中间表达层次。找到这种抽象的表达结构,也就找到了语言共性,即普遍语法。但是深层结构一直是个有争议的问题,那就是这些结构高度抽象,大人都很难概括总结,儿童在习得语言时,又是怎样从语言材料中推导出这些高度抽象的深层结构,然后再让这些抽象结构内化,转化成比较具体的表层结构,最终习得一门语言?这是一个非常复杂的问题。对此,形式语言学家认为人脑中天生就有一套语言机制,这套与生俱来的语言机制就是我们前面提到的普遍语法。如果接受了这个假设,那么一个人习得语言的过程,便不再是一项浩大的工程。因为他的头脑中已经有了普遍语法的存在,他只需要收集有限的语言资料便能决定母语在普遍语法各项原则中的参数值,因此儿童不必学习那些抽象原则,就可以在很短的时间内掌握一门语言。由于认为这种抽象结构即普遍语法是先天就有的,所以形式语言学强调句法的自主性,认为不必借助语言以外的因素如认知或交际能力就能解释语言共性现象。

形式语言学研究语言共性时,通常以研究一种语言为主,乔姆斯基就是通过对英语的深入分析来发展其普遍语法理论模型的。不过也有一些生成语法学家在研究英语以外的语法,但主要还是以某种具体语言为研究对象。因为他们相信,只要通过对一种语言进行深入挖掘,就能揭示出人类语言的共同特征。不过随着研究的深入,形式语言学也开始注意语言的多样性,例如提出了"原则与参数模型"。"原则"是指适用于任何语言的高度抽象的语法构成,如 X-bar 理论、论旨理论、投射原则、格理论等等。某种语言不一定具备所有这些原则,但是没有任何语言可以违反这些原则。"参数"则反映了语言与语言之间的差异,如方向参数、话题参数、隐含 pro 参数等,不同的语言会有不同的参数值。语言中的"原则"具有人类语言的普遍性,是人类的生理天赋,不必通过学习就天生存在于人的大脑之中。

  可以看出,形式语言学研究模式所依据的推论几乎完全是先验的,没有借助任何实际材料来支持,唯一借助的事实是儿童比较容易习得语言。这种推论存在的问题是,在当前的技术条件下,很难被证实。同时由于没有对广泛语言进行考察而追求深层的形式共性,致使设定的一些语言共性在面临其他语言材料时就容易出现反例。例如 X-bar 理论认为,在一个特定的语言中,各种类型的短语的指定成分要么都在前,要么都在后,即要么限定词在名词前,助动词也在动词前;要么限定词在名词后,助动词也在动词后。这一断言被解释成了绝对的、无例外的共性[①]。英语确实遵循这条原则,但是这条作为绝对共性的原则在其他语言中却存在了明显的反例。例如在维吾尔语中,限定词在名词前,如"bu adɛm(这个人)","bu(这)"前置于"adɛm(人)",而助动词却在动词后,"søzlɛp bɛr(讲给)",助动词"bɛr"后置于动词"søzlɛp(说、讲)"。因此仅仅依靠一种语言研究出的语言共性往往容易被证明有误。

  格林伯格所倡导的语言类型学认为,研究语言共性的目的是发现各种语言中的共同现象,特别是发现和解释不同要素之间的相关性,因此类型学家通常情况下不会在单一的语言内部寻找语言共性,而是将通过跨语言或跨方言验证后得出的现象、规律和倾向看作语言共性或者具有优势的倾向,所以类型学总结出来的共性具有更强的说服力。语言类型学家研究语言共性时之所以要有广泛种类的语言数据,是因为有些语言共性根据一种语言根本无法判断,例如"蕴涵共性"就属于这一类。"蕴涵共性"一般至少涉及两个语言特性,可以分别用 P 和 Q 表示,如果 P 和 Q 之间存在蕴涵关系,那就是"如果 P,那么 Q"。举一个简单的实例,如果一种语言的基本语序是动词—主语—宾语(VSO),那么这种语言就使用前置词。在这个例子中,特性 P 是"基本语序是 VSO",特性 Q 是"使用前置词",这两个

[①] [英]伯纳德·科姆里:《语言共性和语言类型》,沈家煊、罗天华译,北京大学出版社 2010 年版,第 8 页。

特性的结合可见于威尔士语。如果我们只研究威尔士语,最终会得出语言是 VSO 语序就必定使用前置词的结论。然而通过对其他语言的研究,我们发现还存在其他类型的语言,如英语是 SVO 语序和前置词,维吾尔语是 SOV 语序和后置词。因此如果我们仅仅研究一种语言,得出的共性可能就是片面的,也不能为设定的蕴涵共性提供所需要的证据,因此广泛语言的数据对于确定语言共性是非常必要的。

对于语言类型学的这种研究方法,形式学派认为通过归纳得到的共性只是一些现象共性。其实类型学家也经常对某一具体语言或某些具体语言进行深入的研究,但他们在研究具体语言时,总是以跨语言研究为背景,看看具体语言的语言规律是否印证已经得出的语言共性的规律,或者用已经得出的语言共性的规律来解释具体语言,以便更加深入地了解具体语言中哪些现象反映了语言共性,哪些现象反映了具体语言所属类型的特点,哪些现象反映了具体语言自身的个性。

在解释跨语言的共性或类型特点时,类型学家一般既注重内部解释,也注重外部解释。内部解释使人们注意到语言是由一系列规则控制的系统,语言结构正是按照这些规则由较小的成分组成较大的成分,以满足人们表达的需要。外部解释通常从两个方面进行:一是人类普遍的认知能力。语言是人类认知的一部分,和人类的其他能力并无二致,这类解释多借助认知语言学的有关理论;二是语言作为一种交际手段的功能。这类解释多借助功能语言学的有关理论。内部解释和外部解释的结合,让我们注意到,语法规则并不是在真空中起作用的,说话人为特定目的、在特定语境下使用的语言结构,都会受到相关因素的影响。

与跨语言视角紧密联系的是跨年代的历时视角,语言类型学家相信历时的研究比单纯的共时研究更能全面地反映语言的本质。弄清楚某一语言形式、结构或规律的前身是迈向语言解释的第一步。因此语言学家非常关心语言的变化机制,并且将其应用于检验语法理论的有效性中。历时视角和共时视角的结合,使类型学的解释更为全面。

尽管形式语言学和语言类型学在研究思路和语种库上存在差异,但二者并不是完全对立的,两派学者都在努力寻求语言共性。有些生成语法学家如美国麻省理工学院的 Ken Hale 就积极参与了类型学的研究。类型学家在研究语言共性时,也有部分人用形式分析的方法进行研究的,如霍金斯(Hawkins)提出的 EIC 原则(Early Immediate Constituents,直接成分尽早识别原则)。这些研究使形式语言学和语言类型学更加靠拢,因此形式语言学和语言类型学并不是一种对立的关系,而是可以互相借鉴、互相启迪的。

第二节　蕴涵共性

在研究语言共性时,格林伯格用抽样方法建立了 30 种语言的语种库,以此提出了主要跟语序有关的多种共性,从而拉开了当代语言类型学的序幕。在描写方面,他最大的贡献就是提出了"蕴涵共性"的概念。所谓"蕴涵共性"就是语言的一种特性必须或者只有在其他某个特性也出现的条件下才能出现,即"如果 P,那么 Q"。也就是说,如果有 P,就必然有 Q;如果没有 P,是否有 Q 就不能确定,因为既可能有 Q,也可能没有 Q。例如格林伯格普遍现象 3:"优势语序为 VSO 的语言,总是使用前置词。"即:一种语言如果是 VSO 语序,使用的就一定是前置词;如果不是 VSO 语序,使用的可能是前置词,也可能是后置词。

这个命题如果用公式表示,就是:

如果 P,那么 Q

在这个公式中,"P"是蕴涵项,或叫前件,"Q"是被蕴涵项,或叫后件,"如果……那么"是联结词,这个命题可以表达为下列蕴涵式:

(1) P→Q

这里的"→"读作"蕴涵"。

其逻辑真值如下:

P	Q	P→Q
T	T	T
T	F	F
F	T	T
F	F	T

这就是说,在这个命题中,只有当其前件为真而后件为假时,该命题才是假的,在其余情况下,都可以是真的。

那么普遍现象 3 就可以用下面的蕴涵逻辑真值表来测试:

(2) 　VSO 语序　　　前置词　　　是否成立

	VSO 语序	前置词	是否成立
1.	T	T	T
2.	T	F	F
3.	F	T	T
4.	F	F	T

假如蕴涵判断"如果语序是 VSO,那么使用前置词"是真实的,那么 1、3、4 这三种可能性是允许的,而逻辑可能性 2 是不允许的。属于 1 的语言有威尔士语,它既是 VSO 型语言又使用前置词;属于 3 的语言有英语,

它不是 VSO 型语言却使用了前置词；属于 4 的情况有维吾尔语，它不是 VSO 型语言，也不使用前置词。属于 2 的语言——是 VSO 型语言但不使用前置词，在世界语言范围内是不存在的，因此我们可以说"VSO 语序"蕴涵着"前置词"，这就是一条蕴涵共性。

在阐述蕴涵共性时，需要注意的是某一个蕴涵共性总是在四种逻辑可能性中允许三种而排除一种；只有当不允许的第四种逻辑可能性被证实时，才构成一个蕴涵共性的反例。此外为了避免做出无意义的语言共性的判断，还应该记住：为了使一个蕴涵共性成为合理的断言，所允许的三种可能性中的每一种都应该在事实上有代表形式。不仅如此，最有意义的一类蕴涵共性是在三种允许的可能性中，每一种都有相当大数量的语言为代表的共性。如果某一特性或一组特性只见于取样中的一种语言，那么把这个特性或这组特性算作 Q 的蕴涵判断，事实上只是对这种语言特有的一个个性做出的判断。

与蕴涵推理相对的是反蕴涵推理，它的形式是：P←Q，可以读作：P 反蕴涵 Q。也就是说，没有 P，就必然没有 Q，而有 P，则可以有 Q，也可以没有 Q。用公式表示是"只有 P，才 Q"，其逻辑真值如下：

（3） | P | Q | P←Q |
|---|---|---|
| T | T | T |
| T | F | T |
| F | T | F |
| F | F | T |

在很多语言中都有"数"的范畴，主要是"单数"和"复数"的对立。但语言学家发现，有的语言单数有标记，有的语言单数没有标记，有的语言复数有标记，有的语言复数没有标记。同时还发现，一种语言中，复数标记是单数标记的必要条件，即复数标记反蕴涵单数标记。它们的关系如下：

（4） | 复数标记 | 单数标记 | 复数标记←单数标记 |
|---|---|---|
| T | T | T |
| T | F | T |
| F | T | F |
| F | F | T |

上面的推断告诉我们，任何一种语言，如果复数没有标记，那么单数也没有标记，如果复数有标记，单数可以有标记，也可以没有标记，但是绝对不存在复数没有标记而单数有标记的语言。

由（1）还可以得到一种逻辑上等值的推导式，即（5）：

（5）-Q→-P

由于有前件 P 就一定有后件 Q，因此没有后件 Q，就一定是由于没有前件 P，所以否定后件 Q 就是否定前件 P。我们用格林伯格普遍现象 3 来解释，"-Q"表示"不使用前置词"，"-P"表示"不属于 VSO 型语言"，如果一种语言不使用前置词，那么意味着它一定不属于 VSO 型语言。

但是由（1）却不能推导出（6）：

（6）-P→-Q

这就是说，否定了前件 P，并不一定否定了后件 Q，后件 Q 可能是真，也可能是假。例如一种语言不属于 VSO 型语言，并不代表它不使用前置词。也就是说，它既可能使用前置词，也可能使用后置词。例如英语，不属于 VSO 型语言，而属于 SVO 型语言，使用的就是前置词。维吾尔语，不属于 VSO 型语言，而属于 SOV 型语言，使用的就是后置词。

格林伯格提出的共性用更详尽的形式表示就是四分表格。普遍现象 25："如果代词性宾语后置于动词，那么名词性宾语也同样后置"，用四分表格表示就是：

前置代词宾语，前置名词宾语	后置代词宾语，后置名词宾语
*后置代词宾语，前置名词宾语	前置代词宾语，后置名词宾语

格林伯格提出的蕴涵共性大多是单向蕴涵关系。即"如果 P，那么 Q"或者"只有 P，才 Q"。从"如果 P，那么 Q"中我们可以推导出如果有前件就一定有后件，但是我们不能推导出没有前件就一定没有后件；从"只有 P，才 Q"中可以推导出，如果没有前件就一定没有后件，但是我们不能推导出有了前件就一定有后件，因此反映在四分表格中，就是一格为空的四分表，如"后置代词宾语，前置名词宾语"，说明代词宾语后置于动词，而名词宾语前置于动词的语言在世界上是不存在的。

在格林伯格的共性中有少数是双向蕴涵的。如普遍现象 2："使用前置词的语言中，所有格几乎总是后置于中心名词，而使用后置词的语言，所有格几乎总是前置于中心名词。"不考虑"几乎"，把普遍现象 2 的两个命题合起来，就是"当且仅当有前置词，所有格后置于中心名词"。其逻辑真值如下：

（7）前置词　　　所有格后置于中心名词　　是否成立

　　　T　　　　　　　T　　　　　　　　　T
　　　T　　　　　　　F　　　　　　　　　F
　　　F　　　　　　　T　　　　　　　　　F

	F	F	T

格林伯格普遍现象 2 如果用四分表格表示，在四分表格中就会出现两个空格。

前置词，所有格后置于中心名词	*前置词，所有格前置于中心名词
*后置词，所有格后置于中心名词	后置词，所有格前置于中心名词

语言共性除了蕴涵共性外，还存在非蕴涵共性。所谓"非蕴涵共性"是指不必参照语言的任何其他特性就能判断它们在自然语言里是否存在。例如所有语言中都有元音；所有语言都至少有由名词性词语和动词性词语构成的句子；所有语言都有否定句和疑问句，都能够把某些句子变成祈使句等等。这些判断不需要参照任何其他特性是否存在就能判别。这种非蕴涵共性是比较容易发现的，但是这样探讨出来的共性不会很多。而格林伯格提出的蕴涵共性却从表面上不相关的语言现象中，去探讨人类语言的许多共性，这就是不同语言现象之间的蕴涵关系。这样一来，原本看似没有关系的语言现象就可以变得有关，原本体现差异的现象，现在就体现出了共性，因此能发现的共性就会大大增加。

但是面对如此众多的语言，任何共性都不可能是在对世界上所有语系、所有语族、所有语支中的语言进行研究完后才归纳出的结果，因此目前共性的研究都是建立在有限的语种基础上的，语种库的规模和代表性可能会影响考察的结果。在这种情况下，蕴涵共性更确切地说应该是一种"倾向"。

格林伯格对语言中蕴涵共性的发现具有划时代的意义。蕴涵共性可以告诉我们语言的发展变化所受到的限制和条件，从而能够让我们从历时语言学的角度重新审视语言变化发展的规律，并为我们预测语言可能会有的变化模式。蕴涵共性可以告诉我们世界上可能存在的语言形式和不可能存在的语言形式，蕴涵共性还能告诉我们某些例外可以得到合理的解释，因此可以说格林伯格为语言类型学做出了很大的贡献。

第三节 语序优势和语序和谐

目前学者们发现的大部分蕴涵共性都是单向性的，单向性意味着蕴涵关系两端在语种分布上是不对等的。下面以格林伯格普遍现象 25 加以说明，"如果代词性宾语后置于动词，那么名词性宾语也同样后置"，这个蕴涵命题在四分表格中表现为：

前置代词宾语，前置名词宾语	后置代词宾语，后置名词宾语
*后置代词宾语，前置名词宾语	前置代词宾语，后置名词宾语

在这个四分表格里，三种逻辑可能性中，前件"前置代词宾语"出现两次，"后置代词宾语"只出现一次，所以代词宾语前置相对于代词宾语后置是优势语序。后件"后置名词宾语"出现两次，"前置名词宾语"只出现一次，所以名词宾语后置相对于名词宾语前置是优势语序。两个劣势的组合，即"后置代词宾语"和"前置名词宾语"是不可能存在的，也就是说在世界语言范围内，不可能存在代词宾语后置于动词而名词宾语却前置于动词的语言。

格林伯格对"优势"的定义是狭义的，目前文献中对"优势"的运用超出了这个狭义的定义，而采用更为广泛的理解。广义的"优势语序"往往指某一语言中的无标记语序或基本语序，有时也指一种跨语言的总倾向。

优势语序是人类语言中很值得注意，也是需要寻求合理解释的现象。同时优势语序不仅存在于蕴涵共性中，而且也存在于非蕴涵共性中。例如格林伯格普遍现象14："在条件陈述句中，所有语言都以条件从句处于结论之前为正常语序。"条件从句本身的优势语序就是前置于主句，这个优势语序不需要涉及其他特性就能存在。

语序的和谐性也是格林伯格明确提出来的，他认为"优势的语序总可以出现，而其相反的处于劣势的语序则只有在其和谐结构也出现时才会出现。"①

格林伯格在与优势语序的关系中引出了和谐性，说明和谐性是与蕴涵共性、优势语序相关的现象，而不是一条独立存在的普遍原则。和谐语序和优势语序都是从四分表格中得来的。那么我们再来看看格林伯格普遍现象25。在三种逻辑可能性中，"后置名词宾语"出现了两次，所以相对于"前置名词宾语"是优势语序，"前置代词宾语"相对于"后置代词宾语"出现了两次，所以也是优势语序。两个优势语序"后置名词宾语"和"前置代词宾语"放在一起当然也是优势语序。"前置代词宾语"和"前置名词宾语"都居于动词前，"后置代词宾语"和"后置名词宾语"都居于动词后，和动词的相对位置一样，所以是和谐的语序。"前置代词宾语"是优势语序，"后置名词宾语"是优势语序，但是一个居于动词前，一个居于动词后，所以没有和谐关系。"后置代词宾语"是劣势语序，"前置名词宾语"也是劣势

---

① [美]格林伯格：《某些主要跟语序有关的语法普遍现象》，陆丙甫、陆致极译，《国外语言学》1984年第2期。

语序，二者不能组合在一起，再加上一个居于动词后，一个居于动词前，二者没有和谐关系，所以就不能存在，在四分表格中显示为空格。

据此我们可以这样理解和谐性：

1. 当两种语序都是优势语序时，即使二者没有和谐关系，也可以并存于同一语言，如"前置代词宾语"和"后置名词宾语"；

2. 当两种语序一个是优势语序，一个是劣势语序，但如果有和谐关系也可以并存于同一语言，如"前置代词宾语"和"前置名词宾语"，"后置代词宾语"和"后置名词宾语"；

3. 当两种语序都是劣势语序，并且二者没有和谐关系时，就不能存在于自然语言中，如"后置代词宾语"和"前置名词宾语"。

从以上分析可以看出，"优势"和"和谐"有着密切关系，又有着内在矛盾。优势语序可以在不和谐的状态中存在，不都是优势的两种语序也可以存在和谐关系。

第四节 相关解释

语言的产生与人类的认知密不可分。当人们感知外部世界时，会受到来自生理、感知能力、原有知识结构、外在文化环境等多种因素的制约，所以世界再反映到人们头脑中时，是一个经过加工的世界，是一个主客观相互结合的产物。因此人类用语言反映外部世界时，语言要素不可能和外部世界是简单的一一对应关系，而是与人类生存的环境、文化、认知息息相关，所以语言是一个生理基础、客观现实、社会文化等多种因素综合的产物，语言系统是人类认知能力和外部经验世界相互作用的结果。德国语言学家 L.Weisgerber 认为语言是一种决定人们世界观的积极力量,语言是精神上的"中间世界"，它是客观实际和人的内部世界之间的一种媒介[①]。R.Jackendoff 也认为，语言传递的信息并不是真实世界，而是真实世界反映在头脑中的投射世界[②]。

既然人类对客观世界的认识是主客观相互作用的产物，因此在运用语言表达外部世界时，人的经验和周围文化环境必然参与其中。没有独立于这些因素之外的所谓意义，也没有独立于这些因素之外的客观真理。

在人们认识、概括、反映客观世界的过程中，为了更好地认识和充分利用客观世界，需要对纷繁复杂的客观事物进行分门别类，并人为地命名

[①] 参见张公瑾、丁石庆《文化语言学教程》，教育科学出版社 2004 年版，第 116 页。
[②] 参见赵艳芳《认知语言学概论》，上海外语教育出版社 2004 年版，第 53 页。

各类范畴和概念。这一分门别类的心理认知过程被称为范畴化，范畴化的产物就是一个个认知范畴。若没有对千差万别的现实加以范畴化的能力，人类便无法理解自己的生活环境，无法对经验进行处理、构造和存储，周围一切都将混沌一片地存在于人们的大脑之中。

　　那么如何对千差万别的事物进行范畴化呢？通常一个物体、一件事情、一个概念会有很多属性，人的认知往往会较多关注本质属性，然后根据本质属性对事物进行分类，从而得到一个个范畴。范畴和范畴之间的界限不是明晰的，而是模糊的，范畴内部的成员不是由共同特征决定的，而是由家族相似性决定的，也就是说范畴中的成员如同一个家族的成员，每个成员都和其他一个或数个成员共有一项或几项属性，但几乎没有一项属性是所有成员共有的。有的成员比其他成员享有更多的共同特性，这些成员就是该范畴的典型成员或中心成员，即原型，其他成员则是非典型成员或边缘成员。原型是范畴中的典型代表，具有最大的家族相似性，人们在识别范畴中的原型样本时，心智处理最容易，费时最短，所以通常具有无标记性。而在识别非典型样本时，心智处理就相对困难，费时也比较多，所以通常具有有标记性。

　　所谓"标记"，是指一个范畴内部存在的某种不对称现象。[①]它是布拉格学派 N.Trubekzkoy 和 R.Jakobson 在研究音位学时创立的。Trubekzkoy 认为音位有三种对立：缺值对立、级差对立和等值对立。在传统的标记理论中，只承认"二分模式"：一个范畴只有两个成员的对立，一个是有标记项，一个是无标记项。但事实上很多语法范畴的标记项不止两个，就拿"数"来说，有单数、复数、双数、三数，甚至还有少量数，因此传统的"二分模式"发展到了"相对的"的多分模式，"二分模式"可以看做是"相对模式"的一个特例。除了"相对的"多分模式以外，标记理论在发展过程中还注重若干范畴之间标记的"关联模式"。在传统的标记理论中，只建立一个范畴内两个成员的标记模式，比如在"数"的范畴中，单数是无标记的，复数是有标记的，但是新的标记理论要求把一个范畴和另一个范畴联系起来，这样就建立了"关联模式"。如：

	个体名词	集合名词
单数	无标记	有标记
复数	有标记	无标记

在这个矩阵中，把"数"的范畴和"词类"的范畴联系起来，构成了

[①] 沈家煊：《不对称和标记论》，江西教育出版社 1999 年版，第 22 页。

两个范畴之间的"关联模式"。①个体名词的单数是无标记项，如维吾尔语"ajal（女人）"，个体名词的复数是有标记项，如维吾尔语"ajallar（女人们）"。集合名词的复数是无标记项，如英语"bread（面包）"，集合名词的单数是有标记项，如英语"a piece of bread（一片面包）"。个体名词和复数，集合名词和单数构成的都是有标记的"配对"，这种关联模式叫做"标记颠倒"②。

在判断一种语言现象是有标记项还是无标记项时，通常有六种标准③：（1）组合标准：一个语法范畴中用来组合成有标记项的语素数目比无标记项的多，至少也一样多；（2）聚合标准：聚合成一个无标记范畴的成员比聚合成一个有标记范畴的成员多，至少也一样多；（3）分布标准：在句法中无标记项可以出现的句法环境比有标记项的多，至少也一样多；（4）频率标准：无标记项的使用频率比有标记项的高，至少也一样高；（5）意义标准：语法中无标记项的意义一般比有标记项的意义宽泛，或者说有标记项的意义包含在无标记项之中；（6）历时标准：从历时上看，一种语言如果有标记项和无标记项都有标志，总是有标记项的标志先于无标记项的标志出现，晚于无标记项的标志消失。

定语在修饰、限制核心词时，有时需要附加形式标记，有时不需要附加形式标记，这与定语是否是该类语法单位中的原型成员有关，也与定语和核心词之间距离的远近有关。当定语和核心词之间距离较远时就需要附加形式标记，距离较近时则无需附加形式标记。这正如 Haiman 所说的"语言成分之间的距离反映了所表达的概念的成分之间的距离。"④通俗地说，就是指元素之间的表层形式连接越紧密，其意义联系也越紧密，形式关系是意义关系的临摹，这一原则被称为"距离象似原则"。对此，Croft 提出了一条蕴涵性语言普遍特征"如果某个语言有两个语义相近的构造，其结构在语言距离上有所区别，则它们在概念距离上也有平行的语义区别。"⑤因此我们在判别定语修饰、限制核心词时是否用标记，"距离象似原则"是经常用到的一个原则。

本课题主要关注的是多重定语的语序问题。关于语序的相对位置，学者们经常会用"可别度等级"进行解释。"可别度"跟"定指性"或"指称性"很接近，可以说是广义的指称性。如果把"可别度"看作一个"原型"

---

① 沈家煊：《不对称和标记论》，江西教育出版社 1999 年版，第 22-26 页。
② 同上书，第 26 页。
③ 同上书，第 32 页。
④ 参见张敏《认知语言学和汉语名词短语》，中国社会科学出版社 1998 年版，第 222 页。
⑤ Croft William, *Typology and Universals*, Cambridge:Cambridge University Press, 1990, p.175.

概念的话，那么指称性是它的核心内容，而新旧、生命度、数量、有界性等则是它的边缘内容。为此，陆丙甫提出了"可别度领前原理"：如果其他一切条件相同，可别度高的成分前置于低的成分；如果其他一切条件相同，那么对所属名词短语可别度贡献高的定语总是前置于贡献低的定语。①因此在多重定语语序中，更易出现在前面的定语的可别度等级更高一些。

人们理解语言时，不是一个词一个词去理解，而是将词和词，词和短语组成板块后再进行理解，每一个板块都有一个核心，在不同语言中，核心不同，板块组合就不同，语序也会发生变化。

本课题在描写汉维语定语构成的基础上，将梳理出汉维语多重定语语序的共同点和相异点，然后用"范畴化"、"标记理论"、"距离象似原则"、"可别度等级原理"、"板块组合"等理论来解释形成这些语序的原因，最终得出"一个定语在形式上离核心词距离越近，它在概念上离核心词就越近，可别度等级越低，更倾向于采取基本语序或者无标记语序"这一结论。

第五节 研究方法和语料来源

本课题在句法、语义、语用三维研究的总原则指导下，以结构主义、认知语言学、语言类型学等理论为框架，对语言事实进行精细描写，归纳出汉维语多重定语语序的共同点和不同点，并对造成这些语序的成因进行解释。通过深入分析汉维语多重定语中一些尚未被充分认识而带有普遍意义的问题现象，从不同侧面揭示汉维语多重定语的特征和内在规律，争取形成对汉维语多重定语语序较为完整的科学描述，为人们提供一个可资借鉴的概貌全景。同时通过调查维吾尔族学生使用汉语多重定语的情况，构拟出维吾尔族学生习得多重定语的大致顺序，为多重定语的分级教学、教材编写、施教者的讲授提供依据，最后本课题还将对维吾尔语多重定语的汉译问题进行探讨，以期为维汉翻译提供一定的参考。

具体研究时，本课题的立论依据建立在大量实际语料的收集、整理和分析基础上，尽可能全面地将各种词类、短语分布于定语中的情况考查清楚。汉语语料主要使用的是具有权威性和可靠性的语料库、语法著作中的语料以及知名作家的著作。维吾尔语目前没有语料库，所以维吾尔语语料主要来源于现代维吾尔语语法教材以及维吾尔语小说原著。通过各种语料的收集，以期使认识结论具有应有的涵盖面和真实的说服力。

---

① 陆丙甫：《语序优势的认知解释：论可别度对语序的普遍影响》，《当代语言学》2005 年第 1、2 期。

本课题的语料来源主要有：
1. 暨南大学中文语料库。
2. 房玉清：《实用汉语语法》，北京语言学院出版社 1992 年版。
3. 刘月华等：《实用现代汉语语法》（增订本），商务印书馆 2001 年版。
4. 杨寄洲：《初级汉语教程·第 2 册》，北京语言大学出版社 2009 年版。
5. 杨寄洲：《初级汉语教程·第 3 册》，北京语言大学出版社 2008 年版。
6. 杨寄洲：《中级汉语教程·第 1 册》，北京语言大学出版社 2010 年版。
7. 杨寄洲：《中级汉语教程·第 2 册》，北京语言大学出版社 2009 年版。
8. 陈世民、热扎克：《维吾尔语实用语法》，新疆大学出版社 1991 年版。
9. 程适良主编：《现代维吾尔语语法》（维吾尔文），新疆人民出版社 1996 年版。
10. 史震天等：《汉维翻译教程》（维吾尔文），新疆人民出版社 1991 年版。
11. 杨承兴：《现代维吾尔语语法》，新疆大学出版社 2002 年版。
12. 易坤秀、高士杰：《维吾尔语语法》，中央民族大学出版社 1998 年版。
13. 刘珉：《汉维共时对比语法》，新疆人民出版社 1991 年版。
14. 路遥：《路遥小说选》，青海人民出版社 1985 年版。
15. 茅盾：《子夜》，人民文学出版社 2000 年版。
16. 池莉：《烦恼人生》，作家出版社 1989 年版。
17. 池莉：《所以》，人民文学出版社 2007 年版。
18. 许道明、朱文华主编：《新编中国当代文学作品选》，复旦大学出版社 1999 年版。
19. 茅盾：《子夜》，托合提·巴克译，新疆人民出版社 1981 年版。
20. 祖尔东·沙比尔：《金库》（维吾尔文），新疆人民出版社 2000 年版。
21. 买买提明·吾守尔等：《流浪者酒家》（维吾尔文），史震天译注，新疆人民出版社 1999 年版。
22. 祖农·哈迪尔：《往事》，朱华、夏羿译注，新疆人民出版社 1991 年版。
23. 买买提依明·吾守尔：《十五的月亮》（维吾尔文），新疆青少年出版社 2009 年版。
24. 吐尔逊·力提甫等：《维吾尔民间故事·第 3 册》（维吾尔文），新疆人民出版社 1999 年版。
25. 部分例句根据需要自己生成，均经多人验证。

本课题将在研究方法上注重贯彻形式与意义相结合、描写与解释相结合、归纳统计与演绎推导相结合的原则，在尽可能充分持有事实材料的基础上，采用定量统计、典型例证等方法进行深入考察。

第六节　符号转写与缩略

本课题中的维吾尔语是用国际音标转写的，维吾尔语中共有32个字母，以下是维吾尔字母和国际音标的对应形式：

ائا [a]　ئە [ɛ]　ب [b]　پ [pʻ]　ت [tʻ]　ج [dʒ]　چ [tʃʻ]　خ [χ]
د [d]　ر [r]　ز [z]　ژ [ʒ]　س [s]　ش [ʃ]　غ [ʁ]　ف [f]
ق [qʻ]　گ [g]　ك [kʻ]　ڭ [ŋ]　ل [l]　م [m]　ن [n]　ھ [ɦ]
ئو [o]　ئۇ [u]　ئۆ [ø]　ئۈ [y]　ۋ [v]　ئې [e]　ى [i]　ي [j]

在32个字母中，[pʻ]、[tʻ]、[tʃʻ]、[qʻ]、[kʻ]为送气清音，因为维吾尔语中没有相对应的不送气清音[p]、[t]、[tʃ]、[q]、[k]，所以书中凡是用[pʻ]、[tʻ]、[tʃʻ]、[qʻ]、[kʻ]拼写的词语分别用[p]、[t]、[tʃ]、[q]、[k]代替，这样既不会造成混淆，书写起来也比较方便。

为了行文方便，课题中维吾尔语语法的标注部分使用了缩略形式，现注释如下：

维吾尔语	表示的意义	在文中的缩略方式
p/ip/up/yp	状态副动词标记	状态副动词
ʁatʃ/qatʃ/getʃ/kɛtʃ	兼行副动词标记	兼行副动词
ʁitʃɛ/qitʃɛ/gitʃɛ/kitʃɛ	时限副动词标记	时限副动词
ʁili/qili/gili/kili	目的副动词标记	目的副动词
ʁansiri	加强副动词标记	加强副动词
ʁatʃqa/getʃkɛ	原因副动词标记	原因副动词
maqtʃi/mɛktʃi	目的动词标记	目的动词
ʁutʃi	主体动名词标记	主体动名词
qanliq	时态动名词标记	时态动名词
ʃ/iʃ/uʃ/yʃ	称名动名词A种形式标记	称名动名词
maq/mɛk	称名动名词B种形式标记	B种称名动名词
ʁum/qum/gym/kym	第一人称单数表愿动名词标记	1单，表愿动名词
ʁu/qu/gy/ky	第三人称表愿动名词标记	3单/3复，表愿动名词
qi/ki/liq/lik/luq/lyk	关系形容词标记	关系形容词
ʁan/qan/gɛn/kɛn	完成形动词标记	完成形动词
vatqan/ivatqan	持续形动词标记	持续形动词

第一章　语言类型学述要

idiʁan/jdiʁan	未完成形动词 A 种形式标记	未完成形动词
r/ɑr/ɛr	未完成形动词 B 种肯定形式标记	肯定，B 种未完成形动词
mɑs/mɛs	未完成形动词 B 种否定形式标记	否定，B 种未完成形动词
raq/rɛk	性质形容词比较级标记	比较级
ʁinɑ/qinɑ/ginɛ /kinɛm	性质形容词表爱级标记	表爱级
m	疑问语气标记	疑问
m/im/um/ym	第一人称单数从属性人称词尾	1 单，从属
miz/imiz	第一人称复数从属性人称词尾	1 复，从属
ŋ/iŋ/uŋ/yŋ	第二人称普称单数从属性人称词尾	2 单，从属
ŋiz/iŋiz	第二人称尊称单数从属性人称词尾	2 尊，从属
liri	第二人称敬称从属性人称词尾	2 敬，从属
ŋlar/iŋlar/uŋlar/yŋlar	第二人称普称复数从属性人称词尾	2 复，从属
i/sɨ	第三人称从属性人称词尾	3 单/3 复，从属
j/ɑj/ɛj	第一人称单数祈使式	1 单，祈使
jli/ɑjli/ɛjli	第一人称复数祈使式	1 复，祈使
动词词干	第二人称普称单数祈使式	2 单，祈使
动词词干+ŋ/iŋ/uŋ/yŋ	第二人称尊称单数祈使式	2 尊，祈使
动词词干+silɑ/silɛ	第二人称单数敬称祈使式	2 敬，祈使
动词词干+ŋlar/iŋlar/uŋlar/yŋlar	第二人称复数祈使式	2 复，祈使
动词词干+sun	第三人称祈使式	3 单/3 复，祈使
动词词干+imɛn/jmɛn	第一人称单数直陈一般将来时	1 单，将来时

动词词干+jmiz/imiz	第一人称复数直陈一般将来时	1复，将来时
动词词干+isɛn/jsɛn	第二人称普称单数直陈一般将来时	2单，将来时
动词词干+jsiz/isiz	第二人称尊称单数直陈一般将来时	2尊，将来时
动词词干+jsilɛr/isilɛr	第二人称复数直陈一般将来时	2复，将来时
动词词干+idu/jdu	第三人称直陈一般将来时	3单/3复，将来时
动词词干+ivɑtimɛn	第一人称单数直陈一般现在时	1单，现在时
动词词干+ivɑtimiz	第一人称复数直陈一般现在时	1复，现在时
动词词干+ivɑtisɛn	第二人称普称单数直陈一般现在时	2单，现在时
动词词干+ivɑtisiz	第二人称尊称单数直陈一般现在时	2尊，现在时
动词词干+ivɑtisilɛr	第二人称复数直陈一般现在时	2复，现在时
动词词干+ivɑtidu	第三人称直陈一般现在时常用形式	3单/3复，现在时
动词词干+mɑqtɑ/mɛktɛ	第三人称直陈一般现在时文语体形式	3单/3复，文，现在时
动词词干+dim/tim/dum/tum	第一人称单数直陈一般过去时	1单，过去时
动词词干+duq/tuq	第一人称复数直陈一般过去时	1复，过去时
动词词干+diŋ	第二人称普称单数直陈一般过去时	2单，过去时
动词词干+diŋiz	第二人称尊称单数直陈一般过去时	2尊，过去时
动词词干+diŋlɑr	第二人称复数直陈一般过去时	2复，过去时
动词词干+di/ti	第三人称直陈一般过去时	3单/3复，过去时

动词词干+attim/ɛttim	第一人称单数直陈相对将来时	1 单, 直陈相对将来时
动词词干+attuq/ɛttuq	第一人称复数直陈相对将来时	1 复, 直陈相对将来时
动词词干+atti/ɛtti/jtti	第三人称直陈相对将来时	3 单/3 复, 直陈相对将来时
动词词干+vatatti	第三人称直陈相对现在时	3 单/3 复, 直陈相对现在时
动词词干+vidi	第三人称直陈相对过去时, 较近式	3 单/3 复, 直陈相对过去时, 近
动词词干+ʁanidi/gɛnidi/qanidi	第三人称直陈相对过去时, 较远式	3 单/3 复, 直陈相对过去时, 远
动词词干+ʁaniduq/kɛniduq	第一人称复数直陈相对过去时	1 复, 直陈相对过去时
动词词干+ʁanidim/kɛnidim	第一人称单数直陈相对过去时	1 单, 直陈相对过去时
动词词干+psɛn	第二人称普称单数间陈一般过去时	2 单, 间陈一般过去时
动词词干+ptu/iptu/uptu/yptu	第三人称间陈一般过去时	3 单/3 复, 间陈一般过去时
动词词干+iptikɛn	第三人称 A 种间陈相对过去时	3 单/3 复, 间陈相对过去时
动词词干+ʁanikɛn/gɛnikɛn	第三人称 B 种间陈相对过去时	3 单/3 复, B 种间陈相对过去时
动词词干+idikɛn	第三人称间陈一般将来时	3 单/3 复, 间陈一般将来时
动词词干+attikɛn	第三人称间陈相对将来时	3 单/3 复, 间陈相对将来时
动词词干+完成形动词+sɛn	第二人称单数或然一般过去时	2 单, 或然一般过去时
动词词干+完成形动词+du	第三人称 A 种或然一般过去时	3 单/3 复, 或然一般过去时

动词词干+持续形动词+oχʃajdu	第三人称 B 种或然一般过去时	3 单/3 复，B 种或然一般过去时
动词词干+sam/sɛm	第一人称单数虚拟式	1 单，虚拟
动词词干+saq/sɛk	第一人称复数虚拟式	1 复，虚拟
动词词干+siŋiz	第二人称单数尊称虚拟式	2 尊，虚拟
动词词干+silɑ	第二人称敬称虚拟式	2 敬，虚拟
动词词干+sɑ/sɛ	第三人称虚拟式	3 单/3 复，虚拟

第二章 汉维多重定语研究综析

第一节 现代汉语定语研究概况

现代汉语定语研究始自19世纪末的《马氏文通》。"凡数名连用,而意有偏正者,则正者后置,谓之正次,而偏者先置,谓之偏次。"①书中认为主次、偏次由名字充当,偏次因非正意者,所以应前置于正次。由于引用的是先秦至韩愈时的用例,所以书中提到的是"之"字的隐现问题。"偏正两次之间,'之'字参否无常。惟语欲其偶,便于口颂,故偏正两奇,合之为偶者,则不参'之'字。凡正次欲求醒目者,概参'之'字。"②尽管对定语的认识尚不充分,但却确立了定语的语法地位。之后能够充当定语的语法单位、定语和核心词之间的相对位置、"的"字的隐现问题一直受到学者们的广泛关注。

20世纪20年代黎锦熙《新著国语文法》中使用的是"形容性的附加语"。"无论主语、宾语或补足语,只要用的是实体词,都可以添加一种形容性的附加语。"③形容性的附加语除名词外,还可以是形容词、代词,短语及句子。形容词以外的词、短语、句子在作附加语时,由于"的"的介入,而变为形容性。实体词用作形容附加语从性质上可分为统摄性的和修饰性的。对附加语的分类在当时极具创见性,这为现代汉语定语的分类奠定了基础。书中还提及了"的"的特别用法。如"打虎的人来了"可省作"打虎'的'来了",认为"的"是以连接的性质而"兼代"虚位实体词的职务。关于定语的位置,认为"国语中的形容附加语,常是附在实体词的前面;但因修辞上的必要,也可以改附于后面"④,由此拉开了定语移位研究的序幕。在讨论"的"字隐现问题时,认为"的"字省略的原因是"在习惯常用的短语,往往求整;在叠用领位的短语,往往求简。"⑤

---

① 马建忠:《马氏文通》,商务印书馆2004年版,第90页。
② 同上书,第91页。
③ 黎锦熙:《新著国语文法》,商务印书馆2001年版,第28页。
④ 同上书,第173页。
⑤ 同上书,第52页。

40 年代乃至于今天仍有重要影响的语法著作有吕叔湘的《中国文法要略》和王力的《中国现代语法》。《中国文法要略》中将实义词相互之间的关系分为联合关系、组合关系和结合关系。认为如果两个词一个是主体，一个是附加上去的，这种关系就是"组合关系"，也叫"附加关系"。主体词为"端语"，附加的词为"加语"。组合关系中端语由名词充任，形容词、动词、名词、方所、时间限制词、指称词可以作加语。在谈到"之"或"的"的隐现时，已经开始考虑定语和核心词意义结合的紧密程度，认为"主要的原则是结合得紧不用，结合得松要用。文言里合起来的字数最好成双。"[①]

王力《中国现代语法》中把两个以上的短语组成的复合意义单位叫作仂语。仂语可分为主从仂语和等立仂语。主从仂语有一个中心，其余的词是修饰这个中心的。在主从仂语中"凡次品加首品等于首品者，叫作组合式。由组合式所构成的整体，就是首仂。仂语里的修饰品，叫作加语"[②]。书中指出核心词的中心地位，认为加语是起修饰作用，是对意义范围的一种限制。

50 年代丁声树等编著的《现代汉语语法讲话》中指出修饰语和核心词在结构上是不平等、一偏一正的，但在意义上核心词并不比修饰语重要，修饰语的主要功用是限制或描写核心词，书中明确指出了修饰语和核心词在意义上的平等关系。在论及名词的修饰语和核心词之间的关系时，书中表述前后存在不一致的地方。在第三章《句法结构·偏正结构》中，将名词前的修饰语和核心词的关系分为领属性质、限制性质和描写性质，在第六章《修饰语·名词的修饰语》中将修饰语和核心词的关系分为领属性、同一性和一般性。虽然分类不一，但"定语的领属性、限制性、描写性"等说法对后来定语分类影响较大。书中对充当名词修饰语词类的描写也比较详尽，指出一般性的修饰语可以由数量短语、指示代词、时间词、处所词，形容词、各种短语充当；领属性的修饰语只能是名词或者代词。书中谈到修饰语是名词、代词，核心词是动词（动宾结构、动补结构）或形容词的特殊的偏正结构，修饰语的作用不是"修饰"动作或状态，而是指出动作的施事、受事或那种状态就谁或什么而言。如"我的母亲是素来很不以我的虐待猫为然的"，这种格式在形式上是一种偏正结构，可意义上却是一种主谓关系。只能作主语或宾语，不能作谓语，不能成句。书中还论及了"你得请我的客"，"谁买的票"、"今天这个会谁的主席"、"你的原告，

[①] 吕叔湘：《吕叔湘文集第一卷·中国文法要略》，商务印书馆 2004 年版，第 20 页。
[②] 王力：《中国现代语法》，商务印书馆 2000 年版，第 26 页。

你先说!""不知道她会洗洗作作的不会"等有关"的"的特殊用法,指出修饰语并不一定修饰核心词,这实际上是开偏正结构中形式和意义不一致现象研究的先河。文中指出指示代词的位置可以区别修饰语:在它前头的,限制的作用多于描写;在它后头的,描写的作用多于限制。[①]这一观点对后来的研究非常具有启发意义。有关"的"字的隐现,该书分别谈到数量短语、指示代词、时间词、处所词、各类短语、形容词、领属性修饰语和核心词之间有无"的"的情况,后来很多关于"的"字隐现问题的研究都是依循此法进行的。

朱德熙的《定语和状语》认为定语有表领属,有表性质的。定语可以由名词、形容词、动词、代词、数量短语、有连带成分的定语、"……似的"构成的助词短语、联合结构、主谓结构等构成。根据定语和核心词之间意义上的关系,可以把定语分为限制性定语和描写性定语两大类,并指出了可以充当这两类定语的语法单位。

20世纪60年代,赵元任在《中国话的文法》中认为"XY两个词语组成一个向心结构的时候,Y假如是中心的话,X就修饰Y。X就叫Y的属性或修饰语,Y就叫"主体"或被修饰语。"[②]如果两个以上的修饰语修饰一个词语,就会产生次序和阶层问题。书中认为可用停顿、改变节奏或加上语助词"的"等办法来解决歧义问题,并尝试着从语音角度探讨如何分化模棱两可的语言现象。书中还指出"大同乡"、"小同乡"中的"大"、"小"语义实际指向的是"乡"字。根据修饰语对核心词的意义,书中将二者之间的关系分为21种,并指出指示词的先后位置可以区分修饰语的永久性和暂时性。如"那个爱说话的人"(那个一向多话的人),"穿黑大衣的那个人"(那个人碰巧穿黑大衣)。这些细致的观察及独到的见解,给了后人很多启发。

进入80年代,朱德熙在《语法讲义》中认为无论从意义上还是从结构上,偏正结构的中心都是核心词。体词性核心词前的修饰语是定语,谓词性核心词前的修饰语是状语。区分定语和状语时,要考虑核心词的性质、修饰语的性质以及整个偏正结构所处的语法位置。书中还探讨了同位性偏正结构和准定语,并把体词性偏正结构分为粘合式和组合式两大类。在谈到"的"字的隐现问题时,对核心词的具体情况进行了分类。注意到了用不用"的",定语和核心词之间的关系会有所变化。

回顾一百多年来的汉语语法研究,每一部系统描写现代汉语语法的著作基本上都涉及到了定语,这在某种意义上说明了现代汉语定语所具有的

---

① 丁声树等:《现代汉语语法讲话》,商务印书馆1999年版,第48页。
② 赵元任:《中国话的文法》,丁邦新译,香港中文大学出版社1982年版,第147页。

研究价值。80 年代以后的《现代汉语》教材，如黄伯荣、廖旭东的《现代汉语》，邢福义的《现代汉语》，杨润陆、周一民的《现代汉语》，房玉清的《实用汉语语法》，刘月华的《实用现代汉语语法》，张静的《新编现代汉语》等著作中都有关于定语的论述，在总结前人研究的基础上，学者们对能够充当定语的语法单位描写得越来越详细，同时还指出定语能够满足结构的需要，有成句的作用。此外对定语进行专门研究的文章更是从多角度、多层面展开。如赵世举《定语的语义指向试探》、彭玉兰《定语的语义指向》、王进安《定语的语义指向及表述功能的差异》、丁凌云《定语语义指向分析》等文章从语义指向的角度对定语进行宏观分析；刘永耕《试论名词性定语的指称特点和分类——兼及同位短语的指称问题》、卢英顺《汉语定语位置上代词句内同指现象考察》、王景丹《形容词定语的语义指向分析》等从微观上对语义指向进行分析；张念武《"的"字词组的句法分析》用最简方案分析了汉语中各种类型的"的"字短语，对其句法生成机制进行了解释；李晋霞《论动词的内部构造对动词直接作定语的制约》中从功能和认知的角度出发，考察动词的内部构造对动词直接作定语的制约，认为动词的"典型性"和"概念层次"是制约动词直接作定语的两个重要因素。还有很多研究从细节入手，如王珏《介词短语作定语四论》讨论了哪些介词构成的短语可作定语、介词短语连用作定语、介词短语作定语的共时来源及历时考察。张凤琴、冯鸣《关于"定语+人称代词"》对"定语+人称代词"的现象进行了阐释。陈满华《"VO 的 N"转化为同义粘合式偏正短语的规则——附论述宾结构作定语》中认为组合式偏正短语"V+O+的+N"转化为同义粘合式偏正短语有"V+O+N"和"O+V+N"两种基本格式，用哪种格式取决于"V"的音节数。古川裕《"的 s"字结构及其所能修饰的名词》中根据名词化标记的自指功能和转指功能，将现代汉语名词化后附成分"的 s"分为自指功能的"的 s"和转指功能的"的 t"，它们分别组成"的 s"字结构以及"的 t"字结构。这两种"的"字结构都能修饰名词，从而构成两类体词性偏正短语：S 类偏正短语：VP 的 s+n 和 T 类偏正短语：VP 的 t+N。文章着重讨论了 S 类短语，认为 S 类短语的语法构造跟核心名词 n 的语义特征密切相关，S 类偏正短语在语义上保持着具体内容的补充（VP）和被补充（n）的相互依存关系。古川裕《外界事物的"显著性"与句中名词的"有标性"——"出现、存在、消失"与"有界、无界"》中通过对隐现句、结果宾语、消失宾语、双宾语句和存现句的研究，用"显著性原则"来说明汉语名词什么时候需要数量短语的修饰，什么情况下拒绝数量短语的修饰；张蕾《定名结构中"的"字隐现规律探析》从认知语义学角度对单个名词、形容词、区别词作名词的定语现象进行分析，认为名词组合间有无标记"的"

取决于定名在语义上是否匹配。语义组合自然的，定名间通常不出现"的"字，反之则需要"的"字做标识。这些成果使现代汉语定语的研究不断向纵深方向发展。

虽然现代汉语定语的研究取得了不少成就，但在以下几个方面还没有达成共识。

1. 对定语的分类。丁声树在《现代汉语语法讲话》中采取三分法，将修饰语和核心词的关系分为领属性、同一性和一般性。而更多的语法著作采取的是二分法。黎锦熙把加语从性质上分为统摄性的和修饰性的。朱德熙在《定语和状语》中根据定语和核心词之间的意义关系将定语分为限制性定语和描写性定语；在《语法讲义》中根据语法结构将定语分为粘合式定语和组合式定语。陆丙甫《定语的外延性、内涵性和称谓性及其顺序》中将定语分为称谓性定语和非称谓性定语。黄伯荣、廖旭东《现代汉语》中根据定语和核心词的语义关系将定语分为描写性定语和限制性定语，很多大学教材也都持这种观点。王艾录《非区别性的定语》中将定语分为区别性的和非区别性的，通常说的修饰性的和限制性的都属于区别性定语。

2. 副词能否充当定语。认为副词不能充当定语的有朱德熙的《说"的"》，文中认为严格的副词都不能修饰名词，虽然有部分可以修饰数量结构和"数·量·名"结构，但这两类结构都具有谓词性质，与名词功能不同，同时文章对"太娇气"、"偶然现象"、"恰好五个人"等现象进行了解释。王群力《"副+名"讨论补议》中也否认汉语中存在"副词+名词"的现象，认为用"凡+N（P）"、"只+N（P）"、"副词+位置词"、"很+名"等作为副词修饰名词的例证是缺乏说服力的。

认为副词可以充当定语的有邢福义的《关于副词修饰名词》，文章通过列举现代汉语中副词修饰名词的几种类型，指出同副词修饰动词、形容词比较，名词受副词修饰时，总要受到或大或小的限制，不像副词修饰动词或形容词时那样自由。张静《新编现代汉语》中认为"定语多由名词、代词、形容词、动词、数量词来充当，少数副词和各种词组也可以作定语"。[①]周丽颖《时间副词作定语分析》中认为副词可以作定语，并对时间副词作定语的现象进行了描写。于根元《副+名》中认为"副+名"有的是省略了动词，有的是修辞作用。临时的修辞用法用多了，人们就会认为是普通用法。肖悉强《从内涵角度看程度副词修饰名词》中不认为程度副词修饰名词是有所省略或被修饰的名词已形容词化，认为程度副词与名词组合时，该名词仍然是名词，但它表示的是所属概念的内涵义，可以看作是程度副词修

---

① 张静：《新编现代汉语》，上海教育出版社1980年版，第141页。

饰名词具有修辞性能的一种理据。储泽祥《"细节显现"与"副+名"》中认为在"副+名"结构里，副词的主要作用不是表示程度，而是为了强制凸现名词的性质细节，如果名词所指事物的性质细节没有相应的形容词来表达，运用"副+名"结构，就有"填补空缺"的作用。"副+名"包含的信息量比"形+名"要大，而且显得俏皮、风趣。

3. 定语的移位问题。关于定语的移位，目前存在不同观点：一种认为定语和核心词之间可以移位，一种认为定语和核心词之间不能移位。但即使认为能够移位的，对移位的看法也不统一，有的认为定语存在后置现象，有的认为存在前置现象，有的认为定语既可以后置也可以前移。

认为定语可以后移的有黎锦熙的《新著国语文法》，书中认为定语因修辞需要，可以改附于后面[①]，并将其分为后附的数量形容词、后附的性状形容词、后附的形容语和后附的形容句。邵敬敏《从语序的三个平面看定语的移位》中运用"语法语用语义三个平面"的语言理论和"语言功能排他性"的鉴定方法来分析所谓的定语前置和后置现象，认为真正的后置定语很少，只能由"的$_3$"构成的部分具有"排谓性"语法特点的典型体词性结构充当，定语后置是言语交际过程中一种特殊的句子成分移位现象，属于语用平面，主要出现在书面语言中，口语中较为少见。而"定语前置"是不存在的，它们有的是状语，有的是主语。

认为定语能够前移的有潘晓东的《浅谈定语的易位现象》，如"广阔的平原底下，横的，竖的，直的，弯的，挖了不计其数的地道"，"昨天他妈荤的、素的、香的、辣的烧了满满一大桌菜"等，文中认为"的"字短语组成联合短语作定语，因为"的"字短语是体词性的，不能修饰后面的谓语动词，句中"的"字短语构成的联合短语较长，与核心词结合不够紧密，因此被挤开了，但是定语前移，全句意思并不发生变化。另外联合短语具有列举的性质，当说话者有意强调的时候，定语就需要前移。再比如"薛林二人也吃完了饭，又酽酽地喝了几碗茶"中"酽酽"作定语时，由于核心词已有一个与它结合较紧密的定语，而且说话者有意强调这个表示性状的定语，所以需要前移。

认为定语既能前移也能后置的有张静的《新编现代汉语》。书中认为"定语的正常位置是在中心语之前。为了表达的需要，有时也可以移到中心语之后，或者移到动词谓语之前。定语后置或提前仍是定语，并不变成别的成分。"[②]温锁林、雒自清《定语的移位》中认为定语可以前移也可以后移，

[①] 黎锦熙：《新著国语文法》，商务印书馆 2001 年版，第 173—176 页。
[②] 张静：《新编现代汉语》，上海教育出版社 1980 年版，第 144 页。

并把移位的定语限定在具有"可复位性"和"唯定性"的成分上。

认为定语不能移位的有陆俭明的《关于定语易位的问题》，文章对潘文进行了反驳。认为潘文中"昨天他妈荤的、素的、香的、辣的烧了满满一大桌菜"中所谓的定语其实是状语。从意义上看，这类结构包含的各项不一定实指，带有列举的性质；另外整个结构的意义不是各项意义机械的总和，而是带有比况性。因此这类结构是"比况性联合结构"。至于潘文列举的"薛林二人也吃完了饭，又酽酽地喝了几碗茶"中"酽酽"是状语，修饰后面整个述宾结构。李芳杰在《定语易位问题刍议》中对八类被认为是定语易位的句子进行了分析，最后指出不存在定语易位现象，通常被看作易位的定语有的是兼语结构，有的是分句，有的是主语，有的是状语。汪化云《"中心语+后定语"质疑》否定了"扩音器一台"之类的短语是"中心语+后定语"的说法，将其分别归为（述）宾补短语、同位短语、主谓短语和定中短语，将所谓"后定语"分别归入补语、同位语、谓语和中心语。

4. 有关"的"的问题。

"的"的语法功能到底是什么，各家看法不一。黎锦熙认为"的"使形容词以外的词、短语、句子在作附加语时变为形容性，并且认为"的"是以连接的性质而兼代虚位实体词的职务。范继淹《形名组合间"的"字的语法作用》中认为"的"字能够赋予多项式修饰语和被修饰语以一种"可综合型"，即"的"字具有承前（修饰语多项）和领后（被修饰语多项）的作用。朱德熙《说"的"》中认为"的"是名词化结构的标志。陆丙甫《"的"的基本功能和派生功能——从描写性到区别性再到指称性》中认为"的"的基本功能是语义平面的描写性标记，其区别及指称功能是在语境中从描写性中派生出来的语用功能。袁毓林《谓词隐含及其句法后果》从认知角度证明名词性成分后面的"的"跟谓词性成分后面的"的"都具有名词化的语法功能。沈家煊《"有界"与"无界"》中提出"的"的基本用法是使有关成分"有界化"的观点。石毓智《论"的"的语法功能的同一性》中认为"的"字短语不是"的"字结构的省略，二者各具独立性。"的"的语法功能是从一个认知域中确立出一个或多个成员。

有关"的"的隐现问题也是大家讨论的一个热点。马建忠《马氏文通》中认为"的"字的隐现与奇偶有关。吕叔湘《中国文法要略》中认为与定语和核心词意义结合的紧密程度有关。朱德熙《语法讲义》中认为用不用"的"，定语和核心词之间的关系会发生变化。名词和性质形容词修饰名词时，如果不带"的"，定语和核心词联系紧密，在意念上是一个整体；带"的"，定语和核心词是一种临时的组合，两部分在意念上保持比较大的独立性。①王利锋、肖奚强《形容词定语后"的"字隐现习得研究》从习得角度考察了形容词充当定语时"的"的隐现情况。张敏《认知语言学和汉语名词短语》用距离象似动因解释了"的"的隐现问题。

5. 多重定语的语序问题。有关多重定语的语序问题下面将专章进行论述，此不赘述。

第二节 现代汉语多重定语研究概况

20世纪40年代，在对现代汉语定语进行研究时，吕叔湘在《中国文法要略》中指出，一个端语前有几个加语时，可以是并立的，也可以是一层一层加上去的。认为"小的红花此时已皱了拢来"和"泠泠凉露中，泛满浅紫嫩红的小花"中"小"的不同位置源于说话者的主观意愿。明确提出了多重定语的层次问题，并且开始试图解释造成语序不同的原因。作为40年代同样重要的语法著作，王力在《中国现代语法》中指出首仂可以和别的词或别的仂语连接为递组式，而且这种递组式可以任意延长。

50年代丁声树《现代汉语语法讲话》中认为多重修饰语的顺序是：领属性的修饰语＞处所词和时间词（可以互为先后）＞主谓结构＞动宾结构（动补结构、动词带修饰语）＞形容词＞非领属性的名词＞不用"的"字，直接粘附在核心词前头的形容词或名词。至于指示代词和数量短语，可以有各种位置，但不能在处所词和时间词之前，也不能在非领属性的名词之后。文中指出指示代词的位置可以区别修饰语，在它前头的，限制的作用多于描写；在它后头的，描写的作用多于限制，这一观点为后来多重定语语序的描写、解释提供了很多思路。朱德熙《定语和状语》中根据定语和核心词之间意义上的关系，把定语分为限制性定语和描写性定语。认为如果几个定语都不带"的"，一般次序是表领属的名词或代词＞数量短语＞形容词＞表性质的名词。如果带"的"，各类定语的次序是表领属的名词或代词＞主谓结构＞动词＞形容词。另外带"的"的定语一般在不带"的"的定语之前。

进入80年代，研究多重定语的文章论著逐渐增多。金锡谟《关于定语之间的关系》一文认为定语一般分为限制性定语和非限制性定语或描写性定语。领属定语就性质而言属于限制性定语；数量短语，就数量词而言是非限制性定语；就指示代词而言是限制性定语。这四种定语的顺序一般是

---

① 朱德熙：《语法讲义》，商务印书馆1997年版，第143页。

领属定语＞指数量定语＞描写性定语＞限制性定语＞核心词。房玉清《实用汉语语法》中认为多重定语的顺序是组合式定语放在粘合式定语之前；表领属的词语放在最前面；如果定语的各个成分都是粘合式的，一般的次序是表领属的词语＞数量短语＞形容词＞名词；如果定语的成分带"的"，一般的次序是：表领属的词语＞各类短语＞形容词＞名词。刘月华《实用现代汉语语法》中认为递加关系定语的排列顺序是领属性名词、代词＞处所词与时间词互为先后＞数量短语（后面为描写性的定语）＞主谓短语、动词（短语）、介词短语＞数量短语（前面为限制性定语）＞形容词（短语）以及其他描写性词语＞不用"的"的形容词和描写性名词。庄文中《多项定语和多项状语》中认为多重定语的语序是领属性的定语＞指示代词＞数量短语＞主谓短语、双音节动词或动词短语、双音节形容词或形容词短语、介宾短语（后面大都带"的"＞形容词或动词（大都不带"的"）＞名词。

  从语法角度进行研究的同时，一些文章从语义角度对多重定语进行了研究。如马庆株的《多重定名结构中形容词的类别和次序》中对性质形容词、区别词、状态形容词连用时的语序进行了研究。将性质形容词分为六类，认为连用时的顺序是：大小$_1$＞质量＞嗅味＞大小$_2$＞颜色＞形状。在探讨区别词时，认为区别词和区别词连用，有数量义的或含有指大义形容词性语素的区别词总出现在最前面，如"大量随机现象"；数量义＞来源义，如"主要国产机型"；数量义＞来源义＞特种义，如"主要特种经济林"；区别词和形容词连用，形容词＞区别词（多一些），如"新英汉词典"；区别词＞形容词（少一些），如"无核白葡萄"。状态形容词一定出现在区别词和性质形容词的前面。方希《黏合式多重定名结构的语序》从定语和核心词语义关系角度对黏合式多重定语语序进行了研究，认为语义因素是决定黏合式多重定语语序的首要因素，并将定语和核心词之间的语义关系分为范围级、评述级、属性级和整合级四个等级。经过推导分析，最后提出黏合式多重定语语序的顺序是：范围级＞评述级＞属性级＞整合级。另外作者还从信息调整规则对黏合式多重定语的语序做出了分析，认为定语是新信息，核心词是旧信息，越靠外的定语跟核心词的语义关系越远，其不可预测性越高，其信息内容越新。由于新信息才可能成为焦点信息，所以最外层的修饰语位置是定名结构的焦点位置。接着文章从节律结构方面对黏合式多重定语的语序进行研究，提出了强制性条件和非强制性条件。最后作者提出了语义原则、信息调整原则、节律调整原则在多重定名结构语序中的共现条件。钟志平《也谈多项定语的顺序问题——兼述多项定语之间的关系》中认为，靠词、短语的类别来排列多重定语的顺序难以把握和概括语言事实，指出应该从语义方面考虑定语的排列顺序。

周韧的《多项定语偏正式合格性条件的优选分析——一个汉语韵律、语义和句法互动的个案研究》从语法、语义、语音等角度对多重定语进行了综合研究,文中指出端木三的"左重"和冯胜利的"左起音步"两种分析方法的缺陷,认为韵律对定语排序的制约因素需要引入汉语句法单位节奏划分的限制因素,以及语义制约因素,并将语义制约因素分为 a 和 b 两种。语义制约因素 a:新旧、方位、大小、颜色、形状、气味、名称、属性>材料>用途。语义制约因素 b:新旧、方位>大小>颜色>形状、气味>名称>属性。最后文章指出,多重定语黏合式偏正结构的合格性条件是:{不要骑跨}>{语义因素 a}>{至少两个音节}>{至多两个音节}>{句法成分}>{语义因素 b}>{从左向右},同时指出多重定语在组合过程中会出现多种组合方式,这些组合可能符合合格性的全部条件,但也可能符合合格性的部分条件。在这种情况下,违反低级别制约因素的组合要优胜于违反高级别制约因素的组合。

在从传统的语法、语义角度进行研究的同时,一些学者从新的角度对多重定语进行了研究,如陆丙甫《定语的外延性、内涵性和称谓性及其顺序》中认为,多项粘合式定语的顺序是时间>空间>颜色外观>质料功能及其他。组合式定语之间的顺序是领属性的名词、时间词、处所词>指别定语>数量定语>核心名词或粘合式定语再加核心名词。建议将定语随位置的不同而分化的两种修饰意义分别改称为"外延性"和"内涵性",其中外延性定语在内涵性定语之前。文章认为越是表现事物本身性质的定语越是后置,定语递加的过程就是名词短语外延逐渐缩小,所指逐渐限定的过程。田惠刚《多层定语的次序及其逻辑特性》认为,多层定语的次序总是严格按照逻辑关系来排列,跟核心词关系越密切的越靠近核心词。多重定语的基本顺序是:表所属关系的名词、代词短语>指示代词或数量短语>动词或动词短语>形容词或形容词短语>表性质的名词>核心词。同时通过分析学生的错误,指出多层定语容易出现的逻辑错误可分为语意矛盾和语意含混两种。徐建华对多重定语的语序进行了一系列研究,在《多项多元性单音形容词定语的语序规则》中认为,单音形容词作定语时,有时从单元角度限制核心词,有时从多元角度限制核心词。多项多元性单音形容词定语限制核心词时的语序规则是"本质属性靠后"的语序规则。根据这一规则,当两、三项单音形容词定语从多角度限制核心词时,最能反映核心词事物本质属性的定语要靠后、紧挨着核心词。其后在与刘富华合写的《单音形容词定语的合指析指与语序问题》中将两个或三个单音形容词作定语修饰核心词分为合指定语和析指定语,其中析指定语又可分为相容析指定语和不相容析指定语。合指定语的先后顺序按人们的认知规律排列,相容析指定语的先后顺序按充分属性或必要属性前置的规则排列，而不相容析指定语的先后顺序则按积极义前置、程级降幂和调值降幂规则排列。周丽颖《从形名结合方式看多项单音形容词的连用次序》中指出，不少语言学家认为多项性质形容词作定语时的排列顺序是由与核心词关系的疏密决定的，也就是由认知上的象似原则决定的，作者认为如何判断二者关系的疏密一般依靠直觉，并用万德勒试图为这种直觉找到了语法上的佐证。

在对多重定语的研究中，大家较多关注多重定语的语序问题，在详尽描写的同时，一些学者也试图对语序产生的原因进行解释。如张敏《认知语言学与汉语名词短语》中用距离象似原则解释了汉语名词短语中"的"的隐现规律，认为多重定语语序符合距离象似原则，定语和核心词之间的距离取决于它们所表达的概念之间的距离。袁毓林《定语顺序的认知解释及其理论蕴涵》从形式标记和形式类的次范畴及其语义聚合的角度考察了汉语偏正结构中多重定语的排列顺序。作者尝试从信息和认知加工策略等方面对语序做出解释，即"对立项少的定语排在对立项多的定语之前"、"信息量小的定语排在信息量大的定语之前"、"容易加工的定语排在不易加工的定语之前"、"容易加工的成分排在不易加工的成分之前"。刘宁生《汉语偏正结构的认知基础及其在语序类型学上的意义》中指出偏正结构中"核心词"和"修饰语"的认知基础是"目的物"和"参照物"。"目的物"和"参照物"的非对称关系决定了处在相对关系的两个词语不可自由地充当"核心词"和"修饰语"。汉语中存在一个可以称作"参照物先于目的物"的语序原则，决定了"修饰语"位于"核心词"之前的语序一致性。

可以看出，对于现代汉语多重定语，学者们分别从语法、语义、语音角度进行过研究，并努力探索制约多重定语语序的内在原因。

第三节 现代维吾尔语定语研究概况

前苏联哈萨克斯坦社会科学院语言研究所维吾尔语教研室60年代编写的《现代维吾尔语》是国内接触较早的一部现代维吾尔语语法著作。书中认为定语是句子的次要成分，表示人或事物的特征、性质、属于何人、何物以及以何种东西构成。它与所限定的词之间存在依附联系或一致联系，通常位于核心词之前，由形容词、名词、数词、代词、形动词、象声词、程度副词和带有属格的词来充当。根据语义特点和语法特点，定语可分为关系定语和性质定语。作为一种特殊的定语，同位语一般分为连接式同位语和分列式同位语。

杨承兴《现代维吾尔语语法》正式出版于2002年，但油印本早在1987年就开始作为教材在学生中广泛使用，所以也是一部较早的维吾尔语语法著作。书中认为维吾尔语定语以依附方式或一致方式与主导词相联系。以一致方式与主导词相联系的是领有定语，由名词、代名词、数词、动名词以及名词化的形容词、形动词的领有格形式表示。以依附方式充当的定语可以由形容词、代形词、形动词、数词、代数词或数量短语、表示物质材料、职业、性别等意义的名词、形似格、量似格、范围格形式、摹拟词等充当。书中将可以作定语的语法单位增加了动名词、形似格、量似格和范围格形式，使描写更为详尽。

陈世明、热扎克《维吾尔语实用语法》中指出"限定或修饰由名词或名词化的其他词类充当的主语、谓语或宾语的句子成分叫定语。"①定语主要由名词、形容词、数词、代词、形动词、象声词或各种短语充当。各种短语具体包括哪些，书中没有详谈，同时书中认为带属格词尾的名词或代词作定语时，位置比较自由，例如"ɦemmisi bardu ularniŋ？— dep soridi saɦipχan."（主人问道："他们都在吗？"）②。

程适良《现代维吾尔语语法》中认为定语是句中名词、名词性的词或名词短语的限定成分，在句中起修饰或领属作用。可以作定语的有形容词及形容词短语、代词、数词及数量短语、名词及名词短语、形动词及形动词短语、名动词及名动词短语、摹拟词、后置词短语。在可以充当定语的语法单位中，各种短语的表述相对详细，同时增加了后置词短语一项。

易坤秀、高士杰《维吾尔语语法》中认为定语是位于名词前起修饰或者限制作用的成分，表示事物的特征、数量、顺序、所属等。形容词、数（量）词、代词、名词（只限于主格、所有格、范围特征格、形似格、量似格形式的名词）、形动词、动名词、短语都可以作定语。书中还列举了一种特殊的定语——注解定语。

哈米提·铁木尔《现代维吾尔语语法》中主要讲的是词法，所以没有关于定语的专章论述，但是在讲解词法的过程中，也分别谈到了名词、形容词、数词、代词、动词、摹拟词、短语作定语的情况。

那斯肉拉在《现代维吾尔语》中指出，定语由词或短语构成，和被修饰语之间是一致关系或依附关系。一致关系的定语主要由名词或者名词性词语充当，领有格可以出现也可以不出现。依附关系的定语没有人称词尾，

---

① 陈世民、热扎克：《维吾尔语实用语法》，新疆大学出版社1991年版，第337页。
② 同上书，第339页。

通过语序和被修饰成分连接在一起，这种定语由形容词、形动词、数词、一部分副词和指示代词充当。书中指出还有一种注释定语，注释定语出现在被修饰语之后，使被修饰语和被注释的词语更加清晰，同时指出了注释定语的四个特点。

阿不都克里木·巴克在《现代维吾尔语》中认为，定语是使被修饰语各种特点、性质更加清晰的描写成分，定语可以分为简单定语和复杂定语，也可以分为依附定语和一致定语。注释定语是定语中的一个特殊种类，和一般定语有四个不同点。

除了以上研究维吾尔语语法的专著中论及过定语外，一些论著在和汉语语法对比过程中也谈到了维吾尔语定语问题。如刘珉《汉维共时对比语法》中认为维吾尔语定语按其与核心词的句法关系，可以分为依附定语和一致定语。依附定语同汉语的描写性定语相当，一致定语同汉语的限制性定语相近。将定语分为一致定语和依附定语可以看出是受了哈萨克斯坦维吾尔语语法著作的影响，但是将依附定语等同于描写性定语，一致定语等同于限制性定语并不妥当，因为一个是就定语和核心词的句法关系划分的，一个是就定语和核心词的意义关系划分的。

张玉萍主编的《汉维语法对比》中认为定语是名词性词语的修饰成分，位于核心词之前，用来修饰核心词。根据定语和核心词之间的关系可以将定语分为描写性定语和限制性定语。描写性定语主要由形容词性词语充当，某些描写状态的动词性短语也可归入此类，限制性定语一般由名词性词语和动词性词语充当，表示人或事物的领属者、时间、处所、环境、范围、用途、质料、数量等等。书中认为维吾尔语定中短语的核心词一般由名词充当，除名词外，动名词、形动词也可以充当核心词。例如：

biz　-niŋ　de　-gin　　　　-imiz　　toʁra
我们（属格）说（完成形动词）（1复，从属）　正确

"我们说的对"

"dε（说）"后附加"-gεn"构成了完成形动词形式，然后又附加第一人称复数词尾"-imiz"，使形动词名词化后作了"bizniŋ"的核心词。因此说形动词本身能充当核心词的说法并不妥当，而是形动词名词化后才可以充当核心词。

在已有的研究中，有关维吾尔语定语的专题文章有一些，但不是很多。例如尼亚孜·吐尔地在《浅议现代维吾尔语定语的构造形式》中指出定语的结构各种各样。根据形态特点，可以分为一致定语和依附定语；根据一个句子结构中定语数量的多少，可以分为单层定语、多层定语、简单结构

定语和复杂结构定语。尤努斯·库尔班在《谈谈现代维吾尔语中的修饰语》中谈到修饰性定语时，主要讲的是解释性修饰语，认为解释性修饰语是定语中的一种，通常置于词和短语之后，起到使事物性质、内容、范围等方面更加明晰、清楚的作用，是句子成分中的一种。亚库甫·巴合提在《浅谈修饰性定语》中将"解释性修饰语"定义为"置于被修饰语之后，使其前面的修饰语的意思更加明显，或者是对修饰语解释的词语或者短语，叫作解释性修饰语"，然后文章介绍了"解释性修饰语"的三个特点、"解释性修饰语"和"定语"的五个区别。再乃甫·尼亚孜在《维吾尔语修饰性定语略论》中认为维吾尔语解释性修饰语因为不能单独充当句子成分，所以不是定语中的一种，并且指出了解释性修饰语和定语的三个相同点及五个不同点。热依木江·努尔耶夫、努尔尼沙·热依木在《浅谈现代维吾尔语中属格附加成分niŋ出现与否的条件》中通过大量的语料，分析了维吾尔语属格"-niŋ"什么时候出现，什么时候不出现，并将其归纳为 31 条。其中不但探讨了领有者和被领有者之间的语义关系，还讨论了领有者的词性，所作的句法成分，被领有者的词性，所作的句法成分等等，但美中不足的是仅仅列举了"-niŋ"出现和不出现的情况，而没有阐明为什么领有者和被领有者处于某种语义关系时，"-niŋ"不能出现，处于另一种语义关系时，"-niŋ"必须出现。为什么领有者作某一句法成分时，"-niŋ"出现，作另外的句法成分时就不出现？赵守弟在《浅议维吾尔语中的"名+niŋ+名"结构与"名+名"结构》中主要讨论了"名+niŋ+名"结构与"名+名"结构，认为维吾尔语中修饰名词的词和名词之间的关系有三种：（1）领属关系：如果强调领属关系，名词和名词之间的"-niŋ"不能脱落。如果领属关系不强，名词和名词之间的关系又比较紧密，"-niŋ"多数情况下可以不加；如果要强调领属关系，名词和名词之间的"-niŋ"也可以附加，这时意思不发生改变。（2）限制关系：因为不是领属关系，所以不存在领属成分"-niŋ"加不加的问题。结构中间也无需加"-niŋ"或者不加，因为如果加了，意思会发生改变或者原来的意思会消失，所以这种现象不能说脱落了属格"-niŋ"。（3）描写关系：前一个名词说明后一个名词是由什么材料构成的。由于不表示领属或限制关系，所以名词定语后面不用附加"-niŋ"，核心词后也不用附加人称词尾。玛依拉·阿吉艾克帕尔在《维吾尔语名$_1$+名$_2$短语结构》中论述了"名$_1$+名$_2$"、"名$_1$+名$_2$+第三人称标记"、"名$_1$+niŋ+名$_2$+第三人称标记"的情况，但是没有分析其产生的原因。梁伟在《现代维吾尔语的动名词定语及其分类》中从细节入手，讨论了动名词作定语时的三种类型：依附式、支配式和一致式。认为支配式和一致式是维吾尔语动名词偏正结构的主要形式。支配式的动名词定语根据与核心词的意义关系，分为限定关系和同一关系。文章还分析了支配式定语和一致性定语的区别，认为一致式并非由支配式加缀属格扩展而来，支配式也并非是一致式的紧缩形式。居买洪在《谈翻译中定语的位置》中讨论了人们将汉语定语维译过程中的不妥之处，并提出了自己的翻译观点。

总体看来，现代维吾尔语定语研究主要见于一些语法论著中，专篇研究定语的文章较少。在已有的研究中，对定语的分类不太统一，对解释性定语论述得较多，对"-niŋ"隐现情况描写得较多，但解释成因的相对较少。

第四节　现代维吾尔语多重定语研究概况

维吾尔语多重定语的研究成果不多。前苏联哈萨克斯坦社会科学院语言研究所维吾尔语教研室 60 年代编写的《现代维吾尔语》中简单提到了带属格的定语和核心词之间可以插入其他词，以及一个被限定的成分之前可以有几个关系定语。

史震天、马维汉、张玮、陈世民、艾合迈德·叶合雅编著的《汉维翻译教程》中把定语分为修饰性定语和限制性定语，认为多重定语中，数量短语、某些形容词和代词需要紧邻核心词。

陈世明、热扎克《维吾尔语实用语法》中认为一个核心词在受到若干定语修饰时，带属格的名词或代词位置比较自由；不带属格的名词、形容词、数词、代词、形动词、象声词一般要靠近核心词。相比而言，由数量短语或由象声词充当的定语与核心词的关系更为密切，中间一般不能插入其他词语。不带属格的名词、形容词、数词、代词、形动词、象声词作定语共现时，相对位置是什么，书中没有进行说明。

刘珉《汉维共时对比语法》中认为维吾尔语多重定语中，性质形容词充当的定语在前，派生形容词充当的定语在后。数量短语、形容词和复杂短语共同作定语时，限制性定语要紧靠核心词。

张玉萍主编的《汉维语法对比》中把定语分为单层多项定语、多层单项定语和多层多项定语。认为维吾尔语多层多项定语的语序是：表示领属性的代词、名词居第一位；表示状态的主谓短语或动词短语以及动词居第二位；形容词短语或形容词居第三位；表示数量的数词或量词短语居第四位；表示属性、质料的名词定语居第五位。书中描述了定语之间的相对位置，但为什么会有这种语序，原因何在？书中没有做进一步解释。

可以看出，现代维吾尔语多重定语的研究成果非常少，而且主要集中在语序问题上，同时简单罗列语序现象的较多，解释语序成因的几乎没有。

第五节　汉维定语研究评析

　　回顾汉维定语的研究历程,可以看出汉语的研究成果较多。定语的称谓在不断明确,能够充当定语的成分在不断挖掘,定语和核心词之间的语义关系描写得越来越细致,定语的作用在不断探讨,定语研究在很多方面都取得了可喜的成绩。这些成绩不但有老题目的继续和深化,也有对新课题的挖掘和研究,同时广泛运用西方语言学理论,将三个平面、形式语言学、认知语言学的有关理论引入汉语定语研究,使理论方法不断改进,研究角度不断更新,现代汉语定语研究向纵深方向不断发展。

　　对于汉语多重定语,学者们分别从语法、语义、语音角度进行过研究,同时引入了一些新的理论。通过研究,学者们普遍认为汉语多重定语的语序是：领属性的修饰语＞处所词和时间词＞各类短语＞形容词＞名词＞核心词,但数量短语、指示代词的位置还未达成共识,一直存有争议。研究中定语通常被分为限制性定语和描写性定语两大类,但这两大意义分野和组合式、粘合式两大形式分野之间缺乏对应关系,致使在描述多重定语语序时提出的先限制性后描写性的规律就出现了较多例外①。此外从语义角度进行的研究划分过细,造成一小类词语一种情况,缺乏一定的整合性,同时研究形容词连用现象的较多,将组合式、粘合式分开讨论的较多,对语序描写的研究较多,解释规律成因的较少。

　　和现代汉语相比,维吾尔语定语研究不很充分,学者们在能够充当定语和核心词的语法单位、定语的作用、核心词在句子中充当的句子成分以及定语和核心词之间的语义关系等方面进行过研究。通过挖掘,学者们在肯定维吾尔语定语的主要作用是修饰和限制核心词外,普遍认为形容词、动名词、形动词、名词、数词、代词、象声词以及短语可以充当定语。至于"短语"具体包括哪些,讨论得还不够详细。另外程度副词是否能作定语也没有得到普遍认可,哈萨克斯坦共和国编撰的语法书中认为"seni kørmiginimizgɛ Xeli vaqit boldi"（我们很久没见到你了）中"Xeli（相当）"在"vaqit（时间）"之前,所以认为程度副词可以作定语。但是副词中有多少可以置于名词之前,程度副词又有多少,出现的频率如何？这些问题都没有细致深入地研究过。况且判定一个词能否充当定语,不仅要考虑修饰语的性质,核心词的性质,还要考虑整个定中结构在句子中所处的语法位置,不能仅凭一个词在另一个词之前就断然下定结论。另外各类词

---

① 胡裕树、陆丙甫：《关于制约汉语语序的一些因素》,《烟台大学学报》1988年第1期。

在附加了属格、形似格、量似格、范围格后作定语，是保持了原有词性还是改变了词性，说得也比较含混。哈萨克斯坦共和国编写的语法书中认为定语可以由形容词、名词、数词、代词、形动词、象声词、程度副词和带有属格的词来充当。怎样理解"带有属格的词"？名词可以带属格，而这里"名词"和"带有属格的词"构成并列关系，似乎名词带了属格后就改变了词性。杨承兴在《现代维吾尔语语法》中认为，以依附方式充当的定语可以由形容词、代词、形动词、数词、代数词或数量短语、表示物质材料、职业、性别等意义的名词、形似格、量似格、范围格形式、摹拟词等充当。众所周知，名词附加属格、形似格、量似格、范围格，动名词附加量似格、形似格，数词附加量似格、代词附加属格后都可以充当定语，而这里将各种具体的词类和"形似格、量似格、范围格形式"平行，似乎这些词在附加了形似格、量似格、范围格后就不再保留原有词性了。

对于定语的分类，有描写性定语和限制性定语、关系定语和性质定语、一致定语和依附定语等不同的分类法。描写性定语和限制性定语就定语和核心词之间的意义关系而言。关系定语、性质定语和一致定语、依附定语分法相似，都是依据核心词后是否与定语保持人称和数上的一致性来划分的。但是简单地把一致定语和描写性定语、依附定语和限制性定语等同起来是不妥的。另外定语是否会发生易位现象，是处于核心词之前还是可以后置，尚存有不同的看法。

总体来看，维吾尔定语的研究大多还处于描写阶段，即什么样的语法单位可以充当定语，什么样的语法单位可以充当核心词？但描写得还不够详尽，并且重复性研究较多，创新性研究较少。定语标记"-niŋ"什么时候出现，什么时候不出现？核心词与定语保持一致的词尾什么时候出现？什么时候不出现？"-niŋ"隐现的条件和内部机制是什么？这些都缺乏深入细致的研究。引入西方较新的语言学理论，从多角度、多侧面研究维吾尔定语的更少。

对于维吾尔语多重定语的研究，学者们较多关注语序问题，注意到数量短语、代词、形容词作定语时要紧邻核心词，但具体是哪些代词、哪些形容词要紧邻核心词没有细究过，其他词或短语充当定语时应放在什么位置，很少有人论及，制约这些语序的动因是什么，更是无人研究。因此维吾尔语多重定语的研究还有待深入、全面地展开。

第三章 汉维语多重定语语序的共同点和相异点

第一节 现代汉语定语的构成

现代汉语定语可以由名词、代词、动词、形容词、区别词、数词、象声词、主谓短语、述宾短语、偏正短语、述补短语、联合短语、连谓短语、兼语短语、同位短语、方位短语、量词短语、介词短语、助词短语、固定短语、复句形式的短语等充任。下面分别加以说明。

一 名词作定语

在汉语中，普通名词、专有名词、集合名词、抽象名词、时间名词、处所名词可以充当定语。

墙上挂了一幅世界地图。
小明的作业还没有做完。
物资的匮乏使灾区遇到了更多的问题。
意识的形成需要一段较长的时间。
今天的报纸我还没来得及看呢。
北京的名胜古迹很多。

二 代词作定语

在汉语中，人称代词、指示代词、疑问代词可以充当定语。

我们班在这次比赛中获得了第一名。
我弟弟今年考上了大学。
这人真没劲。
这样的家具放在这间屋子里很不合适。
谁的东西落在桌子上了？
什么事情让他这么苦恼？
多少学生参加了今天的会议？

三　动词作定语

汉语中单音节动词、双音节动词、动词的重叠形式可以充当定语。
这么多年来他一直爱吃炒鸡蛋。
她给自己制定了一份学习计划。
我们还需要不断更新我们的研究方法。
母亲责备的口气让她心里很难受。
美国过低估计了自己的保密能力。
奶奶整天在屋里干些缝缝补补的活儿。

四　形容词作定语

在汉语中，单音节性质形容词、双音节性质形容词以及状态形容词可以充当定语。
这匹白马是他花高价买回来的。
他出门的时候，换了一身干净衣裳。
枝头挂满了红红的苹果。
他身上背了一个鼓鼓囊囊的挎包。
她不停地搓着孩子冰凉冰凉的小手。
他穿着一身灰不溜秋的衣服走进了演播大厅。
有些双音节性质形容词与名词组合，已经构成了固定的说法。例如：
老实人　　俏皮话　　要紧事

五　区别词作定语

过节的时候，他给妻子买了一副金手镯。
由于吃饭没有规律，她患上了慢性胃炎。
我们文工团又招了两名男演员。
这不是一部古典名著，但却影响了我的思想。
窗下是一张老式红木方桌，桌后是床，床上堆满了各类书刊，床下却铺了厚厚的一层石灰。（暨南大学语料库）
而我呢，饥肠辘辘不说，穿着那身寒酸的农民式的破烂衣服，跻身于他们之间，简直像一个叫花子。（《路遥小说选》122页）

六　数词作定语

他在市第一中学就读。
截止到今天，百分之九十的学生已经返校了。

成千上万的农民工涌入城市以求发展。

当定中短语在语义上强调一个整体或者表示专名时，基数词也可以充当定语。例如：

战士们坚决不拿百姓的一针一线。

为了按时交工，他们奋战了七昼夜。

七 象声词作定语

耳边是一阵飒飒的风声和潺潺的水声。(《实用汉语语法》126 页)

院里院外挤满了叽叽喳喳的妇女们和老婆们。(《实用汉语语法》126 页)

我爱听黄昏时候小河哗哗哗哗的流水声。(《实用汉语语法》126 页)

她们走进竹林，听见了淙淙的水声。

街上非常寂静，只有铁匠铺里传来单调的当当的声音。

村里立刻响起嗡嗡的铁钟声——这是少有的紧急警报。(《新编中国当代文学作品选》251 页)

八 主谓短语作定语

这是一项规模宏大的工程。

工人们制造的新产品已经上市了。

民族歌舞团演出的节目很精彩。

她很少去人多的地方。

那是他刚买回来的杂志。

九 述宾短语作定语

我们首先要学会做人的道理。

每年七八月份，去新疆的游客很多。

前排坐了一个戴眼镜的老汉。

十 偏正短语作定语

孩子们津津有味地听着老奶奶讲中国古代民间故事。

他来的时候，还是穿着五年前的那身灰布衣裳。

母亲是一位十分好强的人。

他已经开上了新买的车。

十一 述补短语作定语

我们要经常温习学过的知识。

他把钓起来的鱼又放回了河里。

我一看到那个穿得破破烂烂的女孩就认出来了,那是我的凤霞。(《活着》44页)

那孩子穿着一件长过膝盖的破军装。(《新编中国当代文学作品选》10页)

当时,我们一面瞅空子打击敌人,一面通过一条条看不见的交通线,和各地地下党组织保持着联系,领导着斗争。(《新编中国当代文学作品选》35页)

姑娘们把熟透的葡萄从树上摘了下来。

他提着一包炒得金黄的家乡南瓜籽,搭上了去师大的公共汽车。(《路遥小说选》95页)

十二 联合短语作定语

雨后,空气中弥漫着青草和泥土的气息。

现在国际和国内的形势都很好。

中华民族是一个伟大、勤劳而勇敢的民族。

同学们坐在宽敞明亮的教室里读书。

站着的、坐着的、蹲着的人群都在侧耳倾听。

十三 连谓短语作定语

站在那里等候命令的战士已经冻得瑟瑟发抖了。

来这里参观的人真是络绎不绝。

团结起来走共同富裕的道路是大家的愿望。

十四 兼语短语作定语

我已经收到了催他去开会的传真。

要求我们派人去的地方离这儿很远。

劝你冷静点的那位朋友说的是对的。

这真是件令人高兴的事儿。

这时,皱着眉思索了好久的刘世吾提出了一个方案,大家马上热烈地展开了讨论,很多人发表了使林震敬佩的精彩意见。(《新编中国当代文学作品选》93页)

十五 同位短语作定语

领导应该听听我们大家的意见。

贫嘴张大民的幸福生活。

刘秋果到达县委会，直奔县委第一副书记陆寒江的办公室，他走到门外，听见屋里有一个妇女哭哭泣泣的声音，他赶忙收住了脚。(《新编中国当代文学作品选》168页）

十六 方位短语作定语

桌上的饭菜已经凉了，你催他赶紧回来。

"您有时间看小说吗？"林震看着桌上的大叠材料，惊异了。(《新编中国当代文学作品选》83页）

她皱着眉怀疑地看一看韩常新，然后扶正头上的假琥珀发卡，用微带忧郁的目光看向窗外。(《新编中国当代文学作品选》84页）

接着，他推开窗户，一阵风吹掉了办公桌上的几张纸，传来了前院里散会以后人们的笑声，招呼声和自行车铃响。(《新编中国当代文学作品选》94页）

小秦在这里好像主人一样，他搬了个凳子让我坐，又从暖水瓶里给我倒了一杯水，随手又去整理桌子上乱七八糟的书报。(《新编中国当代文学作品选》259页）

十七 量词短语作定语

汉语中，由数词加量词组成的短语称作数量短语，由指示代词加量词组成的短语称作指量短语，由疑问代词加量词组成的短语称作问量短语，这里我们统称为量词短语。

他身上落了一层雪。
她买了一条四斤的草鱼。
夜空中挂着一轮明月。
他肩上扛着一袋面粉。
他带回来了两箱子的书。
瓶子里冒出一缕缕烟来。
这件事上，我们还是听听大伙的意见吧。
这本书值得向大家推荐。
这本书的封面设计得比那本好。
你要哪本书？

汉语中量词通常和数词结合起来修饰核心词，但是当数词为"一"时，有时可以省略，直接由量词修饰核心词。

老李托你给他捎封信。

你去她家的时候，带份礼物给她。
条条道路通罗马。
今天，垛垛高墙夷为平地。

十八　介词短语作定语

她的小儿子对音乐的兴趣越来越浓厚了。
这个民族有很多关于太阳、月亮的神话故事。
这标志着全国人民对先烈的怀念。
我在这个问题上的看法与你不同。
临街的商店一个比一个漂亮。
我听到的许多关于曾刚的意见，放在一起就是一场严重的、针锋相对的争辩。（《新编中国当代文学作品选》421 页）
有一次，当吴月琴所在的三队队长运生说了一件关于她唱歌的事，大家才感到震惊了。（《路遥小说选》2 页）

十九　助词短语作定语

（一）比况短语作定语
台下响起了暴风雨般的掌声。
演出结束时，会场上响起了雷鸣般的掌声。
两年多的共同奋斗使他们结下了兄弟般的友谊。
面对铁一般的事实，他终于承认了自己的错误。
他没有关上窗户，扭过身来，把办公桌上的煤油灯点着了，清幽幽的灯光，照在他那苍白的脸上，照见他那深陷的像笼罩着一层烟雾似的大眼睛。（《新编中国当代文学作品选》149 页）
我朝他宽宽的两肩望了一下，立即在我眼前出现了一片绿雾似的竹海，海中间，一条窄窄的石级山道，盘旋而上。（《新编中国当代文学作品选》219 页）

（二）"所"字短语作定语
这正是他所关心的问题。
她把自己所看到的情况向大家做了汇报。
生活中，我们总是自以为是，总以为事情应该是某种样子，而后来却发现，事实并不像我们所想象的那样。
她又一次问，"小林，你是我所尊敬的顶好的朋友，但你还是个孩子——这个称呼也许不对，对不起。"（《新编中国当代文学作品选》114 页）
毫不夸张地说，我被西藏所具有的独特的魅力吸引住了。

该厂所生产的"冰山牌"的确良已经远销国外。

用全民族的努力所结成的抗日民族统一战线，决不允许一部分人的破坏和分裂。

二十　固定短语作定语

我们说的都是些一针见血的话。(《实用汉语语法》126页)

后来，这个穷孩子靠自己的努力成了亿万富翁，同时也成了远近闻名的大善人。(《初级汉语教程·第2册》151页)

突然，眼前如彩虹升起，一幅幅五光十色的织锦把我给吸引住了。(《实用现代汉语语法》481页)

在这座巍峨的纪念碑前，终日都有川流不息的人群向革命先烈默默致敬。(《实用现代汉语语法》482页)

女高音部不知是谁在不该她唱的时候开了口，这是合唱团最尴尬的事，何况出现在这首屈一指的合唱团里。(《中级汉语教程·第1册》31页)

小李和家人后来才知道，这位雪中送炭的"雷锋"竟是港商柴建华先生。(《中级汉语教程·第1册》63页)

他也不知道自己怎么敢说得这样尖锐，但是终究说出来了，他有一种如释重负的感觉。(《新编中国当代文学作品选》111页)

二十一　复句形式的短语作定语

鲁迅先生读完这封并不是给他，而是作为收信人的证件的短信，和来客谈了一会儿，把他送走了。(《实用现代汉语语法》482页)

他又不敢大声喊，怕惊醒白天做得疲乏、晚上躺下就睡着了的母亲。(《实用现代汉语语法》482页)

那个因为从小学习成绩好就自以为聪慧过人，因此把自己的生活搞得一塌糊涂的女人。(《所以》199页)

第二节　现代维吾尔语定语的构成

现代维吾尔语定语可以由名词、代词、动词、形容词、数词、象声词、主谓短语、述宾短语、偏正短语、联合短语、连谓短语、同位短语、方位短语、数量短语、后置词短语、系动词短语等充任。

一 名词作定语

维吾尔语中普通名词、专有名词、抽象名词、时间名词可以充当定语。

derizɛ ejnɛk -lir   -i   syrt -yl   -yp①   bol   -di.
窗户 玻璃（复数）（3 复，从属）擦（被动）（状态副动词）（助动词）（3 单，过去时）
"玻璃窗擦干净了。"

davut   -niŋ dadi   -si   doχtur.
达吾提 （属格）爸爸（3 单，从属） 医生
"达吾提的父亲是大夫。"（《维吾尔语语法》30 页）

tejipdʒan mɛʃhur ujʁur ʃa'ir   -i.
铁衣甫江 著名 维吾尔 诗人（3 单，从属）
"铁衣甫江是著名的维吾尔族诗人。"（《维吾尔语语法》29 页）

χizmet izdi   -gɛn   -dɛ   tundʒi tɛsir -niŋ jaχʃi-jaman
工作 找（完成形动词）（方位格）首次 印象（属格）好 坏

bol   -uʃ   -i   nahajiti muhim.
（系动词）（称名动名词）（3 单，从属） 非常 重要
"求职时第一印象的好坏很重要。"

tynygyn ɛtigɛn antʃɛ soʁuq ɛmɛs   idi.
昨天 早上 太 冷 不是（系动词，3 单）
"昨天早上不太冷。"

二 代词作定语

在维吾尔语中指示代词、人称代词、自复代词、疑问代词、确定代词、不定代词和否定代词可以充当定语。

bu ʃɛpkɛ ɛsli aka   -m   -niŋ   idi.
这 帽子 原来 哥哥（1 单，从属）（属格）（系动词，3 单）
"这顶帽子本来是我哥哥的。"（《维吾尔语语法》30 页）

sili -niŋ rɛhbɛrlik sɛn'ɛt   -liri   -gɛ mɛn adʒajip qajil   -mɛn.
您（属格）领导 艺术（2 敬，从属）（向格）我 非常 佩服（1 单，将来时）
"我非常佩服您的领导艺术。"

---

① 此处的"状态副动词"实为"状态副动词标记"，下文的"完成形动词"、"称名动名词"、"关系形容词"、"持续形动词"、"时态动名词"、"表愿动名词"、"主体动名词"、"未完成形动词"、"时限副动词"、"集合态"、"比较级"、"目的副动词"、"兼行副动词"、"目的动词"的标注也因篇幅的原因省略了"标记"二字。

u -niŋ øgin -iʃ -i antʃe jaχʃi ɛmɛs.
他（属格）学习（称名动名词）（3 单，从属）太　　好　不是
"他的学习不怎么好。"（杨承兴《现代维吾尔语语法》97 页）

bu øzɛm -niŋ køz qariʃ -i.
这　我自己（属格）　观点（3 单，从属）
"这是我自己的看法。"（《维吾尔语语法》114 页）

qajsi -ŋlar -niŋ velsipit -i bar?
谁（2 复，从属）（属格）　自行车（3 单，从属）　有
"你们谁有自行车？"（《维吾尔语语法》120 页）

kim -niŋ pikr -i toʁra bol -sa, ʃu -niŋki①
谁（属格）意见（3 单，从属）正确（系动词）（3 单，虚拟）他（属格）
-ʁɛ qoʃul -imɛn.
（向格）同意（1 单，将来时）
"谁的意见正确，我就同意谁的。"（《维吾尔语语法》122 页）

barliq mɛktɛp -lɛr bu qetim -qi jiʁin -ʁa vekil ɛvɛt -ti.
所有　学校（复数）这　次（关系形容词）会议（向格）代表　派（3 单，过去时）
"所有的学校都派代表参加了这次会议。"

ɦɛmmi -miz -niŋ salamɛtlik -imiz jaχʃi.
全部（1 复，从属）（属格）　健康　（1 复，从属）好
"我们大家的身体都很好。"（《维吾尔语语法》125 页）

bu -niŋ -ʁa ɦetʃkim -niŋ pikr -i joq.
这（属格）（向格）无论谁（都不）（属格）意见（3 单，从属）没有
"对此谁都没有意见。"（《维吾尔语语法》128 页）

tujuqsizla jiraq -tin allikim -niŋ varqiri -ʁin -i
突然　远处（从格）不知是谁（属格）叫喊（完成形动词）（3 单，从属）
aŋla -n -di.
听（被动）（3 单，过去时）
"突然从远方传来不知是谁的叫喊声。"（《维吾尔语语法》132 页）

三　动词作定语

维吾尔语中动词词干不能直接作定语，其非人称形式的形动词或动名词形式才可以充当定语。

---

① "-niŋki" 由属格 "-niŋ" 加 "-ki" 构成，此处的 "-ki" 是属格名词化标记。

第三章　汉维语多重定语语序的共同点和相异点

（一）形动词作定语

形动词是兼有动词和形容词部分语法特征的动词非人称形式。在句子中起形容词的作用。形动词分为完成形动词、持续形动词和未完成形动词三种形式，其中未完成形动词又分为 A、B 两种形式。

tʃyʃin   -ɛl   -mi   -gen   mesili -lɛr   -ni   muʼɛllim -din
理解（能动）（否定）（完成形动词）问题（复数）（宾格）老师　（从格）
øz vaqtida sor   -aŋlar.
及时　　问（2 复，祈使）

"不明白的问题要及时问老师。"

toχta   -p   qal   -ʁan   dumbaq, sunaj jene tʃel -in
停止（状态副动词）（助动词）（完成形动词）皮鼓　唢呐　又　弹（被动）
-ip
（状态副动词）

"停下的皮鼓和唢呐又吹打起来"（《往事》60 页）

ɛmdi biz fier -ip   qal   -ʁan at -lir -imiz -niŋ
现在　我们累（状态副动词）（助动词）（完成形动词）马（复数）（1 复，从属）（属格）
yst -i   -diki χurdʒun ve iger-toqum-ni el -ip   qoj
上（3 单，从属）（范围格）褡裢　和　鞍鞯（宾格）拿（状态副动词）（助动词）
-up
（状态副动词）

"此刻，我们把疲惫的马背上的褡裢和鞍鞯都卸下来"（《往事》216 页）

tʃiʃlɛ -n   -gen   nan -niŋ igi -si   nemiʃqa ʃuntʃe χuʃ
咬（被动）（完成形动词）馕（属格）主人（3 单，从属）为什么　那么　高兴
bol   -up   ket   -idu?
（系动词）（状态副动词）（助动词）（3 单，将来时）

"被咬过的馕的主人为什么这么高兴？"（《往事》66 页）

jiqil -ʁan   kiʃi -lɛr   -ni jølɛ -p   tart -ip
摔（完成形动词）人（复数）（宾格）扶（状态副动词）拉（状态副动词）
tʃiqir -ip   qoj   -dum.
出来（状态副动词）（助动词）（1 单，过去时）

"我搀扶过摔倒的路人。"（《往事》102 页）

aka   -m   kes -il   -gen   rɛχt -ni qol -i   -ʁa
哥哥（1 单，从属）裁（被动）（完成形动词）布（宾格）手（3 单，从属）（向格）
el -ip   tɛkʃyr -genidi.
拿（状态副动词）检查（3 单，直陈相对过去时）

"哥哥把裁好的布拿在手里翻看了一遍。"(《往事》124 页)

ʁaldʒirlaʃ   -qan   su maʃini -niŋ aldi qism   -i   —   kaput   -tin
疯狂（完成形动词）水   车（属格）前 部分（3 单，从属）引擎盖（从格）
ørkeʃle   -p   øt   -ti.
波涛汹涌（状态副动词）（助动词）(3 单，过去时)

"汹涌的洪水翻卷着淹上了车子的引擎。"(《往事》290 页)

momaj konira   -p   ket   -ken   sanduq   -i
大妈 老化（状态副动词）（助动词）（完成形动词）箱子（3 单，从属）
-ni etʃ   -ip
（宾格）开（状态副动词）

"大妈打开她那年代很久的箱子"(《往事》146 页)

bir az   -la   kyt   -keniduq,   qajnat   -qan   syj
一会儿（语气词）等（1 复，直陈相对过去时）煮沸（完成形动词）水
-ym   χeli syz -yl   -yp   qal   -di.
(1 单，从属) 相当 过滤（被动）（状态副动词）（助动词）（3 单，过去时）

"我们只等了一会儿，烧开的水就澄得很清了。"(《往事》296 页)

ez   -il   -gɛn   ʃaptul -lar   -niŋ su   -lir   -i   ʁopur -niŋ
压（被动）（完成形动词）桃子（复数）（属格）汁（复数）(3 单，从属) 吾甫尔（属格）
kijim -lir   -i   -ni   ʃaltaq   qil   -iv   -ɛt
衣服（复数）(3 单，从属)（宾格）汁液 （系动词）（状态副动词）（助动词）
      -kɛnidi.
(3 复，直陈相对过去时)

"压烂流出的桃汁粘脏了吾甫尔的衣服。"(《往事》26 页)

uχla -vatqan   kitʃik qiztʃaq ojʁan -ip   ket   -ti.
睡觉（持续形动词） 小   女孩   醒（状态副动词）（助动词）(3 单，过去时)
"正在睡觉的小女孩被吵醒了。"

tujuqsiz dada   -m   kir   -ip   qal   -di,
突然   父亲（1 单，从属）进（状态副动词）（助动词）(3 单，过去时)
siz -ivatqan   rɛsim   -im   -ni   kør   -yp
画（持续形动词）画儿（1 单，从属）（宾格）看（状态副动词）

"突然父亲进来，看见了我正在画的画儿。"(《往事》252 页)

dunja -da   jeʃ   -il   -mɛ   -jdiʁan   tygyn etʃ -il
世界 （方位格）解开（被动）（否定）（未完成形动词）疙瘩 开（被动）
-ma   -jdiʁan   sir   joq.
（否定）（未完成形动词）秘密 没有

"世上没有解不开的疙瘩,没有解不开的秘密。"(杨承兴《现代维吾尔语语法》133页)

savab   bol   -idiʁan   iʃ   -ni   qil.
报酬 (系动词)(未完成形动词)事情(宾格) 做

"多做善事。"(《往事》250页)

jan   -ar   taʁ
燃烧(肯定,B种未完成形动词)山

"火山"(《维吾尔语语法》189页)

jeŋ   -il   -mɛs   armijɛ
胜(被动)(否定,B种未完成形动词)军队

"不可战胜的军队"(《维吾尔语语法》189页)

tygi   -mɛs   bajliq
结束(否定,B种未完成形动词)财富

"无穷的财富"(《维吾尔语语法》189页)

(二)动名词作定语

动名词是兼有动词和名词部分语法特征的动词非人称形式,可分为称名动名词、时态动名词、表愿动名词、主体动名词四种形式。其中称名动名词又分为A、B两种形式。其他形式的动名词一般可以直接作定语,但表愿动名词需要附加形似格"-dɛk、-tɛk"或量似格"-tʃilik"后才能充当定语。

øgin   -iʃ   ʃara'it   -i   qandaq?
学习(称名动名词) 环境 (3单,从属)怎样

"学习环境怎么样?"

al   -maq   -niŋ   bɛr   -mik   -i   bar.
拿(B种称名动名词)(属格)给(B种称名动名词)(3单,从属) 有

"有借有还" (《维吾尔语语法》194页)

bar   -maq   -niŋ   kɛl   -mik   -i   bar.
去(B种称名动名词)(属格)来(B种称名动名词)(3单,从属) 有

"有来有往"

mɛniŋ   silɛr   -gɛ   tonuʃtur   -ʁu   -dɛk   tɛdʒribɛ   -m   joq.
我、属格的合音 你们(向格)介绍(表愿动名词)(形似格)经验(1单,从属)没有

"我没有什么值得向你们介绍的经验。"(杨承兴《现代维吾尔语语法》128页)

men jolutʃi   idim,   bir kɛtʃɛ qon   -ʁu   -dɛk   dʒaj bɛr   -ɛl   -ɛm   -siz?
我 过路人(系动词,1单)一 晚上 住(表愿动名词)(形似格)地方 给(能动)(语气词)(2尊,将来时)

"我是个过路的，能借个地方住一宿吗？"（杨承兴《现代维吾尔语语法》128 页）
meniŋ　　　　　tʃidi　-ʁu　　　-tʃilik　-im　　qal　-mi
我、属格的合音　忍受（表愿动名词）（量似格）（1 单，从属）剩下（否定）
-di.
（3 单，过去时）
"我忍受不了啦。"（杨承兴《现代维吾尔语语法》129 页）
u　-niŋ　midirli　-ʁu　　　-tʃilik　dɛrman　-i　　qal　-mi　　-di.
他（属格）动（表愿动名词）（量似格）力量（3 单，从属）剩（否定）（3 单，过去时）
"他连动弹一下的气力都没有了。"（杨承兴《现代维吾尔语语法》129 页）
mɛn bu gezitχani -ni　bɛrpa　qil　　-ʁutʃi　-niŋ　　oʁl　　　-i.
我　这　报社（宾格）建立（系动词）（主体动名词）（属格）儿子（3 单，从属）
"我是这家报馆创始人的儿子。"（杨承兴《现代维吾尔语语法》130 页）
bu køptʃilik -niŋ　tiriʃ　　-qanliq　　-i　　-niŋ　nɛtidʒi　-si.
这　大家　（属格）努力（时态动名词）（3 单，从属）（属格）成绩（3 单，从属）
"这是大家努力的结果。"（《维吾尔语语法》204 页）
bu u　-niŋ　tʃeniqiʃ　-ni　qɛt'ij davamlaʃ　-tur　　-ʁanliq
这　他（属格）锻炼（宾格）坚决　持续　（使动）（时态动名词）
　-i　　-niŋ　nɛtidʒi　-si.
（3 单，从属）（属格）结果（3 单，从属）
"这是他坚持锻炼的结果。"（《维吾尔语语法》194 页）

四　形容词作定语

　　维吾尔语中性质形容词、关系形容词、情态形容词以及附加了"级"语法范畴的形容词可以充当定语。
køk asman
蓝　天空
"碧空"
køptʃilik ular　-ni qizʁin alqiʃ　-lar　　bilɛn tɛbrikleʃ　　-ti.
　大家　他们（宾格）热情　掌声（复数）（后置词）　祝贺　（3 复，过去时）
"大家以热烈的掌声祝贺他们。"（《维吾尔语语法》181 页）
siz　adʒajip adɛm　ikɛnsiz.
您　奇怪　人（系动词，2 单）
"您真是一个奇人。"（《往事》164 页）
ħɛsɛn　oʁri　χislɛtlik adɛm.
艾山　盗匪　有品德　人

第三章 汉维语多重定语语序的共同点和相异点

"艾山大盗是个有品德的人。"(《往事》174 页)

u ɑddij puqrɑ -lɑr -niŋ ɦietʃnemi -si -ni ɑl -mɑ
他 普通 百姓 （复数）（属格） 什么也不 （3 单，从属）（宾格） 拿 （否定）
-jtti.
（3 单，直陈相对将来时）

"他从来不拿普通百姓的任何东西。"(《往事》172 页)

tynygyn ɑχʃɑm -qi kino
昨天 晚上 （关系形容词）电影

"昨晚的电影"（杨承兴《现代维吾尔语语法》63 页）

ɑltun tʃiʃ -liq ɑdɛm
金子 牙齿 （关系形容词）人

"镶金牙的人"（杨承兴《现代维吾尔语语法》63 页）

kiʃi -ni zeriktyr -ɛr -lik uzun jol
人 （宾格）讨厌 （肯定，B 种未完成形动词）（关系形容词）长 道路

"令人生厌的长途"（杨承兴《现代维吾尔语语法》63 页）

køzgɛ kør -yn -ɛr -lik nɛtidʒi -lɛr -ni
显著 （被动）（肯定，B 种未完成形动词）（关系形容词） 成绩 （复数）（宾格）
qolʁɑ kɛltyr -duq.
取得 （1 复，过去时）

"我们取得了显著的成绩。"（杨承兴《现代维吾尔语语法》63 页）

bɑjɑ siz -niŋ tɑʃli -v -ɛt -kin -iŋiz
刚才 您 （属格） 扔 （状态副动词）（助动词）（完成形动词）（2 尊，从属）
ɛslidɛ biz -gɛ kerɛk -lik nɛrsɛ idi.
原来 我们 （向格）需要 （关系形容词） 东西 （系动词，3 单）

"刚才您扔掉的原来是我们需要的东西。"（程适良《现代维吾尔语语法》187 页）

u -ni sili joq vɑqit -tɑ tʃimdi -p tʃirqiri -t -ip,
她 （宾格）您 没有 时候 （方位格）掐 （状态副动词）掐 （使动）（状态副动词）
dʒen -i -ni el -iv -ɛt -ti.
命 （3 单，从属）（宾格）拿 （状态副动词）（助动词）（3 单，过去时）

"在您不在的时候，她（后妈）把她（孩子）的魂掐得都快没了。"（《往事》8 页）

mɛn mɛɦɛlli -miz -diki su ɛkil -ip ber -idiʁɑn
我 街道 （1 复，从属）（范围格）水 带来 （状态副动词）（助动词）（未完成形动词）
kiʃi -si joq ɑ'ili -lɛr -niŋ su -ji -ni ɛkil
人 （3 单，从属）没有 家庭 （复数）（属格）水 （3 单，从属）（宾格）带来

-ip   ber   -ettim.
（状态副动词）（助动词）（1单，直陈相对将来时）

"街道上有一些人家缺人手，吃水不方便，我就干起了送水的差事。"（《往事》116页）

peqet nepiz qar bar jol tep   -iʃ   ytʃyn   -la
仅仅   薄   雪 有   路 找（称名动名词）（后置词）（语气词）

"为了从雪薄处找到路"（《往事》218页）

baʃqa savat   -i   bar kiʃi -ler   -gɛ kitab -lir   -i   -ni
其他 文化（3单，从属）有 人（复数）（向格）书（复数）（3单，从属）（宾格）
tut -quz -maj
拿（使动）（否定）

"其他人，即使有文化，也不能拿他的书"（《往事》130页）

molla -m   bir ʁulatʃ tʃomaq bilen dʒazala -n   -ʁutʃi bali
毛拉（1单，从属）一 庹   棒子   （后置词）惩罚（被动）（主体动名词）孩子
-niŋ   øtyk   -i   jaki poputʃ   -i   -niŋ tʃɛm   -i   yst
（属格）靴子（3单，从属）或者 便鞋（3单，从属）（属格）鞋底（3单，从属）上面
-i   -gɛ bar kytʃ   -i   -ni tʃiqir -ip uri   -du.
（3单，从属）（向格）有 力气（3单，从属）（宾格）输出（状态副动词）打（3单，将来时）

"毛拉用一庹长的棒子，向受惩的孩子的靴底或鞋底使劲打。"（《往事》24页）

ʃu kyn   -i   bar kytʃ   -ym   bilen ʁejret qil   -ip
那 天（3单，从属）有 力量（1单，从属）（后置词）用劲（状态副动词）
ilitʃaq -tin on netʃtʃe qedem burun pelli -gɛ   jet   -ip ber
伊力恰克（从格）十 几   步   前 终点（向格）到达（状态副动词）（助动词）
-ip,   on samsa ut   -uv   -al   -dim.
（状态副动词）十 烤包子 赢（状态副动词）（助动词）（1单，过去时）

"那天，我全力拼争，结果比伊力恰克率先十几步到达终点，赢了十个烤包子。"（《往事》86页）

ɦesen emdi sol qol   -i   -ni ʃqa sal -ʁutʃe   jet   -ip
艾山 现在 左 手（3单，从属）（宾格）使用（时限副动词）到达（状态副动词）
kɛl   -gen   kerim bɛg bar kytʃ -i   bilen ɦesen -niŋ
（助动词）（完成形动词）克里木 伯克 有 力气（3单，从属）（后置词）艾山（属格）
tiz   -i   -ʁa   ketmen -niŋ dʒuldi -si   bilen bir
膝盖（3单，从属）（向格）坎土曼（属格）背（3单，从属）（后置词）一
-ni   ur   -idu.
（宾格）打（3单，将来时）

"当艾山想换用左手时，克里木伯克赶上来，使尽全身力气，挥起坎土曼砍向艾山的膝盖。"（《往事》178 页）

ʃu -niŋ -din kejin bojn -i -da taqaq, zendʒir, qol
那（属格）（从格）以后 脖子（3 单，从属）（方位格）枷 链子 手

-i -da kojza, put -i -da kiʃin -i bar bir
（3 单，从属）（方位格）手铐 脚（3 单，从属）（方位格）链子（3 单，从属）有 一

meʃibus el -ip kir -il -di.
囚徒 带（状态副动词）进（被动）（3 单，过去时）

"不一会儿，一个囚犯脖子上驾着枷锁、链子，戴着脚镣手铐，被带了进来。"（《往事》184 页）

mɛn -mu bu -lar -ni χuʃ qil -sam bordi -si bar mal
我（语气词）这（复数）（宾格）高兴（1 单，虚拟）催肥（3 单，从属）有 货物

-lar -ni maŋa øtyn -yp ber -idu de
（复数）（宾格）我、向格合音 转让（状态副动词）（助动词）（3 单，将来时）（系动词）

-gɛn -ni ojla -p
（完成形动词）（宾格）想（状态副动词）

"我想讨这些人的喜欢，并想让他们把利大的货转让给我。"（《往事》198 页）

qumuʃ nɛm -rɛk, su køp -rɛk, jɛr -dɛ øs -idu.
芦苇 湿润（比较级）水 多（比较级）地方（方位格）生长（3 单，将来时）

"芦苇生长在比较潮湿、水比较多的地方。"（杨承兴《现代维吾尔语语法》60 页）

u sɛl egiz -rɛk jɛr -gɛ tʃiq -ti.
他 稍微 高（比较级）地方（向格）上（3 单，过去时）

"他上到了稍高一点的地方。"（杨承兴《现代维吾尔语语法》60 页）

top -toʁra søz
（加强级）正确 话

"完全正确的话"

syp -syzyk su
（加强级）清 水

"清澈的水"

egiz -egiz bina -lar
高 高 楼（复数）

"高高的楼房"

kitʃik-kitʃik χɛt -lɛr
小 小 字（复数）

"很小很小的字"

u kitʃik -kinɛ bir øj -gɛ kir -iv -al -di.
他 小（表爱级）一 房间 （向格）进（状态副动词）（助动词）（3单，过去时）
"他把自己关进一间小房子里。"

salqin -ʁina ɦava
凉爽（表爱级）空气
"挺凉爽的天气"

dada -m kitʃik -kinɛ saqal taʁiq -i bilɛn seriq saqil
父亲（1单，从属）小 （表爱级）胡子 梳子（3单，从属）（后置词）黄 胡子
-i -ni tydʒypilɛ -p tari -ʁan -din kejin, sɛlli
（3单，从属）（宾格）精心（状态副动词）梳（完成形动词）（从格）以后 缠头布
-si -ni baʃqidin ori -di.
（3单，从属）（宾格）重新 缠绕（3单，过去时）
"父亲用小巧的胡须梳子精心梳理好他的黄胡须后，重新缠上塞莱。"《往事》12页）

五 数词作定语

维吾尔语中基数词、序数词、分数、概数词、集合数词可以充当定语。
bir ujʁur bala sili -ni izdɛ -p kɛl -di.
一 维吾尔 孩子 您（宾格）找 （状态副动词）来（3单，过去时）
"一个维吾尔族小孩找您来了。"（《维吾尔语语法》82页）

biz bir fakultet -ta oqu -jmiz.
我们 一 系 （方位格）读（1复，将来时）
"我们在一个系学习。"（《维吾尔语语法》82页）

ɦɛpti -niŋ birintʃi kyn -i
星期（属格）第一 天（3单，从属）
"星期一"

1991- jil -i 9- aj -niŋ 10- kyn -i
第1991年（3单，从属）第9 月（属格）第10 日（3单，从属）
"1991年9月10日"

on altintʃi bina
第16 楼
"十六号楼"

bu oquʁutʃi -lar -niŋ tøt -tin ytʃ qism -i itʃkir -din
这 学生 （复数）（属格）四（从格）三 部分（3单，从属）内地（从格）

kɛl   -gɛn.
来（完成形动词）

"这些学生有四分之三来自内地。"（《维吾尔语语法》85页）

bu zal   -ʁa   miŋ   -tʃɛ   adɛm   pat   -idu.
这 礼堂（向格） 千 （量似格） 人   装（3单，将来时）

"这个礼堂可容纳一千来人。"（《维吾尔语语法》86页）

bajram kyn   -lir   -i   -dɛ miɲliʁan-on miɲliʁan iʃtʃi-χizmɛttʃi
节日 日子（复数）（3单，从属）（方位格）   成千上万   工人

-lɛr   øz χizmɛt orni   -da   davamliq iʃli   -di.
（复数）自己 工作 位置（方位格）继续   工作（3单，过去时）

"节日里，成千上万的职工在自己的工作岗位上继续工作。"（《维吾尔语语法》87页）

bu mɛktɛp   -tɛ   beʃ-altɛ jyz oquʁutʃi bar.
这 学校（方位格）五 六 百 学生   有

"这个学校有五六百个学生。"（杨承兴《现代维吾尔语语法》76页）

ʃindʒaŋ -diki   alij mɛktɛp -lɛr   -dɛ   miɲliʁan-on miɲliʁan jaʃ   -lar
新疆（范围格）高等 学校（复数）（方位格） 成千上万   青年（复数）

bilim al   -maqta.
教育 获得（3复，文，进行时）

"在新疆的高校里有成千上万的青年在接受教育。"（杨承兴《现代维吾尔语语法》77页）

u tøtejlɛn -niŋ   pikr   -i   bir   ikɛn.
他 四人（属格）意见（3单，从属） 一 （系动词，3单）

"他们四人的意见是一致的。"（杨承兴《现代维吾尔语语法》75页）

六　象声词作定语

varaŋ-tʃuruŋ restoran
      嚷嚷   饭店
"人声嘈杂的餐厅"

sim-sim jamʁur jɛʁ -ivatidu.
丝丝   雨 下（3单，现在时）
"下着毛毛雨。"（《维吾尔语语法》157页）

ʁur-ʁur ʃamal kel   -ip   tur   -atti.
呼呼 风 来（状态副动词）助动词（3单，直陈相对将来时）
"清风徐徐吹来。"（《维吾尔语语法》157页）

ʃar-ʃur jamʁur
哗哗　雨

"哗哗的雨"（《维吾尔语语法》346 页）

七　主谓短语作定语

sabit al　　-ʁan　　kitab qeni?
沙比提 买（完成形动词）书　　哪里

"沙比提买的书在哪里呢？"（《维吾尔语语法》351 页）

siler kɛl　-gɛn　vaqit　-ta　ular uχla　　-vatatti.
你们 来（完成形动词）时间（方位格）他们 睡觉（3 复，直陈相对现在时）

"你们来的时候他们正在睡觉呢。"

siler bar　-idiʁan　jer　-lɛr　-gɛ　biz -mu bar　-imiz.
你们 去（未完成形动词）地方（复数）（向格）我们 也 去（1 复，将来时）

"你们要去的那些地方我们也去。"（《维吾尔语语法》351 页）

jamaqtʃi jaʃa　　-jdiʁan　jar -niŋ　ast　-i　　-da
鞋匠　生活（未完成形动词）悬崖（属格）下面（3 单，从属）（方位格）
bir tygmɛn taʃ tʃøgili　-gy　　-dɛk　su eq　-ip　　tur
一　磨盘　石头 转（表愿动名词）（形似格）水 流（状态副动词）（助动词）
　　-idikɛn.
(3 单，间陈一般将来时)

"鞋匠生活的悬崖下流淌着一条推动石磨的溪水。"（《往事》202 页）

dɛrɛχ dʒiq jer　-gɛ　ber　-ip　　oltur　-saq　　-tʃu.
树　多　地方（向格）去（状态副动词）坐（1 复，虚拟）（语气词）

"咱们到树多的地方去坐吧。"（《维吾尔语语法》353 页）

bɛzi køŋl　-i　　jumʃaq adɛm　-lɛr køz jeʃi qil　　-ip
有的 心（3 单，从属）软　　人　（复数）眼泪　（系动词）（状态副动词）
tykyryk　-i　-ni　tɛs　-tɛ　jut　　-atti.
唾液（3 单，从属）（宾格）难（方位格）吞（3 单，直陈相对将来时）

"有些心肠软的人，泪流满面，哽咽着。"（《往事》180 页）

八　述宾短语作定语

bɛdɛn tʃɛniqtur　-uʃ　-niŋ　pajdi　-si　køp.
身体　锻炼（称名动名词）（属格）好处（3 单，从属）多

"锻炼身体好处多。"（《维吾尔语语法》197 页）

siz   -ni tʃaqir   -ʁan   adεm
您（宾格）叫（完成形动词）   人
"叫您的人"（《维吾尔语语法》186 页）

tamaka tʃek   -idiʁan   kiʃi -ni, meniŋtʃε ɦietʃkim jaχʃi kør -mε
     烟   抽（未完成形动词）人（宾格）我认为   谁都不会   喜欢 （否定）
-jdu.
（3 单，将来时）
"抽烟的人我看是没人喜欢的。"（程适良《现代维吾尔语语法》605 页）

rustʃε øgini   -diʁan   oquʁutʃi-lar
俄语 学习（未完成形动词）学生（复数）
"要学俄语的学生们"（《维吾尔语语法》186 页）

pεj kes   -idiʁan   tokur   aʃu!
筋   割（未完成形动词）瘸子   那
"（那个）割筋的瘸子在那儿！"（《往事》168 页）

naχʃa ejt   -ivatqan   qiz   -lar
歌   唱（持续形动词）姑娘（复数）
"正在唱歌的姑娘们"（《维吾尔语语法》186 页）

ʃuniŋdin kejin dada   -m   aki   -si   -niŋ   bεr   -gεn
     那以后   父亲（1 单，从属）哥哥（3 单，从属）(属格) 给 （完成形动词）
pul   -i   -ni   dεsmajε qil   -ip,   gir bazir   -i
钱（3 单，从属）(宾格)   本钱（系动词）(状态副动词) 格尔 集市（3 单，从属）
-da jεm-χεʃεk sat   -idiʁan   bir tεnzε etʃ   -iptu.
（方位格）饲草   卖（未完成形动词）一 摊子 开（3 单，间陈一般过去时）
"父亲把他哥哥给的钱作为本钱，在格尔集市上摆了一个卖饲料的摊子。"（《往事》2 页）

quʃnatʃ   -im   kir ju   -ʁan   jaki nan jaq   -qan   tʃaʁ   -lar
师娘（1 单，从属）脏 洗（完成形动词）或 馕 打（完成形动词）时候（复数）
-da molla   -m   ikki bali   -ni   øj   -i   -gε   jardεmliʃ
（方位格）毛拉（1 单，从属）二 孩子（宾格）家（3 单，从属）(向格) 帮忙
-iʃ   -kε   εvεt   -εtti.
（称名动名词）(向格) 派（3 单，直陈相对将来时）
"师娘洗衣、打馕时，毛拉总要派两个孩子去家里帮忙。"（《往事》38 页）

九 偏正短语作定语

jeŋi kεl   -gεn   mu'εllim
新   来（完成形动词）老师

"新来的老师"

mɛjdan -da ojna -vatqan bali -lar
操场 （方位格）玩（持续形动词）孩子（复数）
"正在操场上玩耍的孩子们"

kɛjni -diki ɦarvi -da oltur -uʃ -qan jigit -lɛr
后面（范围格）马车（方位格）坐（集合态）（完成形动词）小伙子（复数）
"坐在后面马车上的小伙子"

sɛniŋ ømr -yŋ bygyn aχirlaʃ -ti. køŋl -yŋ
你、属格合音 命（2单，从属）今天 结束（3单，过去时）心里（2单，从属）
-dɛ qal -ʁan arzu-arman -lir -iŋ bar -du.
（方位格）剩下（完成形动词）欲望 （复数）（2尊，从属）有（语气词）
"你的性命今天就要结束了，你心里也许还有什么愿望。"《往事》184 页）

qiʃ -niŋ qattiq soʁuq kyn -lir -i -niŋ bir -i
冬天（属格）非常 冷 日子（复数）（3单，从属）（属格）一（3单，从属）
-dɛ
（方位格）
"在冬季非常寒冷的一天"（《往事》192 页）

biz -niŋ bu ʃɛhɛr -niŋ adɛm -lir -i
我们（属格）这 城市（属格）人 （复数）（3单，从属）
"我们这座城市的人们"

kitʃik-kinɛ tynikɛ mɛʃ -niŋ ɛtrap -i -da tʃøridɛ -p
小（表爱级）铁皮 炉子（属格）周围（3单，从属）（方位格） 围（状态副动词）
oltur -ʁan kiʃi -lɛr øz'ara paraŋlaʃ -maqta.
坐（完成形动词）人（复数）互相 聊天（3复，文，现在时）
"同坐在小铁皮火炉旁的人们互相聊着天。"（《汉维共时对比语法》399 页）

十 联合短语作定语

islaɦat intajin murɛkkɛp, intajin myʃkyl inqilab.
改革 非常 复杂 非常 艰巨 革命
"改革是非常复杂、非常艰巨的革命。"

dʒapaliq vɛ ʃɛrɛplik vɛzipɛ biz -niŋ orundi -ʃ -imiz -ni
艰巨 和 光荣 任务 我们（属格）完成（称名动词）（1复，从属）（宾格）
kyt -yp tur -maqta.
等待（状态副动词）（助动词）（3单，文，现在时）
"艰巨而光荣的任务等着我们去完成。"（《汉维共时对比语法》398 页）

birdinla dar baʁla -n　　　-ʁan　　mɛjdan tɛrɛp -tin　sunaj　bilɛn dumbaq
顿时　软索　捆（被动）（完成形动词）场地　面（从格）唢呐　和　鼓
avaz　-i　jaŋri　-di.
声音（3单，从属）响（3单，过去时）

"忽然间，从驾着大绳的场子那边传来了唢呐和皮鼓声。"（《往事》60页）

十一　连谓短语作定语

telefon ur　　-up　　doXtur tʃaqir　-ʁili　　kɛt　　-kɛn
电话　打（状态副动词）医生　叫（目的副动词）（助动词）（完成形动词）
ɦeliqi adɛm teχitʃɛ qajt　　-ip　　kɛl　-mi　　-di.
那个　人　还　回（状态副动词）来（否定）（3单，过去时）

"打电话去请医生的那个人还没有回来。"

mɛktɛp -kɛ　kɛl　-ip　tizimʁa al -dur　　-ʁan　jeŋi oquʁutʃi-lar
学校（向格）来（状态副动词）注册（使动）（完成形动词）新　学生（复数）

"到校报到的新生们"

十二　同位短语作定语

jasin aʁinɛ　　-m　　ʃamil　-niŋ　jen　-i　　　-diki
亚森　朋友（1单，从属）夏米力（属格）旁边（3单，从属）（范围格）
boʃ orun　-ʁa kɛl　-ip　oltur　-di.
空　位置（向格）来（状态副动词）坐（3单，过去时）

"亚森来到我朋友夏米力旁边的空位置上坐了下来。"（《流浪者酒家》24页）

adilɛ mu'ɛllim-niŋ kitab　　-i　　nɛʃirdin tʃiq　-ti.
阿迪莱老师（属格）书（3单，从属）　出版（3单，过去时）

"阿迪莱老师的书已经出版了。"

bu jɛr　　-dɛ　　aki　　-si　　qurban aχun -niŋ　bir qoru qoj
这　地方（方位格）哥哥（3单，从属）库尔班 阿洪（属格）一　院子 羊
-i　　-ʁa qara　-p　　　jyr　　-gɛn　　-dɛ
（3单，从属）（向格）照看（状态副动词）（助动词）（完成形动词）（方位格）

"他给哥哥库尔班阿洪照管一圈羊时"（《往事》2页）

biz ytʃɛjlɛn-niŋ　tʃatʃ pason　-i　　oχʃaʃ.
我们三个（属格）头发　样式（3单，从属）一样

"我们三个人的发型都一样。"

十三　方位短语作定语

　　biz　　-niŋ　　ast　　-imiz　　-diki　　jer dʒuŋo territoriji　-si.
我们（属格）下面（1复，从属）（范围格）土地　中国　　领土（3单，从属）
"我们脚下的土地是中国领土。"

　　meni　　　bazar sirt　　-i　　　-diki tʃoŋ bir østeŋ boj
我、宾格合音　集市　外（3单，从属）（范围格）大　一　　渠　　边
-i　　　　-ʁa　baʃla　-p　　　bar　　-di.
（3单，从属）（向格）领（状态副动词）（助动词）（3单，过去时）
"他一直把我领到集市边的一条大渠旁。"（《往事》280页）

　　biz　　ʃeɦer itʃ　-i　sepil jaqi　-si　　-diki　ikki pendʒiri
我们　　城市　里（3单，从属）城墙　旁边（3单，从属）（范围格）二　木格窗
-lik　　pakar bir kona mektep-niŋ iʃik　-i　　aldi -ʁa　kɛl　-duq.
（关系形容词）矮　一　旧　学校（属格）门（3单，从属）前面（向格）来（1复，过去时）
"我们来到了内城墙下一座有着两扇木格窗的低矮的旧学堂门前。"（《往事》14页）

　　biz　-gɛ　peqet ʃeɦer itʃ　-i　　-diki tøt eʁiz　-liq　　øj
我们（向格）只　　城市　里（3单，从属）（范围格）四　间（关系形容词）屋子
-i　　　　bar　quruq dʒaj　-la　miras　bol　　-up　　　qal
（3单，从属）有　空的　地方（语气词）遗产　（系动词）（状态副动词）（助动词）
-di.
（3单，过去时）
"留给我们的遗产，只有城里的四间空房子。"（《往事》114页）

十四　量词短语作定语

ytʃ　vaX tamaq
三　顿　饭
"三顿饭"

bir　sanduq kitab
一　箱子　书
"一箱子的书"

ytʃ eʁiz øj
三　间　房子
"三间房子"

dukan -ʁa　bar　-siŋiz,　　　maŋa　　bir quta sijaɦi, bir-ikki tal qerindaʃ
商店（向格）去（2尊，虚拟）我、向格的合音　一　瓶　墨水　一二　支　　铅笔

al -ʁatʃ kel -iŋ.
买（兼行副动词）来（2 尊，祈使）

"您要是去商店，顺便给我买一瓶墨水和一两支铅笔回来吧。"（《维吾尔语语法》95 页）

十五 后置词短语作定语

praktiki-ʁa   da'ir   mɛsili -lɛr
实习（向格）（后置词） 问题（复数）

"关于实习的问题"（《维吾尔语语法》346 页）

siz -dɛ   ɦazir -qi   dunja vɛzijiti -gɛ   a'it matɛrijal bar -mu?
您（方位格）现在（关系形容词）世界 形势（向格）（后置词）材料 有（语气词）

"您有关于当前世界形势的材料吗？"（程适良《现代维吾尔语语法》607 页）

kutupχani -da tilʃunasliq -qa   a'it kitap -lar naɦajiti køp.
图书馆（方位格）语言学（向格）（后置词）书（复数）非常 多

"图书馆有关语言学方面的书很多。"（《维吾尔语语法》161 页）

ɛmdi jɛnɛ øgɛj api   -miz toʁrisidiki gɛp -kɛ kel -ɛj.
现在 又 后继的 母亲（1 复，从属）（后置词） 话 （向格）来（1 单，祈使）

"现在再回过头来说我后娘吧。"（《往事》8 页）

u -lar ɦiɛsɛn -ni dar -ʁa es -ip øltyr -yʃ toʁrisidiki
他（复数）艾山（宾格）绞架（向格）挂（状态副动词）死（称名动名词）（后置词）

ɦøkymnami -si -ni oqu -maqta idi.
裁判书（3 单，从属）（宾格）读（3 复，文，现在时）（系动词，3 单）

"他们把艾山悬上绞架，正在读艾山处以绞刑的判决书。"（《往事》180 页）

birɛr bɛχtsizlik toʁrisidiki ɦɛkaji -ni aŋli -ʁin -im -da
某个 不幸 （后置词） 故事（宾格）听（完成形动词）（1 单，从属）（方位格）

jiʁla -p ket -ɛttim.
哭（状态副动词）（助动词）（1 单，直陈相对将来时）

"听到悲惨的故事，我会痛哭流涕。"（《往事》262 页）

χudʒajin-niŋ aʁz -i -din kira ɦɛqqi toʁrisidiki gɛp -ni aŋla
老板（属格）嘴（3 单，从属）（从格）运费 （后置词）话（宾格）听

-p ɦoduq -up qal -ʁanidim.
（状态副动词）惊慌（状态副动词）（助动词）（1 单，直陈相对过去时）

"听到从老板口中说出要车费的话，简直使我惊慌失措。"（《往事》302 页）

十六　系动词短语作定语

ɦaj, kerim bɛg de -gɛn munapiq, ʁaltʃa!
嗨　克里木　伯克（系动词）（完成形动词）伪君子　走狗
"嗨！克里木伯克，你这个伪君子！走狗！"（《往事》184 页）

ɦaj, turdi de -gɛn dʒaɦil
嗨　吐尔迪（系动词）（完成形动词）老顽固
"嗨，吐尔迪你这犟货"（《往事》254 页）

"bir χuʃalliq-niŋ bir jiʁi -si bar" de -gɛn gɛp rast -mu?
一　高兴（属格）一　哭（3 单，从属）有（系动词）（完成形动词）话　真的（语气词）
"有利必有弊"这句话是真的吗？（《流浪者酒家》176 页）

ɦɛ, ɦeliqi L.mutɛllip de -gɛn ʃa'ir siz bol -am
嗨　那　鲁　穆塔力甫（系动词）（完成形动词）诗人　你（系动词）（疑问）
-siz?
（2 尊，将来时）
"嗨，那个叫鲁·穆塔力甫的诗人就是您吗？"（杨承兴《现代维吾尔语语法》216 页）

seniŋ -dɛ vidʒdan de -gɛn nɛrsɛ bar -mu joq?
你、属格合音（方位格）良心（系动词）（完成形动词）东西　有（语气词）没有
"你还有没有良心？"（杨承兴《现代维吾尔语语法》219 页）

kejin dada -m -niŋ ʃarapɛtχan de -gɛn ajal
后来　父亲（1 单，从属）（属格）夏拉帕提汗（系动词）（完成形动词）女人
-i bol -di.
（3 单，从属）（系动词）（3 单，过去时）
"后来父亲娶了一个名叫夏拉帕提汗的女人。"（《往事》10 页）

dada -m atuʃ -niŋ tidʒɛn de -gɛn jer
父亲（1 单，从属）阿图什（属格）提坚（系动词）（完成形动词）地方
-i -din ʁuldʒa ʃɛɦir -i -gɛ pijadɛ tʃiq -ip
（3 单，从属）（从格）伊犁　城市（3 单，从属）（向格）步行（状态副动词）
"我父亲从阿图什的一个叫提坚的地方步行到伊犁市"（《往事》2 页）

oqu -vatqin -im 《dʒɛmʃit》 de -gɛn dʒɛŋname
读（时态动名词）（1 单，从属）贾姆西特（系动词）（完成形动词）　战书
kitab idi.
书（系动词，3 单）
"我正在读的是一本叫作《贾姆西特》的描写战争的书。"（《往事》132 页）

第三章　汉维语多重定语语序的共同点和相异点

　　dada　　-m　　　qiziqqan,　　tʃus　adεm bolʁini ytʃyn,《toŋ》　de
　　父亲（1 单，从属）性子急　　　暴躁　人　　　因为　　　粗俗（系动词）
-gεn　lεqεmlik　-mu　　　bol　　-up　　　qal　　-ʁan.
（状态副动词）绰号的（语气词）（系动词）（状态副动词）（助动词）（完成形动词）
　　"父亲性情暴躁、容易发火，因而人们送他一个'凶神'的绰号。"（《往事》8 页）
　　《gunaɦikar　kεltyr-yl　-sun》　　de　　-gεn　bujruq aŋla　-n
　　　人犯　　带（被动）（3 单，祈使）（系动词）（完成形动词）命令　听（被动）
-di.
（3 单，过去时）
　　"他开口喝道：'将罪犯带上来'。"（《往事》184 页）
　　atʃal　-ʁa　kir　-ip　　　　bir　mεɦεl maŋ　　-ʁan　-din　kejin
　　岔路（向格）进（状态副动词）一　时光　走（完成形动词）（从格）以后
《kalla　asti》　de　　　-gεn　　　　dʒaj　-ʁa　　jet　　-ip　　kεl
　喀拉　阿斯替（系动词）（完成形动词）地方（方位格）到（状态副动词）（助动词）
-duq.
（1 复，过去时）
　　"我们进入岔路走了一会儿，来到了一个名叫喀拉阿斯替的地方。"（《往事》212 页）
　　《jaχʃi joldaʃ jol　-da　　joldiʃ　　-i　　　　-ni　　taʃla　-p
　　　好　　同伴　路（方位格）同伴（3 单，从属）（宾格）舍去（状态副动词）
　ket　　-mεs》　　　　　　　de　　　-gεn　　　tεmsil　bojitʃε
（助动词）（否定，B 种未完成形动词）（系动词）（完成形动词）俗话（后置词）
　ibraɦim　-ni　taʃla　　-p　　　ket　-iʃ　　　-kε　qij　-mi
　伊布拉音（宾格）舍去（状态副动词）（助动词）（称名动名词）（向格）不忍心（否定）
-duq.
（1 复，过去时）
　　"象俗话中所说的：'好伴侣不在路上抛下同伴'，我们不能扔下伊布拉音走。"（《往事》220 页）
　　ʃakir　mεktεp　-tε《εqilliq bala》　　de　　　-gεn　　nam　-ʁa
　　夏克尔　学校（方位格）聪明　孩子　（系动词）（完成形动词）荣誉（向格）
vε　ɦørmεt　-kε　εriʃ　　-iptu.
和　尊敬（向格）获得（3 单，间陈一般过去时）
　　"夏克尔在学校获得了'聪明的孩子'的荣誉和尊敬。"（《维吾尔民间故事》214 页）
　　dada　　-m　　egiz boj　kεl　　　-gεn　　bεstlik adεm　idi.
　　爸爸（1 单，从属）高　个子（系动词）（完成形动词）身材魁梧　人（系动词，3 单）
　　"我爸爸本是个身高体壮的人。"（杨承兴《现代维吾尔语语法》25 页）

boj   -i   igiz, qametlik, reŋgi sarʁutʃ   kɛl   -gɛn
个头（3 单，从属）高   魁梧   颜色   浅黄   （系动词）（完成形动词）
ɦaʃim   ɦadʒi darvaz   køptʃilik -kɛ   qara   -p
哈西姆 阿吉 走大绳的人   大家（向格）看（状态副动词）
"个头高大魁梧、黄色脸盘的达瓦孜人哈西姆阿吉看着大家"《往事》60 页》
aq køŋyl, kɛŋ qorsaq, ɦɛqiqij bilim   ɛfil   -i   bol   -ʁan
    善良   豁达   真正   学者   专家（3 单，从属）（助动词）（完成形动词）
adɛm -lɛr   bir   seʁin kala.
人 （复数） 一 产奶的 牛
"善良、豁达、真正有学问的专家就是一头奶牛。"《金库》214 页）

第三节　汉维多重定语语序的共同点

通过汉维语定语构成的对比，可以看出汉语和维吾尔语定语都可以由名词、代词、动词、形容词、数词、象声词、主谓短语、述宾短语、偏正短语、联合短语、连谓短语、同位短语、方位短语、量词短语充任。当这些词类和短语作定语共现时，汉维语在语序上具有以下一些共同特征：

一　由人称代词、名词、名词性短语构成的领属性定语离核心词最远，处于多重定语的最外层

1. dɛrɛχ arisi -din   ular -niŋ pakar øj   -i   kør -yn
       树 中间（从格）他们（属格）矮 房子（3 单，从属） 看 （被动）
   -yp   tur   -atti.
（状态副动词）（助动词）（3 单，直陈相对将来时）
   "树丛中露出了他们矮小的房子。"

2. dʒiŋdʒy dʒuŋgo -diki   ɛŋ tʃoŋ, tar qil   -iʃ   -i   ɛŋ kɛŋ
      京剧   中国 （范围格）最 大   散布（称名动名词）(3 单,从属)最 广
   bol   -ʁan   tijatir.
（系动词）（完成形动词）戏剧
   "京剧是中国最大也是流传最广的一个剧种。"

3. dalijen lijavniŋ ølki   -si   -diki naɦajiti gyzɛl sajaɦɛt ʃɛɦɛr   -i.
       大连   辽宁 省（3 单，从属）（范围格）非常   美丽   旅游   城市（3 单，从属）
   "大连是辽宁省一个非常美丽的旅游城市。"

4. 我的塑料薄膜窗户寒风嗖嗖。（《所以》107 页）

5. 我非常感谢贵校校长的邀请，使我有机会来到美国这座古老而又现

代化的学府。（暨南大学中文语料库）

6. 厂里一个漂亮的女工，刚刚结婚，对孩子有着特别的兴趣。（《烦恼人生》21 页）

7. 他是我们班新来的小朋友。

领属性定语有典型和非典型之分。典型的领属性定语包括领有关系和隶属关系，如"uniŋ kijimi（她的衣服）"、"gyliniŋ køzliri（古丽的眼睛）"。非典型的领属性定语包括时空、归属等关系，如"tynygynki χɛvɛr（昨天的新闻）"、"kitab iʃkapidiki kitablar（书柜里的书）"、"maʃininiŋ syr'iti（汽车的速度）"。人称代词和专有名词一般作典型的领属性定语，典型的领属性定语通常置于多重定语的最外层。如例 1 中人称代词"ular（他们）"和形容词"pakar（矮小）"共同作定语时，"ular（他们）"置于"pakar（矮小）"的外层。例 4 中人称代词"我"和定中短语"塑料薄膜"共同修饰"窗户"时，也置于"塑料薄膜"的外层。例 2 中专有名词"dʒuŋgo（中国）"和系动词短语"ɛŋ tʃoŋ, tar qiliʃi ɛŋ kɛŋ bol-（最大、流传最广）"共同作定语时，"dʒuŋgo（中国）"置于"ɛŋ tʃoŋ, tar qiliʃi ɛŋ kɛŋ bol-（最大、流传最广）"的外层。例 5 中专有名词"美国"和指量短语"这座"、联合短语"古老而又现代化"共现作定语时，同样处于其他定语的最外层。例 3 中定中短语"lijavniŋ ølkisi（辽宁省）"和状中短语"naɦajiti gyzɛl（非常美丽）"、名词"sajaɦet（旅游）"共现作定语时，置于"naɦajiti gyzɛl（非常美丽）"和"sajaɦet（旅游）"之外。例 6 中方位短语"厂里"和数量短语"一个"、形容词"漂亮"共同修饰"女工"时，"厂里"也置于定语的最外层。例 7 中定中短语"我们班"和状中短语"新来"、形容词"小"共同修饰"朋友"，"我们班"同样置于"新来"和"小"之外。

方位短语、定中短语从功能上说属于名词性短语，因此由人称代词、名词、名词性短语构成的领属性定语，一般置于多重定语的最外层。

二 非典型的领属性定语和典型的领属性定语共现时，典型的领属性定语外置于非典型的领属性定语

8. ɛkbɛr -niŋ jantʃuq itʃi -diki qol -lir -i titri
艾克拜尔（属格）口袋 里面 （范围格）手（复数）（3 单，从属）发抖
-di.
(3 单，过去时)
"艾克拜尔（揣在）口袋里的手发抖了。"（《维吾尔语实用语法》339 页）

9. meniŋ jeqinda joqal -ʁan semiz aq qotʃqir -im baj -niŋ
我、属格合音 最近 丢失（完成形动词）肥 白 公羊（1 单，从属）地主（属格）

ʃɛhɛr -diki qoru -si -din tɛp -il -di.
城市（范围格）院子（3 单，从属）（从格）找（被动）（3 单，过去时）

"我最近丢失的那头又肥又白的公羊在巴依城中的屋子里找到了。"（《维吾尔语民间故事·第 3 册》81 页）

10. dukan -niŋ kotʃa tɛrɛp -tiki azraq qism -i -ni qɛlin taχtaj
商店（属格）街道 边（范围格）较少部分（3 单，从属）（宾格）厚 木板

-lar bilɛn boʁ -up
（复数）（后置词）堵（状态副动词）

"临街的小部分（铺面）用厚厚的木板堵了起来"（《流浪者酒家》8 页）

11. bu -lar mɛniŋ jaʃ vaqt -im -diki rohij zehin -im
这（复数）我，属格合音 年轻 时候（1 单，从属）（范围格） 精神（1 单，从属）

-ʁa sɛl -in -ʁan ɛdɛbijat -qa qiziq -iʃ -niŋ yndyrmi
（向格）放（被动）（完成形动词）文学（向格）兴趣（称名动名词）（属格） 萌芽

-lir -i bol -up qal -ʁanidi.
（复数）（3 单，从属）（系动词）（状态副动词）（助动词）（3 单，直陈相对过去时）

"它们对我青少年时候的思想产生过深刻的影响，也最早启发了我对文学艺术的向往和追求。"（《往事》166 页）

12. 现在，我呆立在学校大门外右边的那座高大的石牌坊下，面对着同样是黄昏中的雪景，再也产生不了过去的那种情绪了。（《路遥小说选》171 页）

13. 我很快离开了教室门口，向校园西南角那个落光了叶子的小树林跑去。（《路遥小说选》169 页）

例 8 中 "qol（手）" 是 "ɛkbɛr（艾克拜尔）" 的，二者之间是一种隶属关系，"ɛkbɛr（艾克拜尔）" 是典型的领属性定语，"jantʃuq itʃi（口袋里面）" 是 "qol（手）" 所放的位置，表示一种空间关系，是非典型的领属性定语。典型的领属性定语 "ɛkbɛr（艾克拜尔）" 置于非典型的领属性定语 "jantʃuq itʃi（口袋里面）" 之外，与核心词 "qol（手）" 距离较远。例 9 中 "baj（地主）" 表示领有关系，是典型的领属性定语，"ʃɛhɛr（城市）" 表示空间关系，是非典型的领属性定语，"baj（地主）" 也置于 "ʃɛhɛr（城市）" 的外层。例 10 中 "qisim（部分）" 是 "dukan（商店）" 的一部分，二者是一种隶属关系，"dukan（商店）" 是典型的领属性定语，"kotʃa tɛrɛp（临街）" 说明这部分店铺所在的具体位置，表示空间关系，是非典型的领属性定语，典型的领属性定语 "dukan（商店）" 置于非典型的领属性定语 "kotʃa tɛrɛp（临街）" 之外。例 11 中 "rohij zehin（精神）" 和 "mɛn（我）" 之间是一种隶属关系，"mɛn（我）" 是典型的领属性定语，"jaʃ vaqtim（我年轻的时候）"

表示时间关系,是非典型的领属性定语,"mɛn(我)"置于"jaʃ vaqtim(我年轻的时候)"之外,处于多重定语的最外层。

例 12 中,"校园大门外"和"牌坊"是领有关系,是典型的领属性定语,"右边"和"牌坊"是空间关系,是非典型的领属关系,"校园大门外"处于"右边"的外层。例 13 中,"树林"和"校园"之间是领有关系,和"西南角"之间是空间关系,表示领有关系的典型领属性定语"校园"也处于表示空间关系的非典型领属性定语"西南角"外层。

三 和其他定语共现时,性质形容词、属性名词距离核心词较近,并且性质形容词置于属性名词之外

14. qizil dʒijɛk tut -ul -ʁan   kalta qontʃluq qelin tapan qara
　　　红　 边　 镶 (被动)(完成形动词) 短　 有鞡的　厚　底儿　黑

mɛχmɛl　øtyk

平绒　 靴子

"绣着红边的短鞡厚底儿黑平绒靴子"

15. udul -din kel -ivatqan   avu qiz tʃirajliq girip køjnɛk
　　　对面(从格) 来(持续形动词) 那　女孩　漂亮　纱　 裙子

kij　　　-iv　　　　　-aptu.

穿(状态副动词)(3 单,间陈一般过去时)

"对面走来的那个女孩穿着漂亮的纱裙。"

16. 生活的艰辛与波折使颜如玉从一名天真烂漫、充满幻想的少女逐渐成长为成熟干练的职业女性。(暨南大学语料库)

17. 他是个长得很帅的年轻人。(《烦恼人生》274 页)

18. 他拿着四个热腾腾的菜包子,重新穿过那座古老的小石桥,返回到公路上。(《路遥小说选》103 页)

19. 他略一思忖,便往贴着熊猫流泪图案的小纸箱里塞了两元。(《烦恼人生》57 页)

例 14 中,"qizil dʒijɛk tutul-(绣着红边)"是主谓短语,"kalta qontʃluq(短鞡的)"和"qelin tapan(厚底儿)"是定中短语,它们和性质形容词"qara(黑)"、属性名词"mɛχmɛl(平绒)"共同作定语时,外置于"qara(黑)"和"mɛχmɛl(平绒)"。"qara(黑)"和"mɛχmɛl(平绒)"之间,"mɛχmɛl(平绒)"内置于"qara(黑)",与核心词"øtyk(靴子)"更近。例 15 中,修饰核心词"køjnɛk(裙子)"的是性质形容词"tʃirajliq(漂亮)"和属性名词"girip(纱)",当它们共同作定语时,也是"girip(纱)"内置于"tʃirajliq(漂亮)",紧邻核心词。

例 16 中,"成熟干练"是联合短语作定语,"职业"是属性名词作定语,二者共现时,"成熟干练"外置于"职业","职业"紧邻核心词"女性"。例 17 中,"长得很帅"是述补短语作定语,处于性质形容词"年轻"之外。例 18 中,指量短语"那座"和性质形容词"古老"、"小"、属性名词"石"共现作定语,"那座"置于最外层,性质形容词"古老"、"小"和属性名词"石"离核心词"桥"较近,同时性质形容词"古老"、"小"外置于属性名词"石"。例 19 中,述宾短语"贴着熊猫流泪图案"和性质形容词"小"、属性名词"纸"共同修饰核心词"箱","贴着熊猫流泪图案"外置于"小"和"纸","纸"紧邻核心词"箱",内置于"小"。

四 谓词性短语、非性质形容词作定语时,置于属性名词、性质形容词之外,同时内置于领属性定语。谓词性短语与非性质形容词共现时,谓词性短语外置于非性质形容词

20. siz -niŋ tynygyn al -ʁan χatirɛ bujum -iŋiz ɦɛqiqɛtɛn jaχʃi
您(属格) 昨天 买(完成形动词) 纪念 物品(2 尊,从属) 真正 好
ikɛn.
(系动词,3 单)
"您昨天买的纪念品真好。"

21. roman jaz -idiʁan tʃoŋ jazʁutʃi -lar
小说 写(未完成形动词)大 作家 (复数)
"写小说的大作家"(《流浪者酒家》2 页)

例 20 中,"tynygyn al-(昨天买)"是状中短语作定语,当它和属性名词"χatirɛ(纪念)"共同作定语时,置于"χatirɛ(纪念)"的外层。例 21 中,述宾短语"roman jaz-(写小说)"和性质形容词"tʃoŋ(大)"共现作定语时,也处于"tʃoŋ(大)"的外层。状中短语和述宾短语都属于谓词性短语,所以当谓词性短语和属性名词、性质形容词作定语共现时,通常置于属性名词和性质形容词之外。

22. ular -niŋ toli -si gyl -lyk qizil duχava doppa kij
他们(属格)大多(3 单,从属)花(关系形容词)红 丝绒 帽子 戴
-gɛn muʃu ɛtrap -niŋ dɛfiqan -lir -i bol -up
(完成形动词)这 附近(属格)农民(复数)(3 单,从属)系动词(状态副动词)
"他们大多数是戴着红绒花帽的附近的农民"

例 22 中"gyllyk(花的)"是关系形容词,关系形容词属于非性质形容词,当它和性质形容词"qizil(红)"、属性名词"duχava(丝绒)"共现作定语时,置于"qizil(红)"和"duχava(丝绒)"之外。

23. ɦajat   -im   -diki   tundʒiɛŋ otluq, ɛŋ ʃerin tujʁu -lir
    生命（1 单，从属）（范围格）首次   最 炽热   最 甜蜜   感情（复数）
    -im   -ni aʃu køleŋgi -ɡɛ beʁiʃli -dim   -mu?
（1 单，从属）（宾格）那 影子 （向格）献给 （1 单，过去时）（语气词）

"难道我把生命中第一次最炽热、最甜蜜的感情献给那个幻影了吗？"（《流浪者酒家》52 页）

24. beʃ   -i   -diki   gyl   -lyk   zɛr jaʁliq χopmu jaraʃ
    头（3 单，从属）（范围格）花（关系形容词）金的   头巾   非常 合适
    -qanidi.
（3 单，间陈相对过去时）

"（配着）头上带花的金线头巾，显得非常协调。"

例 23 中，"ɛŋ otluq, ɛŋ ʃerin（最炽热、最甜蜜）"是谓词性联合短语作定语，"ɦajatim（我的生命）"是领属性定语，当二者共现时，谓词性短语"ɛŋ otluq, ɛŋ ʃerin（最炽热、最甜蜜）"内置于领属性定语"ɦajatim（我的生命）"。例 24 中"gyllyk（花的）"是关系形容词，"baʃ（头）"是领属性定语，当二者共同作定语时，非性质形容词"gyllyk（花的）"内置于领属性定语"baʃ（头）"。因此，领属性定语和谓词性短语、非性质形容词作定语共现时，处于谓词性短语和非性质形容词之外。

25. u -niŋ itʃi -ɜ   mɛn ɦazir   -ʁitʃɜ   eriʃ   -ɛl -mi
    它（属格）里面（方位格）我 现在（时限副动词）得到（能动）（否定）
    -ɡɛn   tʃutʃi   -liq   jipɛk romal -mu bar idi.
（完成形动词）穗儿（关系形容词）丝绸 头巾（语气词）有 （系动词，3 单）

"其中有我到现在也没有得到过的带穗的丝织头巾。"

例 25 中，"ɦazirʁitʃɜ eriʃɛlmɛ- （现在也未得到）"是状中短语作定语，与关系形容词"tʃutʃiliq（带穗的）"共同作定语时，状中短语"ɦazirʁitʃɜ eriʃɛlmɛ- （现在也未得到）"外置于关系形容词"tʃutʃiliq（带穗的）"。

26. 那棵老槐树还在，只不过更老了。吊在它上面的那口大铁钟不见了。（《路遥小说选》99 页）

27. 他下了车，走过那座小小的、古老的石桥，来到镇子上。（《路遥小说选》98 页）

28. 这就是朝鲜战场上一次最壮烈的战斗——松鼓峰战斗，或者叫书堂站战斗。（《新编中国当代文学作品选》393 页）

29. 说实话，我留恋我那几颗热乎乎的烧土豆。（《路遥小说选》137 页）

30. 高广厚猛一下抱起这个抽搐成一团的小小的躯体，恐怖地大声喊：

"兵兵！兵兵！兵兵……"（《路遥小说选》222 页）

例 26 中，"吊在它上面"是述补短语作定语，与性质形容词"大"、属性名词"铁"一起作定语修饰核心词"钟"，述补短语"吊在它上面"置于性质形容词"大"和属性名词"钟"之外。例 27 中，状态形容词"小小"和性质形容词"古老"、属性名词"石"共同修饰核心词"桥"，"小小"外置于"古老"。当谓词性短语、非性质形容词与领属性定语共现时，需要内置于领属性定语。如例 28 中状中短语"最壮烈"内置于"朝鲜战场上"，例 29 中状态形容词"热乎乎"内置于"我"。当谓词性短语和非性质形容词共现时，谓词性短语通常外置于非性质形容词，如例 30 中述补短语"抽搐成一团"外置于状态形容词"小小"。

五 当名词、人称代词、形容词、谓词性短语作定语共现时，汉维语多重定语相同的语序是：领属性定语（领属性名词、名词性短语、人称代词）—谓词性短语—形容词—属性名词—核心词

31. ɛti   -si   ɛtigen -dɛ,   rɛviχan momaj qiz   -niŋ   tʃatʃ   -lir
    第二天（3 单，从属）早上（方位格）热维汗 大妈 姑娘（属格）头发（复数）
    -i   -ni   tara -p,   øz   -i   -niŋ   qiz   toj
  （3 单，从属）（宾格）梳（状态副动词）自己（3 单，从属）（属格）姑娘 结婚
    -i   -da   kij -gɛn   gyl   -lyk   duχava doppi   -si
  （3 单，从属）（方位格）戴（完成形动词）花（关系形容词）丝绒 花帽（3 单，从属）
    -ni   uniŋʁa kij -gyz   -yp   qoj   -di.
  （宾格）她、向格的合音 戴 （使动）（状态副动词）（助动词）（3 单，过去时）

"第二天早上，热维汗大妈给姑娘梳头，并把自己当姑娘结婚时戴过的丝绒花帽给她戴上了。"

32. 看你冻成那样，快去把衣柜里那件我刚买回来的漂亮羊绒大衣穿上。

例 31 中"øz（自己）"是人称代词作典型的领属性定语，"qiz tojida kij-（当姑娘结婚时戴）"、"gyllyk（花的）"、"duχava（丝绒）"分别是状中短语、关系形容词、属性名词作定语。当它们共现时，维吾尔语的语序是：

øz	qiz tojida kij-	gyllyk	duχava	doppa
自己	当姑娘结婚时戴	花的	丝绒	帽子
领属性定语	谓词性短语	形容词	属性名词	核心词

例 32 中，方位短语"衣柜里"是核心词"大衣"放置的处所，表示一种空间关系，是非典型的领属性定语，"我刚买回来"是主谓短语作定语，"漂亮"是形容词作定语，"羊绒"是属性名词作定语。当这些定语共现时，

汉语的语序是：

衣柜里	我刚买回来	漂亮	羊绒	大衣
领属性定语	谓词性短语	形容词	属性名词	核心词

通过对比可以看出，汉维语多重定语中相同的语序是：领属性定语—谓词性短语—形容词—属性名词—核心词。在这一语序中，典型的领属性定语需要外置于非典型的领属性定语，性质形容词需要内置于非性质形容词。

第四节　汉维多重定语语序的相异点

通过定语构成的对比，可以看出汉维语定语存在一些相异之处：(1) 汉语定语可以由区别词、述补短语、兼语短语、介词短语、助词短语、固定短语以及复句形式的短语充当，而维吾尔语定语则可以由后置词短语、系动词短语充当；(2) 虽然两种语言中动词都可以作定语，但维吾尔语动词词干不能直接作定语，其非人称形式的形动词或动名词形式才可以作定语，汉语动词词干则可以直接作定语；(3) 汉语中代词分为人称代词、指示代词和疑问代词，维吾尔语中代词分为指示代词、人称代词、自复代词、疑问代词、确定代词、不定代词、否定代词，这些代词都可以作定语。但是指示代词、疑问代词作定语时，汉语通常和量词结合后修饰核心词，而维吾尔语中指示代词、疑问代词可以直接修饰核心词；(4) 维吾尔语中数词直接修饰核心词的现象比较普遍，而汉语中数词通常要结合量词，组成数量短语后再去修饰核心词。

下面我们讨论汉维语多重定语语序存在差异的地方：

一　维吾尔语中数词的位置比较固定，通常和核心词距离较近，而汉语中数词的位置则比较灵活

1. gezitχani -niŋ　ikki　muχbir　-i　ɑlij　mεktεp -niŋ　ytʃ oquʁutʃi
　　报社（属格）二　记者（3单，从属）高等　学校（属格）三　学生
-si　　-ni　ziјɑrεt　qil　　-di.
（3单，从属）（宾格）访问（系动词）（3单，过去时）

"两位报社的记者访问了三名大学生。"（《汉维翻译教程》130页）

2. køz　-i　εmɑ　bol　　-up　　qɑl　-ʁɑn　　bir
　　眼睛（3单，从属）瞎（系动词）（状态副动词）（助动词）（完成形动词）一
ɑdεm　kino　kør　-gili　　kε　　　-ptu.
人　电影　看（目的副动词）（助动词）（3单，间陈一般过去时）

"一个眼睛瞎了的人也来看电影了。"

3. mɛn 1983- jil   -i   tʃiŋdav -diki   jaz   -liq   lagir   -da
   我 1983 年（3 单，从属）青岛（范围格）夏天（关系形容词）营地（方位格）
   bol   -ʁan   bir iʃ -ni ɛslɛ -p   qal   -dim.
（系动词）（完成形动词） 一 事（宾格）想（状态副动词）（助动词）（1 单，过去时）
"我回忆起了 1983 年在青岛过夏令营时发生的一件事情。"

4. tʃɛt ɛl -gɛ   tʃiq   -iʃ   -ta kij -idiʁan bir qur
   外面 国家（向格）去（称名动名词）（方位格）穿（未完成形容词） 一 套
kijim tik -tyr   -mɛktʃi   -mɛn.
衣服 缝（使动）（目的动词）（1 单，将来时）
"我要缝一套出国穿的衣服。"（《汉维共时对比语法》395 页）

5. dølɛt ilki   -diki 15 tʃarvitʃiliq fermi   -si
   国家 拥有（范围格）15 畜牧业   场地（3 单，从属）
"十五个国有牧场"

6. 她住在东边最大的一间屋子里。

7. 这是我昨天新买的一本书。

8. 我踽踽独行在孝感尘土飞扬的大街上，脚下一双黑面白边的北京布鞋，面目全非，拖拖拉拉，到处沾着牛粪渣渣。(《所以》108 页）

9. 民警小何从裤子口袋里摸出一颗糖果，一颗罕见的高级糖果。(暨南大学语料库）

在维吾尔语中，核心词前没有名词作定语时，数词或数量短语一般紧邻核心词。如例 1-例 3 中的数词"ikki（二）"、"ytʃ（三）"、"bir（一）"分别紧邻核心词"muχbir（记者）"、"oquʁutʃi（学生）"、"adɛm（人）"、"iʃ（事情）"，例 4 中数量短语"bir qur（一套）"紧邻核心词"kijim（衣服）"。当核心词前有名词作定语时，数词通常外置于名词，如例 5 中"15"外置于"tʃarvitʃiliq（畜牧业）"。

在汉语中，数词通常和量词连用，且位置比较灵活。如例 6、例 7 中"一间"、"一本"紧邻核心词"屋子"、"书"，与维吾尔语语序一致，但例 8、例 9 中"一双"、"一颗"又分别置于联合短语"黑面白边"、形容词"罕见"之外，离核心词较远，表现出相对灵活的语序来。

二 维吾尔语中指示代词通常内置于谓词性短语，偶尔也外置于谓词性短语，而汉语中指示代词可以内置于谓词性短语，也可以外置于谓词性短语，位置比维吾尔语灵活

10. ɦɛliqi jyz -i   qelin tɛlvɛ qazantʃiliq savur   de
    那   脸（3 单，从属）厚   鲁莽的 喀赞其   沙吾尔 （系动词）

第三章　汉维语多重定语语序的共同点和相异点

-gɛn　　bir bɑli　-ni　bɑʃlɑ　-p　　　　kɛl　　-di.
（完成形动词）一　孩子（宾格）领（状态副动词）（助动词）（3 单，过去时）

"那个死皮赖脸的鲁莽小子，又领来了喀赞其街上一个名叫沙吾尔的孩子。"（《往事》88 页）

11. partiji-miz　　markisizim-leninizim pirinsip -lir　　-i　　-ʁa
　　党（1 复，从属）马克思主义 列宁主义　原则（复数）（3 单，从属）（向格）

χilɑ　　-p　　　bol　　-ʁɑn　　bundɑq ɑdʒiz, iqtidɑrsiz, tʃirik idiji
违反（状态副动词）（助动词）（完成形动词）这样　软弱　无能　腐朽　思想

-lɛr　　-gɛ　qɑrʃi qɛt'ij køɾɛ　　-ʃ　　qil　　-di.
（复数）（向格）反对　坚决　斗争（称名动名词）（系动词）（3 单，过去时）

"我党对于这种违反马克思主义、列宁主义原则的软弱无能腐朽的思想，进行了坚决的斗争。"（《汉维共时对比语法》408 页）

12. intɑjin sol　bol　　-ʁɑn　　bundɑq køz qɑrɑʃ partijɛ iʃ　-lir
　　非常　左（系动词）（完成形动词）这样　看法　　党　事业（复数）

-i　　-ʁɑ nɑɦɑjiti zor χɛvp kɛltyr　-yp　　bɛr　　-di.
（3 单，从属）（向格）非常　巨大　危害　带来（状态副动词）（助动词）（3 单，过去时）

"这种极左思想给党的事业带来了很大的危害。"（《汉维翻译教程》130 页）

13. u bɑli　　-liq　vɑqit　-lir　　-im　　-dɑ birliktɛ suʁɑ
　　他　孩子（关系形容词）时候（复数）（1 单，从属）（方位格）一起　游

tʃømil　-idiʁɑn, qumluq　-tɑ　ojnɑ　-jdiʁɑn　ɦɛliqi dost　-um
泳（未完成形动词）沙滩（方位格）玩（未完成形动词）　那　朋友（1 单，从属）

jysyp　　idi.
玉素甫（系动词，3 单）

"他正是我童年时那个曾在一起游泳，一起在沙滩上玩耍的好朋友玉素甫。"（《流浪者酒家》56 页）

14. bir ɑni　-din tuʁ　-ul　　-ʁɑn　　bu ikki qerindɑʃ midʒɛz
　　一　母亲（从格）生（被动）（完成形动词）这　二　兄弟　性格

-dɛ　ikki dunjɑ　　idi.
（方位格）二　世界（系动词，3 单）

"一个娘生的两个兄弟，性格却有天壤之别。"（《往事》94 页）

例 10 中，指示代词"ɦɛliqi（那）"和主谓短语"jyzi qelin（脸皮厚）"共同作定语时，置于"jyzi qelin（脸皮厚）"之外。但在维吾尔语中，指示代词外置于谓词性短语的现象并不普遍，更多情况下是指示代词内置于谓词性短语。如例 11 中，指示代词"bundɑq（这样）"和"markisizim-leninizim pirinsipliriʁa χilɑp bol-（违反马列主义原则）"共现时，置于

"markisizim-leninizim pirinsipliriʁa Χilap bol-（违反马列主义原则）"之内。例 12 中，指示代词"bundaq（这样）"和状中短语"intajin sol bol-（非常左）"共现作定语时，置于"intajin sol bol-（非常左）"之内。例 13 中，指示代词"ɦeliqi（那）"和状中短语"baliliq vaqitlirimda birliktɛ suʁa tʃømil-（在我童年时一起游泳）、qumluqta ojna-（在沙滩上玩耍）"共同作定语时，"ɦeliqi（那）"也内置于"baliliq vaqitlirimda birliktɛ suʁa tʃømil-（在我童年时一起游泳）、qumluqta ojna-（在沙滩上玩耍）"。例 14 中，指示代词"bu（这）"和"bir anidin tuʁul-（一个娘生）"共现时，同样内置于"bir anidin tuʁul-（一个娘生）"。所以维吾尔语中指示代词和谓词性短语作定语共现时，通常置于谓词性短语之内，但少数情况下也会置于谓词性短语之外。

15. 钢琴旁边坐着那位穿淡黄色衣服的女郎，随手翻弄着一本琴谱。（《子夜》18 页）

16. 芝生，刚才跑进来的那个穿白色西装的漂亮男子，你认识吗？（《子夜》35 页）

17. 雷参谋乘这当儿，抱起了徐曼丽也追出来，直到暖花房旁边，方才从地上捡起那双小巧玲珑的黑缎子高跟鞋。（《子夜》62 页）

18. 我昨天下午买的那件棉麻衬衫很便宜。

汉语中，指示代词通常和量词结合构成指量短语。指量短语可以外置于谓词性短语，如例 15、例 16、例 17 中"那位"、"那个"、"那双"分别外置于述宾短语"穿淡黄色衣服"、"穿白色西装"以及形容词联合短语"小巧玲珑"，同时指量短语也可以内置于谓词性短语，如例 18 中"那件"置于主谓短语"我昨天下午买"之内，表现出较为灵活的语序来。

三 词语结合的紧密程度不同会导致汉维语多重定语语序的不一致

19. partiji -niŋ   jeŋi nizamnami   -si   maqulla -n   -di.
　　党　（属格）   新　章程　（3 单，从属）通过　（被动）（3 单，过去时）
"通过了新党章。"（《汉维共时对比语法》406 页）

20. ɦazir, dʒuŋgo -ʁa tadʒavuz   qil   -idiʁan   jeŋi uruʃ, tʃamimtʃɛ qisqa
　　现在　中国（向格）侵略　（助动词）（未完成形动词）新　战争　我估计　短
vaqit itʃi -dɛ   bol -ma -jdiʁan -dɛk   tur   -idu.
时间　内（方位格）（系动词）（否定）（未完成形动词）（形似格）（系动词）（3 单，过去时）
　　"现在新的侵华战争估计短时期内打不起来。"（《汉维翻译教程》130 页）

21. dʒuŋgo kommunistik partiji   -si   -niŋ mɛmlikɛtlik 17-nøvɛtlik
　　中国　　　产　　　党　（3 单，从属）（属格）全国　　17　届

vekil -lɛr qurultij -i
代表（复数）大会（3 单，从属）

"中国共产党第十七届全国代表大会"

22. bir kyni kotʃi-din dumbaq -niŋ gym-gym avaz -i aŋla -n
一 天 街（从格）鼓 （属格） 咚咚 声音（3 单，从属）听（被动）
-di.

(3 单，过去时)

"一天，街上传来了咚咚的鼓声。"（杨承兴《现代维吾尔语语法》294 页）

例 19 中，汉语"党"和"章"结合紧密，中间没有形式标记。"新"修饰"党章"，构成"新党章"时，语义指向的是"章"。但维吾尔语中"partijɛ（党）"和"nizamnamɛ（章程）"中间有形式标记"-niŋ"，结合没有那么紧密，"jeŋi（新）"要想修饰"nizamnamɛ（章程）"，就要紧邻核心词"nizamnamɛ（章程）"，即"partijiniŋ jeŋi nizamnamisi（党的新章程）"。如果"jeŋi（新）"像汉语语序一样，放在"partijɛ（党）"的前面，语义指向的不是"nizamnamɛ（章程）"，而是"partijɛ（党）"了，即"jeŋi partijiniŋ nizamnamisi（新党的章程）"，意思就发生了变化。

例 20 中，汉语"侵华"和"战争"结合比较紧密，二者之间没有形式标记。"新的侵华战争"中，"新"语义指向的是"战争"。但是维吾尔语"dʒuŋɢoʁa tadʒavuz qil-（侵略中国）"不能直接修饰"uruʃ（战争）"，必须附加未完成形动词标记"-idiʁan"才可以，所以二者之间的结合不像汉语那样紧密。如果"jeŋi（新）"要修饰"uruʃ（战争）"，就需紧邻"uruʃ（战争）"而内置于"dʒuŋɢoʁa tadʒavuz qil-（侵略中国）"，形成"dʒuŋɢoʁa tadʒavuz qilidiʁan jeŋi uruʃ（新的侵华战争）"的语序。如果像汉语语序一样，"jeŋi（新）"置于"dʒuŋɢoʁa tadʒavuz qil-（侵略中国）"之外，构成"jeŋi dʒuŋɢoʁa tadʒavuz qilidiʁan uruʃ"，意思就变成"侵略新中国的战争"了。

例 21 中，汉语"全国代表大会"结合比较紧密，中间不能插入其他成分，所以数词"17"和量词"届"结合后，需要外置于"全国代表大会"，但语义指向的是"大会"。而维吾尔语中"mɛmlikɛtlik vɛkillɛr qurultiji（全国代表大会）"是在"mɛmlikɛt（国家）"后附加关系形容词标记"-lik"，然后修饰"vɛkillɛr qurultiji（代表大会）"，其结合不像汉语那样紧密。此外维吾尔语中因为量词不够丰富，数词远离核心词容易造成歧义现象，所以数词通常距离核心词较近，因此例 21 中"17"就需内置于"mɛmlikɛtlik（全国）"，而紧邻"vɛkillɛr qurultiji（代表大会）"。

例 22 中，汉语"鼓"和"声"组合成双音节词，符合汉族人喜欢用双音节的心理倾向,"咚咚"外置于"鼓",但语义指向的是"声"。维吾尔语"dumbaq(鼓)"和"avazi(声音)"中间有"-niŋ"连接,结合不很紧密,所以"gym-gym(咚咚)"作定语时,紧邻核心词"avaz(声音)",并修饰"avaz(声音)"。

可以看出,在汉维语多重定语的语序中,维吾尔语数词通常和核心词距离较近,而汉语中数词位置则相对灵活;维吾尔语指示代词通常内置于谓词性短语,偶尔也外置于谓词性短语,而汉语指示代词既可以内置于谓词性短语,也可以外置于谓词性短语,位置比维吾尔语灵活。除此之外,词语结合的紧密程度也会使汉维语多重定语语序呈现出不一致的情况。

第四章 汉维语多重定语语序的格局及其理据

第一节 名词在多重定语中的分布顺序及其理据

名词作定语分为属性定语和领属性定语。我们首先讨论名词作属性定语时的情况。

一 名词作属性定语时的情况

玻璃窗户	ɛjnɛk derizɛ	木头桥	jaʁatʃ køvryk
柏油马路	asfɑlit jol	纱裙	girip køjnɛk
客船	jolutʃilar kemisi	旅游城市	sajɑhɛt ʃɛhiri
墨水瓶	sijɑh qutisi	纪念品	Xatirɛ bujumi
语文教师	ɛdɛbijat oqutqutʃisi	舞蹈演员	ussul artisi
石油工人	nefit iʃtʃisi	教育专家	ma'arip mutɛXɛssisi
阿克苏苹果	aqsu almisi	青岛啤酒	tʃiŋdav pivisi

以上充当定语的名词分别表示核心词事物在质料、功能用途、职业身份、来源等方面的属性。这些属性比较稳定，不含主观色彩。如"玻璃窗户"、"墨水瓶"、"语文教师"、"阿克苏苹果"中的"玻璃"、"墨水"、"语文"、"阿克苏"等都是对客观现实的描述，不带有主观评价。而稳定、客观的属性在人们认识世界的过程中，可以作为给事物分类，进行范畴化的依据，并以此分出规约化的类，形成下属范畴，如"木头桥"是属性"木头"对概念"桥"的分类，通过对核心词内涵的限制，分出了"桥"的下位范畴"木头桥"，从而构成一个新的概念，形成一个新的类名，用以称谓事物。这类名词与事物的概念联系比较紧密，概念的整合程度较高，概念距离较小，所以通常紧邻核心词。同时这些类名一旦形成就比较稳固，轻易不会发生变化，如"木头桥"不可能今天是木头的，明天就变成钢筋水泥的，"玻璃窗户"也不可能今天是玻璃做的，明天就改用纸糊的。因此如果我们用 N_1 表示属性名词，用 N_2 表示核心词，那么"N_1N_2"结构作为意义整合程度较高的类名，就具有较强的称谓性，往往带有一种规约化、较稳固的分类意味。

Seilor 曾将限定关系分为专化所指和表征概念。表征概念主要作用于核心词概念的内涵，在表层结构上往往用粘合性较强的方式编码[①]。

在以上例子中，汉维语名词作属性定语时，N_1 都紧邻 N_2，在表层结构上用的正是粘合性较强的方式编的码，其中表示材料质地的更是如此。因为汉语形态不丰富，所以我们用维吾尔语进行说明。在维吾尔语中，当名词作属性定语时，N_1 通常紧邻 N_2，二者要么在形式上不发生变化，要么在 N_2 后附加第三人称词尾"-i/si"。当 N_1 表示材料质地时，就属于前者，N_1 紧邻 N_2，且没有任何形式标记，如"jaʁatʃ køvryk（木头桥）"是"jaʁatʃ（木头）"和"køvryk（桥）"的直接组合，"ɛjnɛk derizɛ（玻璃窗户）"是"ɛjnɛk（玻璃）"和"derizɛ（窗户）"的直接组合，N_2 后没有附加第三人称词尾"-i/si"，形式上非常简洁。因此可以看出，即便是属性定语也不是每类定语的属性价值都等同，而是有典型和非典型之分。其中表示材料质地的属性定语是最典型的，而表示其他性质的属性定语则是非典型的。

在汉语中，属性名词作定语时，N_1 可以紧邻 N_2，但 N_1 和 N_2 之间也可以附加形式标记，如"大理石的桌子"，就是"大理石"和"桌子"之间附加了形式标记"的"。和"大理石桌子"相比，"大理石的桌子"具有了对比的意味。如果说"爷爷买了一张大理石的桌子"时，意味着除了"大理石的桌子"外，还存在其他质地的桌子，如"木头的桌子"、"钢化玻璃的桌子"等等。说"大理石的桌子"时强调的是所说事物的特征属性，即"大理石的"。而特征属性具有一定的述谓性，可以充当谓语，所以"大理石的桌子"又可以说成"桌子是大理石的"。因此"大理石桌子"带有称谓性，而"大理石的桌子"则带有一定的述谓性。具有述谓性的词语以出现在谓语位置上为常，如果出现在定语位置，就会产生配位不匹配的现象，需要附加一定的形式标记，所以"大理石"和"桌子"之间增加了助词"的"。此外"大理石的桌子"表示的不是类名，而是强调桌子的特征属性，不构成称谓，概念的整合程度较低，定语和核心词之间的距离较大，因此也需要附加标记"的"。所以汉语中"N_1N_2"和附加了标记的"N_1+的+N_2"相比，前者 N_1 和 N_2 之间的距离更近。根据标记理论中的"形态标准"：一个语法范畴中用来表达有标记项的语素数目比无标记项的多。[②]可以看出"大理石桌子"这种 N_1N_2 直接组合形式是无标记项，而"大理石的桌子"这种附加了形式标记的是有标记项。根据"距离—标记对应律"：一个附加语离核心

[①] 参见张敏《认知语言学与汉语名词短语》，商务印书馆 1998 年版，第 318 页。
[②] 沈家煊：《类型学中的标记模式》，《外语教学与研究》1997 年第 1 期。

越远，越需要用显性标记去表示它和核心之间的语义关系。[①]因此附加了"的"的有标记项离核心词的距离较远。所以 N_1 和 N_2 组合时，如果 N_1 紧邻 N_2，且没有任何形式标记，那么 N_1 和 N_2 之间的距离较近，如果 N_1 和 N_2 之间或者 N_2 后附有形式标记，则 N_1 距离 N_2 较远。

下面我们来讨论为什么拥有相同的结构，汉语中"大理石桌子"和"大理石的桌子"能成立，而"语文老师"成立，"语文的老师"不成立呢？维吾尔语中"nefit iʃtʃisi（石油工人）"成立，而"jujunuʃ iʃtʃisi（洗澡工人）"不成立呢？我们认为这和人的认知模式有关系。N_1N_2 直接组合时构成的是一个类名，如"语文教师"作为一个类名，与"数学教师"、"化学教师"相对。而"N_1+的+N_2"中，N_1 表示的是 N_2 的特征属性，如"大理石的桌子"中，"桌子"的属性是"大理石的"。在日常生活中，人们使用的桌子有大理石的、木头的、钢化玻璃的，用"大理石的"表示桌子的属性，符合人的一般认知模式，所以人们在确定桌子属性时可以据此进行描述。但是人们在确定"教师"的特征属性时，一般不是凭借"语文"、"数学"、"化学"来分类，而是用"优秀"、"不优秀"、"负责任"、"不负责任"来加以评判，所以用"语文"来描述"教师"的特征属性在人的认知模式中不是现成的，因此不能进入"N_1+的+N_2"这种用 N_1 表示 N_2 特征属性的格式中。"nefit iʃtʃisi（石油工人）"、"jujunuʃ iʃtʃisi（洗澡工人）"也是一样，"nefit iʃtʃisi（石油工人）"在人类认知中是现成的，而"jujunuʃ iʃtʃisi（洗澡工人）"则是临时组合而成的，不符合人类的认知模式，所以不能成立。

通过以上分析，可以看出汉维语名词作属性定语时，可以和核心词直接组合，构成 N_1N_2 结构，形成一种类名，具有较强的称谓性，N_1 与核心词事物之间的概念关系一般很紧密，概念的整合程度很高，概念距离也较小，因此一般都紧邻核心词。当汉语 N_1N_2 间有助词"的"或维吾尔语 N_2 后附加"-i/si"时，N_1 和 N_2 之间的距离则相对增大。例如：

1. modɛn qiz -mu qizil tavar kønlɛk kij -ip ɦɛqiqij modɛngyl
牡丹 姑娘（语气词）红 缎子 裙子 穿（状态副动词）真的 牡丹花
-dek tʃirajliq etʃ -il -ip ket -iptu.
（形似格） 美丽 开（中动态）（状态副动词）（助动词）(3 单，间陈一般过去时)
"牡丹姑娘穿了一件红缎子裙子，真的像美丽的牡丹花盛开。"（《往事》152 页）

2. sozuntʃaq, køzi joq tutʃ ɦalqa
椭圆形 带孔的 没有 青铜 耳环
"没有镶嵌（宝石）的椭圆形青铜耳环"（《金库》148 页）

[①] 陆丙甫：《作为一条语言共性的"距离—标记对应律"》，《中国语文》2004 年第 1 期。

3. tʃenʃeŋ vuguaŋ rɛfiberlig   -i   -diki qozʁilaŋ dʒuŋgo tariχ
   陈胜 吴广 领导（3单，从属）（范围格） 起义 中国 历史
   -i   -diki tundʒi qetim partli -ʁan defiqan -lar qozʁiliŋ
（3单，从属）（范围格）第一 次 爆发（完成形动词）农民 （复数） 起义
-i.
（3单，从属）
   "由陈胜、吴广领导的起义是中国历史上爆发的第一次农民起义。"

4. ɛtɛ   ular intajin muʃiim valibol musabiqi -si   -gɛ   qatnaʃ
   明天 他们 非常 重要 篮球 比赛（3单，从属）（向格） 参加
   -qili   bar   -idu.
（目的副动词）去（3单，将来时）
   "明天他们要去参加一场非常重要的篮球比赛。"

5. dunja bojitʃɛ ɛŋ tʃoŋ, ɛŋ ɦɛjvɛtlik jolutʃi -lar   kemi   -si
   世界（后置词）最大   最 壮观   旅客（复数） 船（3单，从属）
muʃundaq -la deŋiz jyz   -i   -din ʁajib   bol   -di.
（这样）（语气词）海 平面（3单，从属）（从格） 消失（系动词）（3单，过去时）
   "这艘世界上最大最豪华的客船就这样在海面上消失了。"

6. 他人死了，却给她留下了一份吃不消的政治遗产。(《路遥小说选》1页）

7. 据知情人露风说，她爸给她寻的女婿是地区商业局的汽车司机。(《路遥小说选》69页）

8. 这年秋天，我们结婚了。我要买个美术化的大理石的台灯，她却说："买个普通的，看上去还大方、美观。"(《新编中国当代文学作品选》50页）

9. "你是秋果吗？" 一个清脆悦耳的女人的声音。(《新编中国当代文学作品选》151页）

例1中"tavar（缎子）"修饰"kønlɛk（裙子）"，例2中 tutʃ（青铜）"修饰"ɦialqa（耳环）"时，"tavar（缎子）"、"tutʃ（青铜）"表示的是"kønlɛk（裙子）"和"ɦialqa（耳环）"的材料质地，是典型的属性定语，所以都紧邻核心词，而且核心词后没有附加第三人称词尾"-i/si"。例3中，"defiqanlar（农民）"和"dʒuŋgo tariχi（中国历史）"、"tundʒi qetim partla-（第一次爆发）"作定语共现时，"defiqanlar（农民）"是非典型的属性定语，需要紧邻核心词"qozʁilaŋ（起义）"，同时核心词后需要附加第三人称词尾"-i"。例4中，"valibol（篮球）"修饰"musabiqɛ（比赛）"时，也是紧邻核心词"musabiqɛ（比赛）"，且"musabiqɛ（比赛）"后需要附加第三人称词尾"-si"。例5中，"jolutʃilar（旅客）"和"dunja bojitʃɛ ɛŋ tʃoŋ ɛŋ ɦɛjvɛtlik（世界上最大最壮

观的)"共同作定语时,同样置于"dunja bojitʃɛ ɛŋ tʃoŋ ɛŋ ɦɛjvɛtlik(世界上最大最壮观的)"之后,紧邻核心词"kemɛ(船)",然后附加第三人称词尾"-si"。

在汉语中情况亦是如此。如例 6 中"政治"和"一份"、"吃不消"一起作定语,需要置于其他定语内层,紧邻核心词"遗产"。例 7 中"汽车"和"地区商业局"共同作定语时,也是紧邻核心词"司机"。但是例 8、例 9 中,"大理石的台灯"、"女人的声音"中"大理石"、"女人"后均附加了"的",这样表述主要是为了说明这个台灯是大理石的,而不是别的材料制成的,"声音"是"女人的",而不是"男人的"或"小孩的",其间具有对比的意味,述谓性较强,属性定语和核心词之间的距离增加,所以 N_1 和 N_2 间需要附加助词"的"。

二 名词作领属性定语时的情况

领属关系是一个边界模糊的语义类。Taylor 认为原型领有关系具有以下一些特征:(1)领有者是个特指的人;(2)被领有者是某个/群特指的具体东西;(3)领有关系是排他的;(4)领有者有权使用被领有者的东西;其他人只有得到领有者的允许才能使用它;(5)领有者对被领有者的权利是通过交易、赠予或继承而得来的。这个权利一直延续到下次交易、赠予或继承行为为止;(6)领有者对被领有者负有责任;(7)领有者对被领有者行使权利时,两者不需在空间上邻近;(8)领有关系是长期的,以年月来计而不是以分秒来计。[①]

根据 Taylor 的定义,可以看出原型的领属关系中领有者是有指的,而且是定指的,更为原型的领有者应该是单指的,能够充当单指的一般是人称代词和专有名词。被领有者是有指的,但通常表示类指,所以一般由普通名词充当。原型的领属关系是从一个类中挑出一个例来。我们将领属关系分为领有关系、隶属关系、时空关系和归属关系,其中领有关系、隶属关系是原型的领属关系,时空关系、归属关系是非原型的领属关系。

在汉维语中名词作领属性定语的情况有:

艾合买提的衣服	ɛχmɛtniŋ kijimi	小王的朋友	ʃijavvaŋniŋ dosti
艾克拜尔的徒弟	ɛkbɛrniŋ ʃagirti	阿迪莱的父亲	adilɛniŋ dadisi
汽车的速度	maʃininiŋ syr'iti	学校的学生	mɛktɛptiki oquʁutʃilar
猴子的尾巴	majmunniŋ qujruqi	大象的耳朵	pilniŋ quliqi
衣服的领子	kijimniŋ jaqisi	桌子的腿儿	partiniŋ puti

[①] 参见廖秋忠《〈语言的范畴化:语言学理论中的典型〉评介》,《国外语言学》1991 年第 4 期。

糖的价格	ʃekerniŋ baɦasi	孩子的长相	balilarniŋ tɛqi-turqi
校长的意见	mektep mudiriniŋ pikri	朋友的劝告	dostumniŋ nesiɦiti

在以上例子中，名词充当领属性定语，主要是专有名词和普通名词。专有名词作定语，表示有指，而且是单指，如"阿迪莱的父亲（adilɛniŋ dadisi）"。普通名词作领属性定语，可以表示单指，如"majmunniŋ qujriqi toχtimaj pulaŋlavatidu（猴子的尾巴在不停地摇着）"；也可以表示类指，如"pilniŋ quliqi bɛk tʃoŋ（大象的耳朵很大）"；还可以表示无指，如"mɛn toχu qaniti jejiʃke amraq（我喜欢吃鸡翅膀）"。表示无指的名词定语和核心词结合比较紧密，基本构成了复合词，如"toχu qaniti（鸡翅膀）"，但它同时也可以表示类指。相对于普通名词作领属性定语而言，专有名词表示的是较为原型的领属关系，普通名词表示的领属关系则处于边缘地位。这是因为普通名词具有了一定的分类功能，含有了属性的意味，领属作用下降了。因此当名词作领属定语时，一般是专有名词。如果是普通名词，也是表示定指或类指的，而不可能表示无指。例如：

10. ʃular　-mu　　ameriki　-niŋ　varaŋ-tʃuruŋ　restoran　-lir　　-i　　-ʁa
　　　他们（语气词）　美国　（属格）　吵嚷　　　　饭馆　（复数）（3单，从属）（向格）
kir　-iv　-el　　-ip,　bir　buluŋ　-da　oltur　-up
进（状态副动词）（助动词）（状态副动词）一　角落（方位格）坐（状态副动词）
eser jaz　　-attikɛn.
作品　写（3单，间陈相对将来时）
　"他们也进美国人声嘈杂的饭馆，坐在角落里进行创作。"（《流浪者酒家》6页）

11. puʃkin-niŋ　　ɵzbektʃe　bir tomluq talla　-n　　-ʁan　　ʃeir　-lar
　　　普希金（属格）乌孜别克文　一　部　选择（被动）（完成形动词）诗（复数）
toplim　-i.
集（3单，从属）
　"一部乌孜别克文的普希金诗歌选集。"

12. asim　ajal　　-i　　-niŋ　kɵz　-lir　-i　　-diki
　　　阿斯木　女人（3单，从属）（属格）眼睛（复数）（3单，从属）（范围格）
jaʃ　-ni　kɵr　　-di.
眼泪（宾格）看（3单，过去时）
　"阿斯木看见了女人眼里的泪水。"（《维吾尔语实用语法》339页）

13. 赵慧文紧握着林震的两只手，说："我们等你好久了。"（《新编中国当代文学作品选》80页）

14. 张俊看着徐文霞奇怪的神色，疑惑不解,忐忑不安地出了园门.(《新编中国当代文学作品选》126页）

15. 我一想起孩子的乌亮黑黑的大圆眼,和他那"牙牙"欲语的神气……我就十分怀念!(《新编中国当代文学作品选》8页)

16. 他一直注视着妻子的每一个动作。现在,她已经抱起箩筐里的婴儿,接着又在叫唤那个睡在柴草上的女儿了,声调里充满恼怒。(《新编中国当代文学作品选》141页)

从以上例句中可以看出,名词作领属性定语时,通常为专有名词或表定指的普通名词,如例10中的"amerika(美国)"、例11中的"puʃkin(普希金)"、例13中的"林震"以及例14中的"徐文霞"。例12中"ajal(女人)"、例15中"孩子"、例16中"妻子"虽然是普通名词,但在此处表示定指,因为根据上下文可以知道"女人"是哪个女人,"孩子"是哪个孩子,"妻子"是谁的妻子。

那么为什么专有名词和表定指的普通名词作定语时要置于多重定语的最外层呢?这是因为这些名词首先不会因领有者的不同而产生不同的类别,如"εχmεtniŋ kijimi(艾合买提的衣服)"和"aq kijim(白色衣服)"相比,"kijim(衣服)"不会因为是"εχmεt(艾合买提)"的还是"alim(阿里木)"的就发生属性上的变化,"kijim(衣服)"不管是谁的,都是衣服,这个概念本身没有受到影响,区别只在于它指的是谁的衣服。但是"kijim(衣服)"如果是"aq(白色)"或"seriq(黄色)",属性上的变化就比较大。因为事物的属性在概念上往往是其不可分割的一部分,是能据以分类,并且分出的类是事物普遍接受的规约类的属性,它们与事物的概念距离较小。而领有者和它所拥有的物体,通常被感知为两个独立的个体,二者之间有一条明确的界限,所以领有者很难成为物体的规约分类指标,和核心词之间的距离相对较远;其次,这些名词所指非常明确,无需通过其他词语进行限制,所以前面不可以再出现别的限定语;最后专有名词和定指名词的可别度都比较高。可别度和定指性、指别性较接近,和信息的新旧、生命度、有界性相关。专有名词和表定指的普通名词生命度比较高,而且都是有界的,所以具有较高的可别度。根据"可别度原理":如果其他一切条件相同,可别度高的成分前置于低的成分。[①]那么当专有名词或表定指的普通名词充当领属性定语时,它们和核心词的位置就比较远,并且置于其他定语的最外层。由于对核心词不具有分类作用,并且离核心词较远,所以名词作领属性定语时需要附加形式标记。这正如 Seilor 所说,限定关系一般可分为两个类型,即专化所指和表征概念。专化所指的功能是确定指称的对象,它主要作用于核心词概念的外延,不会对核心词概念的内涵有太大的

[①] 陆丙甫:《语序优势的认知解释(上):论可别度对语序的普遍影响》,《当代语言学》2005年第1期。

影响，在表层结构上往往采用组合式更强的编码方式①。因此当名词作领属性定语时，维吾尔语通常要用属格"-niŋ"，汉语通常要用助词"的"来连接。

通过以上论述可以看出，名词作定语时可以充当属性定语也可以充当领属性定语。当名词充当属性定语时，表示的是核心词的本质属性，通常紧邻核心词，和核心词构成一个具有一定称谓性的新的类名。名词作领属性定语时，通常是专有名词、表示定指或类指的普通名词，它们和核心词是两个独立的个体，不具有分类作用，仅表示领属关系。因为所指明确，无需附加其他限定语，所以通常置于多重定语的最外层。由于距离核心词较远，一般都需附加一定的形式标记。

第二节　形容词在多重定语中的分布顺序及其理据

现代汉语形容词分为性质形容词和状态形容词。性质形容词又分为单音形容词和双音形容词。现代维吾尔语形容词分为性质形容词、关系形容词和情态形容词。在汉维两种语言中，各类形容词都可以充当定语，如：

白纸	凉水	热酒	蓝墨水	大床	坏毛病
古怪的感觉	散漫的生活	新兴的行业	时髦的话题
蓝蓝的天空	香喷喷的饭	雪白的纸	十分复杂的表情

jaman adεm	坏人	ʃerin yzym	甜葡萄
jumulaq dʒoza	圆桌	qizil rεχt	红布
aχʃamqi kino	昨晚的电影	tynygynki χεvεr	昨天的新闻
jepjeŋi dεvr	新时代	japjeʃil qariʁaj	绿葱葱的松林
kitʃikkinε su ambiri	小小的水库	kerεklik kitab	需要的书
bar kytʃi bilεn	尽一切力量	bar avazi bilεn varqirimaq	大声喊

沈家煊曾经对汉语形容词作定语时的情况进行过统计。②

形容词作定语的标记模式

性质形容词		状态形容词	
（共 200 例）		（共 177 例）	
加标记	不加标记	加标记	不加标记
79（39.5%）	121（60.5%）	138（78%）	39（22%）

---

① 参见张敏《认知语言学与汉语名词短语》，商务印书馆1998年版，第318页。
② 沈家煊：《不对称和标记论》，江西教育出版社1999年版，第301页。

在121例中，60.5%的性质形容词不加标记"的"，其中95例是常用的单音形容词。朱德熙认为汉语中单音形容词是典型的性质形容词。①可见典型的性质形容词，即单音形容词作定语时一般不加"的"。性质形容词加标记"的"作定语有79例，但70例都是双音形容词，因此双音形容词以加"的"作定语为常，状态形容词作定语时绝大多数情况下要加"的"。

维吾尔语中性质形容词可以和核心词直接组合，其间无需附加任何形式标记，如"jaman adɛm（坏人）"、"qizil rɛxt（红布）"。关系形容词是由附加了形式标记"-ki/qi/lik/liq/luq/lyk"构成的形容词，一般作定语，如"tynygynki χɛvɛr（昨天的新闻）"，是在"tynygyn"（昨天）后附加"-ki"，构成派生形容词后充当定语。附加了"级"语法范畴的形容词作定语时，形式上比性质形容词复杂，如"jepjeŋi dɛvr"（新时代），是将"jeŋi（新）"部分重叠后构成形容词加强级，"kitʃikkinɛ su ambiri"（小小的水库）是在词根"kitʃik（小）"后附加表爱级标记"-kinɛ"构成的定语。情态形容词"bar"、"joq"作定语时使用频率不高，以作谓语为常，根据标记理论中的"频率标准"：无标记项的使用频率比有标记项的高，至少也一样高。②可以看出情态形容词作定语是有标记的。因此维吾尔语形容词作定语时，只有性质形容词作定语是无标记的。

在汉维两种语言中，性质形容词作定语通常直接修饰核心词。非性质形容词，如汉语中的状态形容词、维吾尔语中的关系形容词、情态形容词作定语时都有不同程度的标记。根据"距离—标记对应律"：修饰语和核心词之间标记的有无反映了修饰语和核心词之间距离的远近。③因此性质形容词作定语时距离核心词较近，而状态形容词、关系形容词、情态形容词等非性质形容词作定语时距离核心词较远。

那么性质形容词、非性质形容词和核心词之间产生距离差别的原因是什么呢？我们知道语言是认知的有机组成部分，是主观和客观共同作用的产物，客观世界要通过"人"这个中介后才能被认识并用语言表现出来，因此表达出来的东西已不再是纯粹的客观世界，而是含有了人的主观认识。词语的意义不仅仅是客观的真值条件而且是客观现实和主观认识的结合。性质形容词和状态形容词作为客观世界的物象，在人们认知过程中形成的是两种迥异的"意象"。"性质"意象的形成受益于整体扫描，它从宏观角度进行审视概括，抹杀了许多相关的细节，与时间无关，所以性质形容词

---

① 朱德熙：《现代汉语形容词研究》，载朱德熙《现代汉语语法研究》，商务印书馆1997年版，第6页。
② 沈家煊：《类型学中的标记模式》，《外语教学与研究》1997年第1期。
③ 陆丙甫：《作为一条语言共性的"距离—标记对应律"》，《中国语文》2004年第1期。

是整体投映得来,适宜于对事物性状属性进行断定,如"白"可以对各种程度上的白,如"最白"、"很白"、"比较白"、"稍白"进行概括。"白"在程度量的阈域上表现出无界性,通常占据一个有较大伸展空间的量幅。而"状态"意象的形成则是次第扫描的结果,有时间的背景,如"雪白"、"灰白"代表的是量幅上的某一段,虽然它们跟"白"之间的界限是模糊的,但我们还是可以感觉到界限的存在,因此状态形容词表示的性状是有界的。在汉语中,"的"的作用可以将无界概念变为有界概念[①],所以状态形容词和"的"是匹配的,在修饰核心词时,状态形容词后一般都需要附加助词"的"。

性质形容词是整体扫描的结果,表示的是事物属性,而事物的属性是相对恒定的。在人们认识世界,对事物进行范畴化的过程中,通常要根据事物的属性来对事物进行规约化的分类,因此性质形容词在和核心词结合的过程中,通常是对核心词进行分类,从而形成一个小类。如"白纸"是依据"白"这个属性对"纸"进行分类,从而形成一个小的类名"白纸"。陈琼瓒在《修饰语和名词之间的"的"字的研究》中也认为形·名结构中,不用"的",形容词和名词结合得非常紧密,差不多融为一体,共同构成一件事物的概念,形成一种称谓。因此性质形容词特别是典型的性质形容词和核心词组合后具有一定的称谓性。由于具有称谓性,致使整个定中结构是个意义整合程度较高的类名,其中定语往往带有一种规约化程度较高、较稳固的分类意味。

状态形容词表述的是一种静止的临时状态,有时间变化。"状态"意象的形成是次第扫描的结果,如"洁白"、"雪白"、"灰白"是依次处理的结果。因此状态形容词是对事物或动作行为情状的"描述",描述的是事物一种暂时的情状,具有能用一种述谓结构表达的语义关系,表现出较强的述谓性。试比较性质形容词和状态形容词作谓语时的情况:

臭豆腐　　　　　　　　　　? 豆腐臭
臭烘烘的豆腐　　　　　　　豆腐臭烘烘的

"臭"是对豆腐的分类,"臭豆腐"构成的是一种类名,述谓性较弱,因此"臭"作谓语时句子的合格程度较低。而"臭烘烘"具有较强的述谓性,作谓语时句子就比较自然。

性质形容词是描写一种恒久的性质,具有一定的称谓性,而定语的典型语义特征是固定性和不变性,所以性质形容词以充当定语为常。状态形容词是描写一种临时状态,具有一定的述谓性,而谓语的典型语义特征是

---

① 沈家煊:《有界》和《无界》,《中国语文》1995年第5期。

临时性和变化性，所以状态形容词以充当谓语为常。因此表示"恒久属性"的性质形容词处于定语位置、表示"情状"的状态形容词处于谓语位置是最佳的匹配。违背了这种系联的句法位置就需附加形式标记，所以状态形容词作定语时需要附加助词"的"。

如果从语义角度上讲，性质形容词的时间性弱，表示一种恒久的性质，状态形容词时间性强，表示一种临时状态的性质。而越是恒定的、稳定的、持久的性质离核心词越近，所以相对状态形容词而言，性质形容词和核心词的距离相对较近。如：

1. 喜儿掉过头答应一声，便让倩儿一个人进厨房去了，自己走下台阶，穿过紫藤花架走到淑华面前，那张白胖白胖的圆脸上露出笑容，用她那又尖又细的声音问道："三小姐，什么事情？（暨南大学语料库）

2. 不一会，北风小了，路上浮沉早已刮净，剩下一条洁白的大道来，车夫也跑得更快。（暨南大学语料库）

例1、例2中性质形容词"圆"、"大"相对状态形容词"白胖"、"洁白"来说，和核心词之间的距离较近。

在维吾尔语中，性质形容词和核心词结合，也能形成一个称谓，构成一个类名，如"jumulaq dʒoza"（圆桌）。而关系形容词是用来表示事物与时间、空间概念关系的形容词，它通过一个事物与另一事物的关系来说明事物的特征。这种特征只表示一种关系，没有程度上的区分和变化，不能被不同量级的程度词切割。关系形容词都是派生词，是在附加了"-ki/qi/lik/liq/luq/lyk"后修饰核心词的。根据"距离—标记对应律"，关系形容词通过附加标记后才能修饰核心词，说明它和核心词的距离较远。

情态形容词在语义上近似动词，但没有动词的时、体、态、人称等形态变化，是能支配名词格的形容词，有"级"的语法范畴。如：

3. bar -raq nɛrsi -ni sori -ma -m -sɛn?
　　有（比较级）东西（宾格）问（否定）（疑问）（2单，将来时）
"你怎么不借我们有的东西呢？"（程适良《现代维吾尔语语法》187页）

4. yrymtʃi bazir -i -da joq -raq yn'alʁu al -ʁatʃ
　　乌鲁木齐 市场（3单，从属）（方位格）没有（比较级）录音机 买（兼行副动词）
kɛl.
来（2单，祈使）
"请你给带一个乌鲁木齐市场上见不着的录音机。"（程适良《现代维吾尔语语法》187页）

情态形容词是表示事物的存在与否以及事物与事物之间各种关系的形容词，以作谓语为常，作定语的频率较小。根据标记理论中的"频率标准"，情态形容词作谓语时是无标记项,作定语时是有标记项。

可以看出,维吾尔语中性质形容词与核心词结合比较紧密,其间没有标记连接,而非性质形容词,即关系形容词、情态形容词与核心词结合时都是有标记项,因此性质形容词与核心词的距离较近,而非性质形容词与核心词的距离较远,并且需要带有一定的形式标记。

那么当性质形容词连用时,语序又是怎样的呢?

在汉语中,性质形容词分为双音形容词和单音形容词。当二者连用,单音形容词通常内置于双音形容词。因为单音形容词是典型的性质形容词,表示恒久的性质,所以离核心词较近。而双音形容词带有状态形容词的某些性质,状态形容词修饰核心词时,和核心词距离较远,需要附加"的",所以双音形容词修饰核心词时,距离也比较远,需要附加"的"。根据"距离—标记对应律",可以得知双音形容词和核心词的距离较远,所以需要置于单音形容词之外,同时这种语序也符合"内小外大原则":如果两个附加语出现在核心的同一侧,则以体积小的那个附加语紧靠核心为优势语序;其功能本质是"减少中间干扰",即这样的语序安排可以减少离核心更远的那个附加语跟核心的距离,从而减少对其联系的中间干扰。[①]如:

5. 然而你要晓得人家陈家有钱啊,陈老爷又是有名的大律师,打官司哪个不找他?(暨南大学语料库)

6. 丽英自己也躺在这个潮湿的小草棚里流眼泪。(《路遥小说选》283页)

7. 高加林飞快地跑到街上的百货门市部,用他今天刚从广播站领来的稿费,买了一条鲜艳的红头巾。(《路遥小说选》424页)

8. 我们居住的这个星球,最古老时代原是一个寂寞的大石球,上面没有一株草,一只虫,也没有一层土壤。(《新编中国当代文学作品选》411页)

9. 父亲瞪起眼看着她,不知这个任性的小宝贝,为什么黑天半夜把他老两口叫起来。(《路遥小说选》438页)

10. 县河上新架起了一座宏伟的大桥。(《路遥小说选》404页)

11. 巧珍漂亮的大眼睛执拗地望着他。(《路遥小说选》329页)

12. 他是去瓦解敌人的,但是他自己也染上国民党军官的一些习气,改不过来,其实他是个英勇的老同志。(《新编中国当代文学作品选》95页)

当性质形容词连用时,它们是从不同的逻辑范畴修饰核心词,使核心词所说的人或事物同时具有两种或两种以上不同的属性。从认识论的角度说,人们对事物的认识一般是循着由远及近、由表及里的路线进行的,即

---

① 陆丙甫:《核心推导语法》,上海教育出版社1993年版,第119-120页。

由对事物空间形态的认识进入到对事物内在属性的认识，从而最终把握该事物的本质特性。也就是说，表示事物空间范畴的形容词前置，而表示事物本质或重要属性的形容词后置。因为反映事物本质或者重要属性的性质状态都具有相对恒定性，能保持到最后，所以凡表示事物本质或重要属性的单音形容词都要放在多重定语的内层。如：

13. 那只小黄猫总跟着我们在自留地里，每天收工时就在巷子口接我们。(《烦恼人生》47页)

14. 你嗅见了槐花的香气了没有？平凡的小白花，它比牡丹清雅，比桃李浓香，你嗅见没？(《新编中国当代文学作品选》115页)

15. 刘秋果又只得走进屋来，昏暗的灯光里，杨红桃披散着长长的头发，穿着紧身小红夹袄，给他沏茶。(《新编中国当代文学作品选》154页)

16. "你……"岳樱抓住他那冰冷僵硬的手指。(《新编中国当代文学作品选》163页)

17. 他跌跌撞撞地来到院当中一颗老槐树下，把那黑苍苍的脸靠在冰凉粗糙的树杆上。(《路遥小说选》15页)

18. 这个偏僻贫穷的小山村，历史上还有过什么事这么荣耀地在全县挂上了名次呢？村里几个辈份很高的白胡子爷爷并且预言我将来要"做大官"。(《路遥小说选》120页)

例 13、例 14、例 15 中的"黄"、"白"、"红"表示颜色，是核心词的本质属性，具有相对稳定性，不会轻易发生变化，所以离核心词较近。而"小"表示空间体积，是非本质属性，具有相对性和可变性，所以距离核心词较远。例 16—例 18 是双音形容词连用的情况，表示本质属性的"僵硬"、"粗糙"、"贫穷"也是和核心词的距离较近。

状态形容词连用时同样适用于这一原则。状态形容词表示的是事物的临时状态，当某一事物有几种状态出现时，因为几种状态都是临时性的，所以要求人们用最短的时间去加以辨识。在短时间内，事物的哪种状态越能刺激人们的大脑，哪种状态就越先出现，越容易辨识。一般说来，越表示本质的属性越靠近核心词，越易变化的属性离核心词越远。如：

19. 她头上两根长长的、黑乌乌的辫子垂到肩上来，显得她身上那件兔毛的绒线衫更加耀眼。

20. 我们第一夜睡在禾场上的队屋里，屋里堆满了地里摘回的棉花，花上爬着许多肉乎乎的粉红的棉铃虫。(《烦恼人生》46页)

例 19 中"黑乌乌"表示颜色，性质相对稳定，"长长"变化性较大。因为辫子可长可短，而黑发不会轻易变成白发，所以"黑乌乌"内置于"长长"。例 20 中表示颜色的"粉红"，性质也比较稳定，因此需要内置于表示空间体积、变化性较大的"肉乎乎"。

在维吾尔语中,当形容词连用时,关系形容词和带有比较级的形容词通常外置于性质形容词,因为关系形容词和带有比较级的形容词带有标记,而有标记项和核心词的距离相对较远。如:

21. etiz -lar   -ni   arila -p,   dyj -niŋ almi   -liq   tʃoŋ
    田野（复数）（宾格）转（状态副动词）队（属格）苹果（关系形容词）大
 beʁ -i   -ʁa jet -ip   ber -ip   ɦɛjran bol
果园（3单,从属）（向格）去（状态副动词）（助动词）（状态副动词） 吃惊
    -dum.
（1单,过去时）

"我在田野里转着,走到队里的大苹果园时非常吃惊。"（《十五的月亮》4页）

22. mɛn køp -rɛk   køz -ym   -gɛ issiq kør   -yn
    我 多（比较级）眼睛（1单,从属）（向格）热 看 （中动态）
-gɛn   aq   jyz -lyk,   pombulaq -qina, omaq   qiz ӽɛjrinnisa -ʁa
（完成形动词）白   脸（关系形容词）胖乎乎（表爱级）可爱 女孩 海尔尼莎（向格）
dɛrs øgit -ɛttim.
课 教（1单,直陈相对将来时）

"我经常给那个脸蛋白净、胖乎乎的、长得很可爱的名叫海尔尼莎的女同学讲功课。"（《往事》26页）

例 21 中,名词"alma（苹果）"附加"-liq"构成关系形容词,然后和"tʃoŋ（大）"共同修饰"baʁ（果园）","almiliq（有苹果树的）"外置于"tʃoŋ（大）"。例 22 中,性质形容词"pombulaq（胖乎乎）"附加表爱级标记"-qina",和定中短语"aq jyzlyk（白的脸）"、"omaq（可爱）"共同修饰核心词"qiz ӽɛjrinnisa（女孩海尔尼莎）",形容词比较级"pombulaqqina（比较胖）"外置于性质形容词"omaq（可爱）"。

在维吾尔语中,当性质形容词连用时,根据认知规律,也是越表示本质属性的形容词越接近核心词。如:

23. ɦɛsɛn qaltis tʃɛtʃɛn jigit dʒumu.
    艾山 杰出 精明 青年（语气词）
"艾山可是个了不起的精明汉子。"（《往事》168页）

24. u bilimlik, vidʒdanliq jigit   -kɛn.
    他 有学识   有良心   小伙子（系动词,3单）
"他是个有学识、有良心的小伙子。"（《金库》184页）

25. tajaq -ni   aldi -diki ystɛl ɦɛsab -i   diki   kɛŋ, egiz
    棍（宾格）前面（范围格）桌子 算是（3单,从属）（范围格）宽   高

bendiŋ   -gɛ   paqqidɛ bir   -ni   ur   -di.
板凳　（向格）　啪　　一（宾格）打（3单，过去时）
　　"他朝面前那个权当作讲台的又宽又高的板凳上"啪"地敲了一教棍。"（《往事》16页）

　　26. køz   -lir   -i   -niŋ qujruq   -i   -ni   qojuq   vɛ
　　　　眼睛（复数）(3单，从属)（属格）尾部(3单，从属)（宾格）　密　和
tʃoŋqur qoruq -lar tʃirmi -ʁan.
　深　皱纹（复数）萦绕（完成形动词）
　　"眼睛周围布满了又密又深的皱纹。"（《金库》112页）

　　27. qojuq, bydrɛ tʃatʃ   -lir   -i   ɦazir kymyʃ   -tɛk   aqar
　　　　浓密　弯曲　头发（复数）(3单，从属)现在　白银　（形似格）花白
-ʁan   vɛ ʃalaŋli   -ʁan.
（完成形动词）　和　稀疏（完成形动词）
　　"浓密而弯曲的头发现在已经花白而稀疏了。"（《金库》196页）

　　例23中，"tʃetʃɛn（精明）"比"qaltis（杰出）"更能反映人的本质，所以和核心词"jigit（小伙子）"的距离较近。例24中，"vidʒdanliq（良心的）"是对一个人本质的评价，因而内置于"bilimlik（有学识的）"。例25中，根据原文，是作者刚进门，就看见毛拉在往板凳上敲教棍，因为和毛拉距离较远，所以首先映入眼帘的是板凳的"高"，其次才是板凳的"宽"，所以和"kɛŋ（宽）"相比，"egiz（高）"和核心词"bɛndiŋ（板凳）"的距离较近。例26中，深的皱纹是很难再平复的，变化性较小，所以"tʃoŋqur（深）"和"qoruq（皱纹）"的距离较近。例27中，作为一个有"自来卷"的人，头发永远是弯曲的，而浓密的头发则会随着时间的推移而变得稀疏，所以表示本质属性的"bydrɛ（弯曲）"离核心词"tʃatʃ（头发）"较近。

　　上面论述了形容词连用时的情况，下面我们讨论形容词和名词连用作定语时的情况。

　　形容词是表示性质状态的词类，它的一个显著特点是与人的主观性相联系。当名词充当属性定语时，表示的是核心词的本质属性，具有一定的分类作用，通常紧邻核心词，并和核心词构成具有一定称谓性的新的类名。所以形容词在反映事物属性时没有名词客观，也不像名词那样更注重客观叙述，因此在多重定语中，形容词距离核心词相对名词要远。例如：

　　28. meniŋ   ʁandʒuʁa   -m   -da   baʁlaqliq bir partʃɛ   aq   χotɛn
　　　　我、属格合音 捎绳（1单，从属）（方位格）捆着的　一　块　白　和田
kigiz   -i   bar   idi.
毡子（3单，从属）有（系动词，3单）

"我的捎绳上捆着一块和田白毡。"(《往事》216 页)

29. kitʃik -kinɛ   tynikɛ mɛʃ   -niŋ ɛtrap   -i   -da   tʃøridɛ
　　小（表爱级） 铁皮 炉子（属格）周围（3 单，从属）(方位格) 围

　　-p   oltur   -ʁan   kiʃi   -lɛr   øz'ara paraŋlaʃ -maqta.
(状态副动词)坐（完成形动词）人 （复数） 互相 聊天 (3 复，文，现在时)

"同坐在小铁皮火炉旁的人们互相聊着天。"

30. 尽管来法前已有良好的语言基础，但文化和习俗差异使她在生活和工作中仍遇到许多阻碍。（暨南大学语料库）

31. 车夫已经让开道，但伊的破棉背心没有上扣，微风吹着，向外展开，所以终于兜着车把。（暨南大学语料库）

例 28 中，形容词"aq（白）"和名词"χoten（和田）"共同修饰"kigiz（毡子）"时，"aq（白）"外置于"χoten（和田）"。例 29 中，形容词"kitʃikkinɛ（比较小）"和名词"tynikɛ（铁皮）"共同修饰核心词"mɛʃ（炉子）"时，"kitʃikkinɛ（比较小）"外置于"tynikɛ（铁皮）"。同样，例 30 中形容词"良好"外置于名词"语言"，例 31 中形容词"破"外置于名词"棉"。

通过分析，可以看出，性质形容词作定语时，表示的是一种属性，与核心词结合比较紧密，其间没有标记连接，而非性质形容词，即汉语中的状态形容词、维吾尔语中的关系形容词和情态形容词与核心词结合时，都是有标记项。根据"距离—标记对应律"，性质形容词与核心词的距离较近，而非性质形容词距离核心词则较远。当形容词连用时，越表示核心词本质属性的越接近核心词。但形容词总体来说是人们对事物的一种认识，具有一定的主观性，所以形容词在反映事物属性时没有名词客观，在多重定语中需要外置于名词。

第三节　数词在多重定语中的分布顺序及其理据

数词通常用来表示事物的数量。当它作定语时，在维吾尔语中的位置如下：

1. aq χalat kij   -gɛn   ikki sestira
　 白 罩服 穿（完成形动词） 二 护士

"两个穿白制服的护士"（《子夜》维文 26 页）

2. tʃikɛ tʃatʃ -lir   -i   aqar -ʁan, tʃoŋ køzɛjnɛk taqi
　 鬓角 头发（复数）(3 单，从属) 变白（完成形动词）大 眼镜 戴

-ʁan   bir bovaj kɛl   -di.
(完成形动词) 一 大爷 来 (3 单，过去时)

"来了一位两鬓斑白、戴着大眼镜的老人。"

3. tʃala kɛjp bol-uʃ　　　　-iv　　　-al　　-ʁan　　ikki ɛr kiʃi
　　不足　醉（集合态）（状态副动词）（助动词）（完成形动词）二　男　人
qizʁin paraŋʁa tʃyʃ　　-yp　　　　ket　　-iʃ　　　-ti.
热烈　聊天（状态副动词）（助动词）（集合态）（3单，过去时）
"喝得半醉的两个男人谈得热火朝天。"（《流浪者酒家》108 页）

4. biz　-niŋ fakultet bu jil 10 danɛ jeŋi kompjuter setival　　-di.
　　我们（属格）系　这　年 10　台　新　电脑　买（3单，过去时）
"我们系今年购进了 10 台新电脑。"

5. udul tɛrɛp　-tin　ytʃ keliʃkɛn　jigit　kel　-ivatidu.
　　直接 方面（从格）三　英俊　小伙子 来（3复，现在时）
"对面走过来了三个英俊的小伙子。"

6. apa　　-m　　bygyn bazar -din tʃirajliq ikki dosqan setival　　-di.
　　妈妈（1单，从属）今天 集市（从格）漂亮　二　桌布　买（3单，过去时）
"妈妈今天从集市上买回了两块漂亮的桌布。"

可以看出，当核心词前没有名词作定语时，维吾尔语数词通常紧邻核心词。如例 1、例 2 中的"ikki（二）"、"bir（一）"紧邻核心词"sestira（护士）"、"bovaj（大爷）"。当核心词前有名词作定语时，数词一般置于名词之外，如例 3 中"ikki（二）"外置于"ɛr（男人）"。当数词和形容词作定语共现时，数词可以置于形容词之外，如例 4 中"10（10）"外置于"jeŋi（新）"，例 5 中"ytʃ（三）"外置于"keliʃkɛn（英俊）"，但数词也可以置于形容词之内，如例 6 中"ikki（二）"内置于"tʃirajliq（漂亮）"。因此在维吾尔语中数词通常外置于名词，当和形容词作定语共现时，数词可以外置于形容词，也可以内置于形容词。

数词在汉语中作定语，通常和量词结合，构成数量短语后修饰核心词。数量短语作定语在汉语中的位置比较灵活，可以置于名词、形容词之外。如：

7. 她在早市上买了一双旧皮鞋，逢是集会、游行的时候就穿上了！（《新编中国当代文学作品选》14 页）

8. 走出办公室以后，林震有一种奇怪的感觉：和刘世吾谈话似乎可以消食化气，而他自己的那些肯定的判断，明确的意见，却变得模糊不清了。(《新编中国当代文学作品选》96 页）

9. 林震有一次去收发室取报纸，看见一份厚厚的材料，第一页上写着"区人民委员会党组关于调整公私合营工商业的分布、管理、经营方法及贯彻市委关于公私合营工商业工人工资问题的报告的请示"。(《新编中国当代

文学作品选》92页）

10. 如果一天没有错，就画一个小红旗。连续一个月都是红旗，我就买一条漂亮的头巾或者别的什么奖励自己……也许，这就像幼儿园的做法吧？（《新编中国当代文学作品选》115页）

例7中"一双"置于名词"皮"、形容词"旧"之外；例8中"一种"置于形容词"奇怪"之外；例9中"一份"置于形容词"厚厚"之外；例10中"一个"置于形容词"小"之外，"一条"置于形容词"漂亮"之外。

汉语中数量短语也可以置于形容词之内，如：

11. 我一看小孩子，是好好的一个小孩呀。他穿着小短褂儿，光着两条小腿儿，小腿乱蹬着，哇哇地哭。（《新编中国当代文学作品选》394页）

12. 没有人送殡，除了祥子，就是小福子的两个弟弟，一人手中拿着薄薄的一打儿纸钱，沿路撒给那些拦路鬼。（暨南大学语料库）

例11中"一个"处于形容词"好好"之内，例12中"一打儿"处于形容词"薄薄"之内。

通过对比，可以看出维吾尔语中数词可以直接修饰核心词，但是在汉语中数词通常和量词结合，组合成数量短语后再修饰核心词。但不论是汉语还是维吾尔语，数词作定语通常都外置于名词，当和形容词作定语共现时，数词可以外置于形容词，也可以内置于形容词。

那么为什么数词可以外置于形容词呢？这是因为数词充当的定语是外延性定语，而形容词、名词充当的定语是内涵性定语。内涵性定语由实词性/开放性词类充当，是给整个名词性短语增加词汇性语义要素（即内涵）的定语，加得再多也不会改变整个结构光杆名词的性质。外延性定语由指称和/或量化成分充当，用来给名词性短语赋予指称、量化属性，表明它在真实世界或可能世界中的具体所指范围，即在不改变内涵的情况下指明其外延。[①]通常外延性定语要置于内涵性定语之外，所以按照常理数词应该置于形容词之外。

但在汉维语中数词为什么又可以置于形容词之内呢？这是因为数词置于形容词之内产生的漂移作用[②]可以使名词性短语成为定指成分。如：

13. 但我无意中碰到了身边一个什么东西，伸手一摸，是他给我开的饭，干硬的两个馒头……（《新编中国当代文学作品选》226页）

14. 走过曲曲弯弯的一段路，罗立正才继续谈下去。（《新编中国当代文

[①] 刘丹青：《汉语名词性短语的句法类型特征》，《中国语文》2008年第1期。

[②] 刘丹青在《汉语名词性结构的句法类型特征》中认为"外延定语可以漂移，是汉语非常突出的类型特点"，但在我们收集到的语料中，发现了很多维吾尔语数词漂移至形容词后的例子。

学作品选》439页）

15. qavul ikki oquʁutʃi ɛjipkar bali -ni oŋda jat -quz -up
　　健壮　二　学生　有过错的　孩子（宾格）仰面　躺（使动）（状态副动词）
"两个身体健壮的学生把受惩者按倒"（《往事》22页）

16. jen -im -diki adɛm jerim ketʃi -dɛ jol boj -i
　　旁边（1单，从属）（范围格）人　半　夜（方位格）路　边（3单，从属）
-diki kitʃik bir bekɛt -tɛ tʃyʃ -yp qal -di.
（范围格）小　一　车站（方位格）下（状态副动词）（助动词）（3单，过去时）
"我身边的旅客半夜时分在一个小站下车了。"（《流浪者酒家》56页）

17. ɛmma jyrik -im -dɛ ojʁan -ʁan jeŋitʃɛ ʃerin bir sezim
　　但是　心（1单，从属）（方位格）觉醒（完成形动词）新　甜蜜　一　感觉
ujqu -m -ni qatʃ -ur -up tur -atti.
睡意（1单，从属）（宾格）赶走（使动）（状态副动词）（助动词）（3单，直陈相对将来时）
"然而在我心头苏醒的一种新的、甜蜜的感觉，却驱走了我的睡意。"（《流浪者酒家》58页）

例13中，如果把"干硬的两个馒头"说成"两个干硬的馒头"，例14中，如果把"曲曲弯弯的一段路"说成"一段弯弯曲曲的路"，描写性就比较强，而且名词性短语不是定指的。如果将"两个"移至"干硬"之后，"一段"移至"弯弯曲曲"之后，那么描写性减弱，区别性增强，而且可以使整个名词性短语成为定指成分。在维吾尔语中的情况也是如此，在例15—例17中，将"ikki（二）"、"bir（一）"后置于形容词"qavul（健壮）"、"kitʃik（小）"、"jeŋitʃɛ（新）、ʃerin（甜蜜）"，也是为了起到增加区别性，使名词性短语成为定指成分的作用。

汉维语数词可以移至形容词后，那么还能再向后移至名词之内吗？答案是否定的！

这是因为名词表示事物的本质属性，名词作定语，和核心词组合后构成的是一个小的类名。这个小的类名一旦形成就具有一定的稳固性，整合程度较高，用数词去修饰这个类名，是为了指出这个类名中的一个个体。如：

18. ɛtɛ ular intajin muɦim bir valibol musabiqi -si -gɛ qatnaʃ
　　明天　他们　非常　重要　一　篮球　比赛（3单，从属）（向格）参加
-qili bar -idu.
（目的副动词）去（3单，将来时）
"明天他们要去参加一场非常重要的篮球比赛。"

19. 母亲挥洒了她多年精心积攒的布票，给两个女孩各买了一条的确良连衣裙。

例 18 中，"valibol musabiqisi（篮球比赛）"是对"musabiqɛ（比赛）"的分类，形成了一个下属类名，"bir（一）"使这场篮球比赛从其他所有的篮球比赛中分离出来，实现了个体化。例 19 中，"一条"是母亲买回来的连衣裙，与店里其他的连衣裙区别开来，实现了从一类事物中挑出一个个体的过程，所以数词的使用可以使一个例从一个类中分离出来。如果数词置于名词后，形成"名词+数词+核心词"的结构，数词首先和核心词结合，实现个体化，然后再被名词修饰。而名词修饰事物是为了形成一个小的类名，与已经实现个体化的"数词+核心词"不匹配，所以数词不能置于名词之内。

我们分析了数词和形容词、名词共现作定语的情况。如果一个句子中出现领属性定语，那么它和数词的位置又如何呢？

20a. 她的两个妹妹　　　　　　uniŋ ikki siŋlisi
  b.* 两个她的妹妹　　　　　　ikki uniŋ siŋlisi
21a. 架子上的三本杂志　　　　dʒazidiki ytʃ danɛ ʒurnal
  b.* 三本架子上的杂志　　　　ytʃ danɛ dʒazidiki ʒurnal
22a. 昨天的两件事情　　　　　tynygynki ikki iʃ
  b.* 两件昨天的事情　　　　　ikki tynygynki iʃ

例 20、例 21、例 22 中，"u（她）"是典型的领属性定语，方位名词"dʒaza（架子）"、时间名词"tynygynki（昨天）"是非典型的领属性定语，不论是典型的还是非典型的领属性定语，"u（她）"是定指的，"dʒaza（架子）"、"tynygynki（昨天）"是具体的地点和时间，也是定指的，所以这几个定语都是定指成分。可以看出领属性定语倾向于由表定指的名词性成分充当，陈平在《释汉语中与名词性成分相关的四组概念》中也持这种观点。但领属性定语有时候也可以由不定指成分充当。例如：

23. 一家饭店的几名年轻服务员在门口不停招呼过往行人前来进餐。

"一家饭店"是个不定指成分，因此领属性定语既可以是定指的也可以是不定指的，但不论是定指的还是不定指的，都是有指成分，所以领属性定语修饰核心词时首先是一个有指的名词性词语。有指成分一般是个体化的，因此领属性定语修饰核心词是一个已经实现了个体化的名词性成分。而数词的功能在于使一个抽象的类名实现个体化，所以不能再修饰已经实现了个体化的名词性成分，因此例 20b、例 21b、例 22b 中的例子都不成立。可见数词和领属性定语共同修饰核心词时，应该内置于领属性定语。

通过具体语料分析，我们可以看出汉维语中的数词通常外置于名词而内置于领属性定语。当和形容词作定语共现时，数词可以外置于形容词，也可以内置于形容词。数词的这种游移，可以增加区别性，同时可以使整个名词性短语由无指变成定指成分。

第四节 代词在多重定语中的分布顺序及其理据

在现代汉语中，人称代词、指示代词、疑问代词可以充当定语。在维吾尔语中，指示代词、人称代词、自复代词、疑问代词、确定代词、不定代词和否定代词也可以充当定语。这里主要讨论汉维语人称代词和指示代词在多重定语中的分布情况。如：

1. kent baʃliq   -i   ømer   -niŋ qajta-qajta iltimas qil -iʃ
    村　头（3 单，从属）吾麦尔（属格） 再次   请求（称名动名词）
-i   arqisida u -niŋ beʃ typ tʃoŋ dereχ kes   -iv   -il
（3 单，从属）（后置词）他（属格）五 棵 大 树 砍（状态副动词）（助动词）
-iʃ   -i   -ʁa   qoʃul   -di.
（称名动名词）（3 单，从属）（向格）同意（3 单，过去时）

"经过吾麦尔再三请求，村长终于同意了他砍五棵大树的请求。"

2. u bali   -liq   vaqit -lir   -i   -diki aʃu qariqumtʃaq
   他 孩子（关系形容词）时候（复数）（3 单，从属）（范围格）那 黝黑的
qiz   -ni untup ket   -kendu.
女孩（宾格）忘记（3 单，或然一般过去时）

"他似乎已经忘记了孩提时那个皮肤黝黑的女孩了。"（《流浪者酒家》58 页）

3. 我建议你先把他们的一切贸易技巧、商业文件和公司组织完全搞通，除了能熟练地操作电脑以外，还要学会程序设计。（《初级汉语教程·第 3 册》11 页）

4. 初冬晴朗的早晨，天暖和得出奇。苏州人都溜进了那些古老的园林，去度过他们的假日。（《新编中国当代文学作品选》123 页）

一 人称代词作定语的情况

人称代词可以表领属，如"我的姐姐/meniŋ atʃam"，也可以表指示，如"我姐姐"①。表领属时，"人称代词前边一般不能有修饰语。"②所以当其他定语和人称代词共现时，只能放在人称代词和核心词之间。而表示指示的人称代词只有紧邻核心词才能表指示，所以其他定语不能出现在表指示的人称代词和核心词之间，也不能构成多重定语。因此人称代词处于

---

① 维吾尔语中的人称代词作定语时不能表指示。
② 朱德熙：《语法讲义》，商务印书馆 1997 年版，第 81 页。

多重定语中，通常指的是表领属的人称代词。

表领属的人称代词作定语时所指明确，可别度等级较高，是个易于激活提取的单位，所以通常置于多重定语的最外层。由于距离核心词较远，根据"距离—标记对应律"，一般情况下，维吾尔语中的人称代词后需要附加形式标记"-niŋ"，汉语中的人称代词后需要附加结构助词"的"，如：

5. kyl -gɛn -dɛ u -niŋ qijʁatʃ -raq kɛl -gɛn
笑（完成形动词）（方位格）他（属格） 斜 （比较级）（系动词）（完成形动词）
joʁan køz -lir -i -din jaʃ tʃiq -atti.
大 眼睛（复数）(3 单，从属)（从格）眼泪 出来（3 单，直陈相对将来时）
"笑得他有点斜视的大眼睛都流出了泪。"（《金库》140 页）

6. u -niŋ ɦeliqi ujattʃan køz -lir -i ɦazir jigit -lik
他（属格）那 羞怯 眼睛（复数）(3 单，从属) 现在 小伙子（关系形容词）
ʁurur -i bilɛn tol -ʁan.
自豪（3 单，从属）（后置词） 充满（完成形动词）
"他那羞涩的眼神现在已经充满了男子气概的自豪。"（《金库》102 页）

7. 淑贞畏惧似地偎着琴，睁大她的细眼睛轮流地看琴和淑英。（暨南大学语料库）

8. 我摸摸她的小脸蛋，一句话也说不出来。（《活着》28 页）

9. 林震觉得，他一走进区委会的门，他的新的生活刚一开始，就碰到了一个很亲切的人。（《新编中国当代文学作品选》81 页）

10. 齐虹注意到她的神色，改了话题："冷吗？我的小姑娘？"（《新编中国当代文学作品选》183 页）

11. 他又搂住那个调皮的小驴驹，用自己热烫烫的脸颊亲昵地摩擦它的毛茸茸的小脑袋。（《路遥小说选》45 页）

12. "在干什么？要出壁报么？听说你还朗诵诗？你怎么？也参加民主运动了？我的女诗人！"（《新编中国当代文学作品选》185 页）

13. 我远远望着他走过来，心里有一种说不出的情感。我知道走过来的并不是什么怪人，而是我的第一个上级。他是一个普普通通的领导干部，同时也是一个值得受人尊敬的人。（《新编中国当代文学作品选》271 页）

14. 桂兰匆忙给老田打了两针，又用松节油擦他的两腿，这时我才发现他的两个膝盖完全红肿了，小腿上布满了一愣一块的青筋疙瘩。（《新编中国当代文学作品选》270 页）

例 5 中，当人称代词"u（他）"和动词"qijʁatʃraq kɛl-（斜）"、形容词"joʁan（大）"作定语共现时，外于"qijʁatʃraq kɛl-（斜）"和"joʁan（大）"，并附有定语标记"-niŋ"。例 6 中，人称代词"u（他）"和指示代词

"ɦeliqi（那）"、形容词 "ujattʃan（羞怯）"一起作定语时，也是置于定语最外层，并附有定语标记"-niŋ"。

例7—例11，是汉语中人称代词和形容词作定语共现时的相对位置，人称代词需要置于形容词之外。如例7中"她"置于"细"之外；例8中"她"置于"小"之外；例9中"他"置于"新"之外；例10中"我"置于"小"之外；例11中"它"置于"毛茸茸"和"小"之外。例12是人称代词和区别词共现时的相对位置，人称代词"我"外置于区别词"女"，处于定语的外层位置。例13、例14是人称代词和数量短语共现时的相对位置，人称代词需要置于数量短语之外，如例13中"我"外置于"第一个"，例14中"他"外置于"两个"。

可以看出当表领属的人称代词和其他定语共现时，需要置于多重定语的最外层，并附加结构助词"的"。

二　指示代词作定语的情况

指示代词作定语，在维吾尔语中位置比较固定，通常置于名词、形容词、数词之外。例如：

15. u ʃirɛ -niŋ aldi -da ɦeliqi tʃaqiriq qɛʁɛz -ni tut -up
　　他 桌子（属格）前面（方位格）那　号召　纸（宾格）拿（状态副动词）
tur -uptu.
（助动词）（3 单，间陈一般过去时）

"他站在桌边，手里拿着那张通知书。"《流浪者酒家》86 页）

16. bu qisaŋ taʁ jol -i ɛtrap -i -diki taʃ ari -lir
　　 这 峡 山 路（3 单，从属）四处（3 单，从属）（范围格）石 间（复数）
-i -da nurʁunliʁan qoj -lar -niŋ ølyk -i jat
（3 单，从属）（方位格）　很多　羊（复数）（属格）死尸（3 单，从属）躺
-atti.
（3 单，直陈相对将来时）

"在这个峡谷山路四周的乱石间，躺着很多羊的尸体。"《往事》222 页）

17. bu qɛjsɛr adɛm bu bivapa dunja -din χoʃlaʃ -ti.
　　 这　刚毅　人　 这　不忠实　世界（从格）告别（3 单，过去时）

"这个刚烈的汉子，就这样离开了这个残酷的世界。"《往事》188 页）

18. kejin tømyr jol bu japjeʃil tyzlɛŋlik -ni qap ottur -i -din
　　　　后来 铁路　这　绿绿的　平原（宾格）正中间（3 单，从属）（从格）
ikki -gɛ bøl -yv -ɛt -ti.
二（向格）分（状态副动词）（助动词）（3 单，过去时）

"后来,铁路把这片绿色的平原分为了两半。"(《流浪者酒家》46页)

19. ajal   -i   bu χuʃ χɛvɛr -ni   er   -i   -gɛ jet
妻子(3单,从属)这 好 消息(宾格)丈夫(3单,从属)(向格)到达
-kyz   -di.
(使动)(3单,过去时)

"妻子把这个好消息告诉了丈夫。"(《流浪者酒家》150页)

20. jamaqtʃi zerɛk padiʃaɦi-niŋ   bu ɦɛkmɛtlik søz   -i   -ni mulaɦize qil
鞋匠 机智 皇帝(属格)这 贤明的 话(3单,从属)(宾格)体会
-ip,   u   -niŋ   maɦijɛt   -i   -ni tʃyʃin   -iptu.
(状态副动词)它(属格)实质(3单,从属)(宾格)理解(3单,间陈一般过去时)

"鞋匠品味着机智的国王这一番理智的话语,明白了它的深刻含义。"(《往事》208页)

21. tɛbi'ɛt -niŋ   rɛɦimsiz, vɛfiʃij, javuz qol   -i   bu kitʃik -kinɛ   bitʃarɛ
大自然(属格)残酷 残暴 狠毒 手(3单,从属)这 小(表爱级)可怜
qozitʃaq-niŋ   ani   -si   -ni ɦalak qil   -ip   taʃli
羊羔(属格)母亲(3单,从属)(宾格)毁灭(状态副动词)(助动词)
-ʁanidi.
(3单,直陈相对过去时)

"大自然无情残忍狠毒的手,把这只幼小可怜的羊羔的母亲夺走了。"(《往事》226页)

22. jemɛklik -lɛr   ʃirkɛt   -i   -dɛ   iʃlɛ   -jdiʁan   mavu bir
食品 (复数)公司(3单,从属)(方位格)工作(未完成形动词)这 一
tam   qoʃna -m   -mu?
邻居(1单,从属)(语气词)

"是那个在食品公司工作的,和我一墙之隔的邻居吗?"(《流浪者酒家》18页)

23. mɛn ɦajat   -im   -diki u ikki   ɛr kiʃi -din nɛprɛtlin -imɛn.
我 生命(1单,从属)(范围格)那 二 男 人(从格)痛恨(1单,将来时)

"我痛恨我生命中的那两个男人。"(《流浪者酒家》52页)

24. ɦazir bu jer   -gɛ kɛl   -gɛn ɦɛliqi ikki tʃɛrik aʃu ʃoji -niŋ
现在 这 地方(向格)来(完成形动词)那 二 大兵 那 少爷(属格)
ɛskɛr   -lir   -i   idi.
士兵(复数)(3单,从属)(系动词,3单)

"现在来这儿的那两个兵丁就是那少爷的人。"(《往事》66页)

25. ɦɛliqi ikki sodigɛr øj   -ym   -gɛ jɛnɛ   kir   -ip
那 二 商人 家(1单,从属)(向格)又 进(状态副动词)

meni   ojʁɑt   -ti.
我、宾格合音 喊醒（3 单，过去时）
"两个商贩又来我家把我叫醒。"（《往事》242 页）

例 15、例 16 是指示代词和名词共同修饰核心词的例子。例 15 中，指示代词"ɦeliqi（那）"和名词"tʃɑqiriq（号召）"共同修饰"qɛʁɛz（纸）"，"ɦeliqi（那）"外置于名词"qɛʁɛz（纸）"。例 16 中，指示代词"bu（这）"和"qisɑŋ（峡、山隘）"、"tɑʁ（山）"共同修饰"jol（路）"，"bu（这）"外置于"qisɑŋ（峡、山隘）"、"tɑʁ（山）"。

例 17—例 21 是指示代词和形容词共现作定语时的相对位置，指示代词通常外置于形容词。如例 17 中"bu（这）"外置于"qejser（刚毅）"和"bivɑpɑ（不忠实）"；例 18 中"bu（这）"外置于"jɑpjeʃil（绿绿的）"；例 19 中"bu（这）"外置于"χuʃ（好）"；例 20 中"bu（这）"外置于"ɦekmɛtlik（贤明）"；例 21 中"bu（这）"外置于附加了表爱级的形容词"kitʃikkinɛ（小）"。

例 22—例 25 是指示代词和数词共现作定语时的相对位置，指示代词通常外置于数词。如例 22 中"mɑvu（这）"外置于"bir（一）"；例 23 中"u（那）"外置于"ikki（二）"；例 24、例 25 中"ɦeliqi（那）"外置于"ikki（二）"。

在现代汉语中，指示代词作定语通常和量词组合共同修饰核心词，一般情况下也外置于名词、形容词和数量短语。如：

26. 这位老人后来和我一起坐在那棵茂盛的榕树下，向我讲起了自己的故事。（《活着》6 页）

27. 她又爬到那个空空的破坛子口上，把干瘦的小手伸进坛子里去，用指头沾点盐水，填到口里吮着。（《新编中国当代文学作品选》41 页）

28. 当林震从院里的垂柳上摘下一颗多汁的嫩芽时，他稍微有点怅惘，因为春天来得那么快，而他，却没做出什么有意义的事情来迎接这个美妙的季节……（《新编中国当代文学作品选》94 页）

29. 她真想离开这座冷清的房子，可是，这冷清的房屋也许会变成归雁的小窝！（《新编中国当代文学作品选》128 页）

30. 张俊抚摸着她的头发，又怜惜，又着急："别难过，不要把我当成那种轻薄的人。（《新编中国当代文学作品选》129 页）

31. 有时候我们两人也分开读，那时我常常把眼睛从书本上移到她脸上，端详着那一双黑黑的眉毛和稍显得苍白的脸，越看越不够，简直不敢相信她是自己的妻，要和自己生活到永久永久。（《新编中国当代文学作品选》50 页）

例 26 中指量短语"那棵"外置于形容词"茂盛"和名词"榕"；例 27

中指量短语"那个"外置于形容词"空空"和"破";例28中指量短语"这个"外置于形容词"美妙";例29中"这座"外置于形容词"冷清";例30中"那种"外置于形容词"轻薄";例31中"那"外置于数量短语"一双"和形容词"黑黑"。

通过对比,可以看出在汉维两种语言中,指示代词作定语时都可以置于名词、形容词和数词定语之外。

根据格林伯格共性20:"当任何一个或者所有的下述成分(指别词、数词、描写性形容词)居于名词之前时,它们总以这种语序出现。如果它们后置,语序或者依旧,或者完全相反。"霍金斯在对更大范围内的语言进行调查后,认为指别词D、数词Q、形容词A、核心词N存在下列语序[1]:

1. 三个附加语都在N前:DQAN;
2. 两个附加语在N前:DQNA;
3. 一个附加语在N前:DNAQ、QNAD;
4. 三个附加语都在N后:NAQD、NDQA、NADQ、NDAQ

可以看出,指别词、数词、形容词后置于核心词时,并不是前置情况的镜像。因此霍金斯提出了一条语言蕴含共性:[2]

"当任何一个或者所有的下述修饰语(指别词、数词、描写性形容词)前置于名词时,总是以这样的语序出现。当它们后置时,则无法预测,尽管通常后置情况是前置情况的镜像。不可能出现形容词前置于核心名词而指别词或者数词后置的情况。"

虽然霍金斯认为指别词、数词、描写性形容词后置时无法预测,但却验证了格林伯格关于它们前置时提出的蕴含共性。所以在修饰语前置的语言中,指别词、数词、形容词就是以"指别词—数词—形容词"的语序出现的。汉维语都是修饰语前置型语言,所以指示代词需要外置于数词和形容词。

我们知道指示代词没有任何描述功能,只有指示功能,没有内涵,所以不是通过内涵进行指称,而是根据特定的人在特定时刻的亲身感受直接指称的,它着眼于事物的外延。通常情况下,外延性定语置于内涵性定语之外,因此按照常理指示代词应该外置于名词、形容词等定语,而且通过指示代词的限定,可以尽早确认名词短语的身份。但为什么同样是外延性定语,指别词要外置于数词?这是因为指示代词表示定指,可别度等级比数词高,所以需要外置于数词。

---

[1] Hawkins, J.A. *Word Order Universals*. New York: Academic Press, 1983, pp.117-123.
[2] Ibid., pp.119-120.

因此在汉维语中，人称代词和指示代词充当定语时，表领属的人称代词通常充当的是领属性定语，因为所指明确，可别度等级较高，无需其他成分限制，所以通常置于多重定语的最外层。指示代词作定语时，由于着眼于事物的外延，充当的是外延性定语，所以通常置于形容词、名词等内涵性定语之外，此外指示代词的可别度等级比数词高，所以也需要置于数词之外。

第五节 各种短语在多重定语中的分布顺序及其理据

在现代汉语中，主谓短语、述宾短语、偏正短语、述补短语、联合短语、连谓短语、兼语短语、同位短语、方位短语、量词短语、介词短语、助词短语、复句形式的短语可以充任定语。在维吾尔语中，主谓短语、述宾短语、偏正短语、联合短语、连谓短语、同位短语、量词短语、后置词短语、系动词短语等也可以充任定语。从功能上说，这些短语大体可以分为名词性短语和谓词性短语。

一 名词性短语作定语的情况

名词性短语包括汉维语中的定中短语、名词性联合短语、同位短语、方位短语、量词短语以及汉语中的"所"字短语，下面分别加以介绍。

首先我们来看一下维吾尔语中名词性短语作定语的情况：

1. asija, afriqa, latin ameriki -si   ɛl   -lir   -i   χɛlq   -lir
   亚洲 非洲 拉美（3单，从属）国家（复数）（3单，从属）人民（复数）
   -i   -niŋ   jeŋi   χɛlq'ɑra igilik tɛrtip   -i   -ni   orni   -t
   （3单，从属）（属格）新 国际 经济 秩序（3单，从属）（宾格）建立（使动）
      -iʃ   jol   -i   -diki   køreʃ   -lir   -i
   （称名动名词）（后置词）（3单，从属）（范围格）斗争（复数）（3单，从属）
   -ni   qet'ij   qollaj   -miz.
   （宾格）坚决 支持 （1复，将来时）

"我们坚决支持亚非拉各国人民争取国际经济新秩序的斗争。"（《汉维共时对比语法》407页）

2. bir ħɛrbi bilɛn ʃijaŋgaŋ   -liq   sodigɛr -niŋ   lejfeŋ   -din   øgini
   一 军人 和 香港（关系形容词）商人（属格）雷锋（从格）学习

-ʃ   -tɛk   ɦɛkaji   -si   tɛʃviqat vasti-lir   -i   -niŋ
（称名动名词）（形似格）故事（3 单，从属）媒体（复数）（3 单，从属）（属格）
tɛʃviq   qil   -iʃ   -i   bilɛn   qɛʃqɛr rajon   -i
宣传（系动词）（称名动名词）（3 单，从属）（后置词）喀什 地区（3 单，从属）
-da   tɛz   -la   tarqa   -l   -di.
（方位格）快（语气词）流传（被动）（3 单，过去时）

"一个军人和香港商人学雷锋的故事，通过媒体的宣传，一时间在喀什地区流传开来。"

3. rozi   nijaz   ʃopur -niŋ   kona maʃini   -si   rɛmunt   qil   -in
   肉孜 尼亚孜 司机（属格）旧 汽车（3 单，从属）修（系动词）（被动）
   -ip   bol   -di.
（状态副动词）（助动词）（3 单，过去时）

"肉孜尼亚孜司机的那辆旧车已经被修好了。"

4. ʃɛɦɛr   -niŋ   sirt   -i   -diki   bir   χilvɛt kotʃa
   城市 （属格）外（3 单，从属）（范围格）一 偏僻 街道

"城郊一条偏僻的街道"（《流浪者酒家》120 页）

5. anar   gyl   -lyk   bir dʒyp   gilɛm -ni   -mu   momaj   nɛtʃtʃɛ qetim
   石榴 花（关系形容词）一 对 地毯（宾格）（语气词）老大娘 几   次
jaj   -di,   qaq   -ti.
晒（3 单，过去时）拍（3 单，过去时）

"一对石榴花地毯，老大娘晒了几次，也拍了几次。"（《金库》10 页）

6. baʁ   tɛrɛp   -kɛ   jandaʃ   qil   -ip   jasi -ʁan   ikki
   果园 边（向格）毗连的（系动词）（状态副动词）修（完成形动词）二
eʁiz   -liq   øj
间（关系形容词）房子

"紧靠果园盖的两间房子"。（《金库》10 页）

例 1 是定中短语和其他语法单位共同作定语的情况。定中短语的指称性和空间性都很强，而指称形态反映在语法上就是体词性成分，因此定中短语在句法功能上与名词的句法功能相类似。[①]名词可以作领属性定语也可以作属性定语，当它作领属性定语的时候，通常置于多重定语的最外层，所以定中短语作领属性定语时，也是置于多重定语的最外层。如例 1 中，定中短语"asija, afriqa, latin amerikisi ɛlliri χɛlqliri（亚非拉国家的人民）"

[①] 齐沪扬：《与名词动词相关的短语研究》，北京语言大学出版社 2004 年版，第 74 页。

充任的就是领属性定语，它的指别性和定指性都较强，当和形容词"jeŋi（新）"、名词"χɛlq'ɑrɑ（国际）"、"igilik（经济）"共现作定语时，需要外置于"jeŋi（新）"、"χɛlq'ɑrɑ（国际）"和"igilik（经济）"。例 2 中，名词性联合短语"bir ɦɛrbi bilen ʃijɑŋɡɑnliq sodiɡɛr（一个军人和香港商人）"充任的也是领属性定语，当它和"lej feŋdin øɡiniʃtɛk（像学雷锋一样）"共同修饰"ɦɛkɑjɛ（故事）"时，同样外置于"lej feŋdin øɡiniʃtɛk（像学雷锋一样）"。例 3 是同位短语与形容词共现作定语的情况。同位短语中两个内部成分所指的是同一事物，二者具有相同的指称，相同的外延。通常情况下，同位短语和其他定语共现修饰核心词时，充任的是领属性定语，所以也需要置于其他定语的最外层，因而例 3 中"rozi nijɑz ʃopur（肉孜尼亚孜司机）"外置于形容词"konɑ（旧）"。例 4 中"ʃeɦerniŋ sirti（城市郊区）"是方位短语，方位短语属于非典型的领属性定语，指称性较高，需要外置，所以"ʃeɦerniŋ sirti（城市郊区）"置于数词"bir（一）"和形容词"χilvɛt（偏僻）"之外。例 5、例 6 是数量短语和其他语法单位共现作定语的情况。例 5 中，"bir dʒyp（一对）"和定中短语"ɑnɑr ɡyllyk（石榴花）"共现作定语时，"bir dʒyp（一对）"内置于"ɑnɑr ɡyllyk（石榴花）"，例 6 中，"ikki ɛʁizliq（两间）"和状中短语"bɑʁ tɛrɛpkɛ jɑndɑʃ qilip jɑsɑ-（紧靠果园修）"共现修饰"øj（房子）"时，也内置于"bɑʁ tɛrɛpkɛ jɑndɑʃ qilip jɑsɑ-（紧靠果园修）"。数量短语是外延性定语，本应外置于"ɑnɑr ɡyllyk（石榴花）"、"bɑʁ tɛrɛpkɛ jɑndɑʃ qilip jɑsɑ-（紧靠果园修）"这些内涵性定语，但是这样会违背"内小外大原则"，所以数量短语处于内置的位置，这样有利于激活其前面的成分，便于理解。

下面再来看看汉语中名词性短语作定语的情况：

7. 尽管教授能说一口标准的汉语普通话，但是学校和研究生们都要求教授直接用英语授课："诸位都知道，化学离不开实验，而实验离不开观察。我想，在我们初次见面的时候，请允许我做一个简单的实验，以考察一下诸位嗅觉的敏感程度。"（杨寄洲《中级汉语教程·第 1 册》144 页）

8. 这便是中国电影的传统问题，题材偏狭问题，与所谓"导演中心"等问题。（《新编中国当代文学作品选》454 页）

9. 天山是我们祖国西北边疆的一条大山脉。（《新编中国当代文学作品选》459 页）

10. 这是中国古时候的一个故事。

11. 能亲耳聆听世界著名的美籍华人科学家罗文教授讲课，实在是一件荣幸的事。（杨寄洲《中级汉语教程·第 1 册》144 页）

12. "那，譬如我们写第一季度的捕鼠工作总结，是不是也可以用这些

数字和事例呢？（《新编中国当代文学作品选》92 页）

13. 我看见她把自己那条白百合花的新被，铺在外面屋檐下的一块门板上。（《新编中国当代文学作品选》223 页）

14. 要是作为一个普通女孩的不幸，毫无疑问，张俊是会同情的，而且马上就能谅解。（《新编中国当代文学作品选》132 页）

15. 我们参加了一对农村青年的婚礼。（《初级汉语教程·第 2 册》28 页）

16. 我买了一张说明书，但我看不懂。丁兰看了看说，这是一个古代神话故事。（《初级汉语教程·第2册》72 页）

17. 我和刘宏买了《药》、《祝福》和《阿 Q 正传》等，还买了许多新电影的影碟。（《初级汉语教程·第2册》19 页）

18. 到哪里去呢？他突然想起了已经久违的县文化馆阅览室。（《路遥小说选》320 页）

19. 这个星期，城市和农村的小学生在一起度过了一个愉快的周末。

20. 他游遍了新疆和西藏著名的旅游景点。

21. 村长报告了开会的宗旨，就请大家举他们两个人的作恶事实。

22. 高金海那疑神疑鬼的眼色，和高金海老婆杨红桃那忧郁和火热的一双眼睛，都使他很不自在。（《新编中国当代文学作品选》153 页）

23. 她坐在公路边的一块石头上，双手抱住膝盖，傻乎乎地望着黄昏中的远山，象一只迷了路的小山羊。（《路遥小说选》210 页）

24. 屋里铺位都满了，我就把这位重伤员安排在屋檐下的那块门板上。（《新编中国当代文学作品选》225 页）

25. 厂里一个漂亮的女工，刚刚结婚，对孩子有着特别的兴趣。（《烦恼人生》21 页）

26. 这是我们所要考虑的几个方面。

27. 他是广大观众所熟悉的一位老演员。

28. 一百多年来无数先烈所怀抱的宏大志愿，一定要由我们这一代人去实现，谁要阻止，到底是阻止不了的。（暨南大学中文语料库）

29. 从以上所说的简单轮廓可以看出，党关于第二个五年计划的建设，预示着我国国民经济的巨大而迅速的发展。（暨南大学中文语料库）

30. 如果真是这样，就会伤害了他心灵中所塑造的那座美丽的雕像，同时也会毁掉安放这座雕像的他自己的心灵。（《路遥小说选》35 页）

31. "真是乱！"他说了一句，脑子又赶快转到白天所碰到的那些事情上去，杂乱的声音他听不见了。（《新编中国文学作品选》30 页）

例 7—例 18 是汉语定中短语和其他语法单位共同作定语的情况。其中例 7—例 10 是定中短语作领属性定语的情况。当定中短语表示领属时，置于定语的最外层。如例 7 中"诸位嗅觉"外置于形容词"敏感"；例 8 中"中国电影"外置于形容词"传统"；例 9 中"我们祖国"和"西北边疆"外置于数量短语"一条"和形容词"大"；例 10 中"中国古时候"外置于数量短语"一个。"

例 11—例 12 是定中短语作领属性定语和作属性定语共现时的情况，属性定语是对核心词的分类，需要紧邻核心词而内置于领属性定语，所以例 11 中充任领属性定语的"世界著名"置于充任属性定语的"美籍华人"之外，例 12 中表领属的"第一季度"置于表属性的"捕鼠工作"之外。

例 13—例 18 是充任属性定语的定中短语和其他语法单位共现作定语的情况。这时定中短语需要外置于形容词而内置于表领属的代词以及其他短语。如例 13 中"白百合花"外置于形容词"新"而内置于指量短语"那条"、人称代词"自己"；例 14 中"普通女孩"内置于数量短语"一个"；例 15 中"农村青年"内置于数量短语"一对"；例 16 中"古代神话"内置于数量短语"一个"；例 17 中"新电影"内置于数词"许多"；例 18 中"县文化馆"内置于状中短语"已经久违"。

例 19—例 20 是名词联合短语作定语的情况，名词联合短语充当领属性定语时，通常需要外置。如例 19 中"城市和农村"外置于形容词"小"，例 20 中"新疆和西藏"外置于形容词"著名"和动词"旅游"。

例 21—例 22 是同位短语作定语的情况，当同位短语和其他语法单位共同作定语时，充当的是领属性定语，一般需要外置。因此例 21 中"他们两个人"外置于动词"作恶"，例 22 中"高金海老婆杨红桃"外置于形容词联合短语"忧郁和火热"以及数量短语"一双"。

例 23—例 25 是方位短语作定语的情况，方位短语充当定语时是非典型的领属性定语，需要置于多重定语的最外层。所以例 23 中"公路边"外置于数量短语"一块"；例 24 中"屋檐下"外置于指量短语"那块"；例 25 中"厂里"外置于数量短语"一个"和形容词"漂亮"。

例 26—例 31 是"所"字短语作定语的情况。"所"字短语通常置于多重定语的最外层。如例 26 中"我们所要考虑"外置于数量短语"几个"；例 27 中"广大观众所熟悉"外置于数量短语"一位"和形容词"老"；例 28 中"无数先烈所怀抱"外置于形容词"宏大"；例 29 中"以上所说"外置于形容词"简单"；例 30 中"他心灵中所塑造"外置于指量短语"那座"和形容词"美丽"；例 31 中"白天所碰到"外置于指量短语"那些"。

二 谓词性短语作定语的情况

谓词性短语包括汉维语中的主谓短语、述宾短语、状中短语、谓词性联合短语、连谓短语以及汉语中的述补短语、兼语短语、比况短语和维吾尔语中的后置词短语。

在维吾尔语中,谓词性短语作定语时一般置于名词、指示代词、数词、形容词之外。例如:

32. uʃtumtut vɛ dʒaraŋliq tʃiq -qan bu kylkɛ ɑvɑz -i -din
突然 和 响亮 发出(完成形动词)这 笑 声音(3单,从属)(从格)
asiχan apa teχimu tʃøtʃy -di.
阿斯汗 大婶 更加 吃惊(3单,过去时)
"阿斯汗大婶让这突然而响亮的笑声吃了一惊。"(《金库》52页)

33. kiʃi -lɛr -dɛ guman pɛjda qil -ʁan bu kylki -si
人 (复数)(方位格)怀疑 产生 (完成形动词)这 笑 (3单,从属)
"这种让人产生怀疑的笑容"(《金库》168页)

34. iʃχani -ʁa kir -ip tapʃuruq-lar -ni el -ip
办公室(向格)进(状态副动词)作业 (复数)(宾格)拿(状态副动词)
tʃiq -ip kɛt -kɛn aʃu oquʁutʃi
(助动词)(状态副动词)(助动词)(完成形动词)那 学生
"那个进办公室拿走作业的学生"

35. mɛn uniŋ -din tilʃunasliq -qa da'ir bir qantʃɛ mɛsili
我 他、属格的合音(从格)语言学 (向格)有关 几个 问题
-lɛr -ni sori -dim.
(复数)(宾格)问(1单,过去时)
"我问了他几个有关语言学方面的问题。"

36. tonuʃ avaz maŋa ømyr boji untul -ma -jdiʁan bir
熟悉 声音 我、向格的合音 一生 忘记(否定)(未完成形动词)一
jigit -ni ɛslɛ -t -ti.
小伙子(宾格)想起(使动)(3单,过去时)
"熟悉的歌声使我回忆起让我终身难忘的一个小伙子。"(《金库》86页)

37. mejdan -da tʃirajliq kij -in -gɛn bir jigit pɛjda bol
场子(方位格)漂亮 穿(中动态)(完成形动词)一 青年 出现
-di.
(3单,过去时)
"舞场上出现了一个穿着漂亮的小伙子。"(《金库》72页)

38. arqidin uzun tʃapan kij -gɛn ytʃ adɛm egil -ip salam ber
随后 长 袷袢 穿(完成形动词)三 人 弯腰(状态副动词)行礼

第四章　汉维语多重定语语序的格局及其理据

```
         -ip       kir    -ip      kɛl        -di.
```
（状态副动词）进（状态副动词）（助动词）（3 单，过去时）

　　"随后三个穿长袷袢的人弯腰行礼走了进来。"（《金库》178 页）

39. dɛsmaji　　-si　　bir az køpɛj　　-gɛn　　-din　kejin, ʃu ɛtrap
　　　　本钱（3 单，从属）一些　增多（完成形动词）（从格）以后　那　附近
```
-tin   mɑtɑ -tʃɛkmɛn sɑt   -idiʁɑ   kitʃik dukɑn etʃ   -iv
```
（从格）大布　毛布　卖（未完成形动词）小　商店　开（状态副动词）
```
      -ɑptu.
```
（3 单，间陈一般过去时）

　　"他积攒了一点本钱后，又在旁边开了一间卖土布的小店铺。"（《往事》2 页）

40. dɛrdmɛn mɛʃrip①　　-i　　-dɛ　　tepiʃ　　-ip　　qɑl
　　　　痛苦的　麦西莱甫（3 单，从属）（方位格）相逢（状态副动词）（助动词）
```
-ʁɑn     bir qeri qiz.
```
（完成形动词）一　老　姑娘

　　"（我那老婆）是在一次戴尔德曼麦西莱甫上相识的老姑娘。"（《金库》16 页）

41. jeʃ　　-i　　ɛllik　-ke　taqi　-ʁɑn,　　tʃɑtʃ -sɑqɑl　-lir
　　　年龄（3 单，从属）50（向格）　满（完成形动词）头发　胡子（复数）
```
-i   aqar  -ʁɑn   bir ɛmɑ ɑdɛm   -kɛn.
```
（3 单，从属）白（完成形动词）一　瞎的　人（系动词，3 单）

　　"他是个年满 50 岁，须发都白了的盲人。"（《金库》94 页）

42. tɑχtɑ beʃ　　-i　　-din 《Χudʒɑ ɦɑpiz》　de　　-gɛn
　　　　板　头（3 单，从属）（从格）　霍加哈菲兹　（系动词）（完成形动词）
```
bɑʃqɑ bir kitɑb -ni  el   -ip     bɛr   -di.
```
另外　一　书（宾格）拿（状态副动词）（助动词）（3 单，过去时）

　　"他从案头上取来另一本名叫《霍加哈菲兹》的书。"（《往事》50 页）

43. mɛn ulɑr　-niŋ　iltimɑs　-i　　-ni　jɛrdɛ qoj -mɑj,《gøɦɛr
　　　　我　他们（属格）请求（3 单，从属）（宾格）　辜负（否定）珍宝
```
tep     -iv    -ɑl    -ʁɑn defiqɑn》de   -gɛn  ɑdʒɑjip bir
```
找（状态副动词）（助动词）（完成形动词）农民（系动词）（完成形动词）美妙　一
```
tʃøtʃɛk  -ni   bɑʃli  -dim.
```
民间故事（宾格）开始（1 单，过去时）

　　"我不好推托他们的请求，就开始讲了一个'寻宝的农夫'的有趣故事。"（《往事》

---

① dɛrdmɛn mɛʃripi：主要是为失恋、没有对象、没有配偶的人举办的一种麦西来甫，目的是为了让这些人有机会接触异性。

208 页)

例 32—例 34 是谓词性短语和指示代词共现作定语的情况，谓词性短语通常外置于指示代词。如例 32 中状中短语 "uʃtumtut vɛ dʒaraŋliq tʃiq-（突然而响亮）" 外置于指示代词 "bu（这）"；例 33 中状中短语 "kiʃilɛrdɛ guman pɛjda qil-（让人产生怀疑）" 外置于指示代词 "bu（这）"；例 34 中连谓短语 "iʃχaniʁa kirip tapʃuruqlarni elip tʃiqip kɛt-（进办公室拿走作业）" 外置于指示代词 "aʃu（那）"。

例 35—例 38 是谓词性短语与数词连用作定语的情况，谓词性短语需要外置于数词。如例 35 中后置词短语 "tilʃunasliqqa da'ir（有关语言学）" 外置于 "bir qantʃɛ（几个）"；例 36 中 "maŋa ømyr boji untulma-（让我终身难忘）" 外置于 "bir（一）"；例 37 中状中短语 "tʃirajliq kijin-（穿着漂亮）" 外置于 "bir（一）"；例 38 中述宾短语 "uzun tʃapan kij-（穿长袷袢）" 外置于 "ytʃ（三）"。

例 39—例 43 是谓词性短语和形容词共现时的情况，谓词性短语需要外置于形容词。如例 39 中述宾短语 "mata-tʃɛkmɛn sat-（卖土布）" 外置于形容词 "kitʃik（小）"；例 40 中状中短语 "dɛrdmɛn mɛʃripidɛ tepiʃip qal-（在戴尔德曼麦西来甫上相识）" 外置于形容词 "qeri（老）"；例 41 中形容词性联合短语 "jeʃi ɛllikkɛ taqiʁan, tʃatʃ-saqalliri aqarʁan（年满 50 岁，须发俱白的）" 外置于 "ɛma（瞎的）"；例 42 中系动词短语 "《χudʒa ɦapiz》dɛ-（名叫《霍加哈菲兹》）" 外置于形容词 "baʃqa（另外）"；例 43 中系动词短语 "《gøɦɛr tepivalʁan defiqan dɛ-》（名叫寻宝的农夫）" 外置于形容词 "adʒajip（美妙）"。

在维吾尔语中，谓词性短语也可以内置于指示代词[①]。例如：

44. ɦeliqi kɛndʒi -ni guruppa baʃliq -liq -tin el -iv
　　那 坎吉（宾格） 队 头儿（关系形容词）（从格）拿（状态副动词）
-it -iʃ -kɛ qol køtyr -imɛn de -gɛn
（助动词）（称名动名词）（向格）手 举（1 单，将来时）（系动词）（完成形动词）
　jigit χapa bol -up
小伙子 生气 （系动词）（状态副动词）
"那个提议罢免坎吉组长的小伙子生气了"（《金库》60 页）

45. ɦeliqi qizil duχava doppa kij -gɛn, nomustʃan køz -lir
　　那 红 丝绒 花帽 戴（完成形动词）害羞 眼睛（复数）

[①] 在维吾尔语中，指示代词也具有漂移作用，但漂移至谓词性短语内的例子并不多见。

-i	-ni	duttar	-niŋ	jyz	-i	-din	neri qilmajdiʁan jigit
（3 单，从属）	（宾格）	都塔尔	（属格）	面	（3 单，从属）	（从格）	目不转睛　　小伙子

"那个头戴绒花帽，用害羞的眼睛目不转睛地盯着都塔尔的小伙子"（《金库》96 页）

例 44 中，系动词短语 "kɛndʒini guruppa baʃliqliqtin elivitiʃkɛ qol køtyrimɛn dɛ-（提议罢免坎吉组长）" 内置于指示代词 "ɦeliqi（那）"，例 45 中形容词性联合短语 "qizil duχava doppa kijgɛn, nomustʃan køzlirini duttarniŋ jyzidin neri qilmajdiʁan（头戴绒花帽，用害羞的眼睛目不转睛地盯着都塔尔的）" 内置于指示代词 "ɦeliqi（那）"。

在汉语中，谓词性短语作定语，可以外置于名词、形容词而内置于量词短语。如：

46. 董馆长是一个相当有经验的基层干部，他根本不听人嘴里说什么，只信任法律文件、组织给个人记录的档案和生活常识。（《所以》101 页）

47. 她手里挥动着几张揉皱的材料纸，说："臭小子，就缺你一个人了。来，出一份钱：两块。签个名。"（《烦恼人生》51 页）

48. 我穿着虽然破烂可是干干净净的衣服，脚上是我娘编的新草鞋。（《活着》49 页）

49. 鹅毛般的大雪纷纷扬扬地下起来。

50. 那次他给凤霞带来一根扎头发的红绸，是他捡来的。（《活着》44 页）

51. 几个身材苗条挺拔的姑娘挎着各式背包走过来，朝小白亲切地招呼。（《烦恼人生》56 页）

52. "谁呀！" 一个声音微微沙哑的女人在屋里问道。（《新编中国当代文学作品选》153 页）

53. 一个穿军服的同志挟着皮包匆匆走过。（《新编中国当代文学作品选》83 页）

54. 老王没等胡敏说完就问："你啥时候来接他？" 他翻着两只带血丝的眼。

55. "谁呀？" 一个苍老的声音从传达室里发出来。传达室门开了，一个穿着干部服的整洁的老头儿，站在门口。（《新编中国当代文学作品选》174 页）

56. 批评会上，韩常新分析道："林震同志没有和领导商量，擅自同意魏鹤鸣召集座谈会，这首先是一种无组织无纪律的行为……"（《新编中国当代文学作品选》97 页）

57. 那队长大发雷霆，拿起一把磨得雪亮的铡刀往我脚下一丢。（《新编中国当代文学作品选》489 页）

58. "别了。"她喃喃地说。一颗挂在脸颊上的冷泪滚落下来。(《烦恼人生》280 页)

59. 在我们厂里有些演员都没有受到应有的重视,甚至还有一种很不好的气氛,认为有些来自旧社会的演员,今天还没有能力创造出新的人物形象。(《新编中国当代文学作品选》453 页)

60. 第一次采到这么多新鲜蘑菇,对一个远来的客人是一桩最快乐的事。(《新编中国当代文学作品选》463 页)

61. 一股十分强烈的失望感忽然在我心头升起。

62. 这也是一种相当普遍的现象,有一批老党员,因为病、因为文化水平低,或者因为是首长爱人,他们挂着厂长、校长和书记的名,却由副厂长、教导主任、秘书或者某个干事做实际工作。(《新编中国当代文学作品选》102 页)

63. 我曾经读过一个让我感动的故事。(《初级汉语教程·第 2 册》151 页)

64. 周润祥是一个令人尊敬的领导同志,但是他工作太多,忙着肃反,私营企业的改造……各种带有突击性的任务。(《新编中国当代文学作品选》103 页)

65. 他点了点头,默默地摸过烟管,抓了一把牛毛似的烟丝,按到烟锅里,猛吸了几口。

66. 门中站着一个乞丐似的男人。

67. 年轻人一开始谈话,那张棱角分明的脸就显露出一种坚韧的精神。(《烦恼人生》275 页)

68. 五房四妹淑贞移动着她那双穿青缎子绣花鞋的小脚吃力地走过来。(暨南大学语料库)

69. 妈妈!肖素被捉走了。"她被捉走了?"母亲对女儿的好朋友是熟悉的。她也深深爱着那个坦率纯朴的姑娘,但她对这个消息竟有些漠然,她好像没有知觉似的沉默着,坐在阴影里。(《新编中国当代文学作品选》196 页)

当谓词性短语和名词共现作定语时,谓词性短语需要外置于名词。如例 46 中状中短语"相当有经验"外置于名词"基层",例 47 中述补短语"揉皱"外置于名词"材料"。

例 48—例 50 是谓词性短语和形容词共现作定语的情况,谓词性短语需要外置于形容词。如例 48 中主谓短语"我娘编"外置于"新";例 49 中比况短语"鹅毛般"外置于"大";例 50 中述宾短语"扎头发"外置于"红"。

例 51—例 66 是谓词性短语和数量短语共现作定语的情况,谓词性短语需要内置于数量短语。例 51、例 52 是主谓短语和数量短语共现作定语的用例，例 51 中主谓短语"身材苗条挺拔"内置于"几个"，例 52 中"声音微微沙哑"内置于"一个"。例 53—例 55 是述宾短语和数量短语共现作定语的用例，例 53 中述宾短语"穿军服"内置于"一个"；例 54 中"带血丝"内置于"两只"；例 55 中"穿着干部服"内置于"一个"。例 56 中，谓词性联合短语"无组织无纪律"和数量短语"一种"共同作定语时，"无组织无纪律"内置于"一种"。例 57、例 58 是述补短语和数量短语共现作定语的用例，例 57 中"磨得雪亮"内置于"一把"，例 58 中"挂在脸颊上"内置于"一颗"。例 59—例 62 是状中短语和数量短语连用的情况，例 59 中"很不好"内置于"一种"；例 60 中"远来"内置于"一个"、"最快乐"内置于"一桩"；例 61 中"十分强烈"内置于"一股"；例 62 中"相当普遍"内置于"一种"。例 63、例 64 是兼语短语和数量短语共现作定语的用例，例 63 中"让我感动"内置于"一个"，例 64 中"令人尊敬"内置于"一个"。例 65、例 66 是比况短语和数量短语连用作定语的情况，例 65 中"牛毛似的"内置于"一把"，例 66 中"乞丐似的"内置于"一个"。

例 67—例 69 是谓词性短语和指量短语共同作定语，谓词性短语内置于指量短语的情况。如例 67 中主谓短语"棱角分明"内置于"那张"；例 68 中述宾短语"穿青缎子绣花鞋"内置于"那双"；例 69 中形容词联合短语"坦率纯朴"内置于"那个"。

但是在汉语中，谓词性短语也可以外置于量词短语。例如：

70. 走在头里的是个穿绸衣的有钱人，他朝身后穿粗布衣服的三个挑夫摆摆手说："放下吧。"（《活着》26 页）

71. 继父接过我递给他的一支烟，很香、很甜地吸了一口，显得那样的满足。（《初级汉语教程·第 3 册》34 页）

72. 因为现在我在一个大学学习汉语，但不住在学校宿舍，而是住在离学校比较远的一所公寓里，所以每天必须早起。（《中级汉语教程·第 1 册》1 页）

73. 学校新聘的那位教师已经安排好住宿了吗？

74. 以后再联络你找胡敏英同志，就是刚才来的那个女同志。（《新编中国当代文学作品选》42 页）

75. 原来他就是我路上遇到的那位司机。（《初级汉语教程·第 3 册》22 页）

76. 这可真是"无巧不成书"，原来我的这位"顶头上司"就是上午被我在街上撞倒的那个人，我想起那句没礼貌的话，心里觉得很不好意思。（《新编中国当代文学作品选》259 页）

例 70 中述宾短语"穿粗布衣服"外置于数量短语"三个";例 71 中主谓短语"我递给他"外置于数量短语"一支";例 72 中状中短语"离学校比较远"外置于数量短语"一所";例 73 中主谓短语"学校新聘"外置于指量短语"那位";例 74 中状中短语"刚才来"外置于指量短语"那个";例 75 中主谓短语"我路上遇到"外置于指量短语"那位";例 76 中状中短语"上午被我在街上撞倒"外置于指量短语"那个"。

通过以上例子可以看出,汉维语中谓词性短语和名词、形容词共现作定语时需要外置于名词和形容词;当和指示代词(或指量短语)共现作定语时,可以外置于指示代词(或指量短语),也可以内置于指示代词(或指量短语);当和数词(或数量短语)共现作定语时,维吾尔语谓词性短语需要外置于数词(或数量短语),而汉语谓词性短语可以外置于数词(或数量短语),也可以内置于数词(或数量短语)。

那么指示代词和谓词性短语共现作定语时,哪一种是基本语序呢?

判断一种基本语序,霍金斯认为应该考虑三点:(1)在相关语言被验证存在的实际语料中,当一对双重词序中的一个出现的频率大大高于另一个时,则频率高的那个是基本语序;(2)在一种语言的语法系统中,当一对双重词序中的一个出现的频率高于另一个时,则频率高的那个是基本词序;(3)当在一种情况中,一对双重词序中的一个没有语法标记,而另一个有的话(例如,一种特殊的语法意义也许与一种词序有关联,而与另一种无关联;一种词序也许不适应于某种普遍规则,或者可以由更严格的规则生成),那么没有标记的词序是基本的词序。①

唐正大通过对大量书面语、口语以及方言的调查,将指示代词处于关系从句外和关系从句内的位置,分为"关内式"和"关外式"两种。② 即:

这/那(个/些)　— 关系从句(—的)　— 核心名词　(关内式)
关系从句(—的)— 这/那(个/些)　— 核心名词　(关外式)

唐正大指出"关内式是对于主语/话题的关系化","关外式是对于宾语的关系化",同时"关内式"在书面语中比较发达而在口语中高度萎缩,"关外式"在口语中多于"关内式"。在书面语中,主语关系化远多于宾语关系化;口语中,由于"关内式"萎缩,"关外式"仍以关系化宾语为绝对优势。在四分表格中的显示是:

---

① Hawkins,J.A.*Word Order Universals*.New York:Academic Press.1983,pp.119-120.
② 唐正大:《关系化对象与关系从句的位置——基于真实语料和类型分析》,《当代语言学》2007 年第 2 期。

关外式—宾语关系化	关内式—主语关系化
关外式—主语关系化	*关内式—宾语关系化

从四分表格中可以看出,"关内式"和"宾语关系化"是不相容,不和谐的,所以很难被允许。"关外式"是一种优势语序,即关系从句处于指示代词之外是一种倾向性语序。对此,唐正大提出了一条蕴涵共性假设:

如果某种语言存在"指示成分—关系从句—核心名词"的语序,且同时存在"指示成分—核心名词"这样的语序;那么必然同时存在"关系从句—指示成分—核心名词"这种语序。用公式表示为:

[指—关—核] ∩ [指—名] ∩ [关—指—核]

通过唐正大的研究,再根据霍金斯对基本语序判断的标准,可以看出指示代词置于谓词性短语之内是优势语序。

那么为什么指示代词要内置于谓词性短语呢?这是因为指示代词属于外延性定语,而谓词性短语属于内涵性定语。通常情况下,外延性定语置于内涵性定语之外,所以按照常理指示代词应该置于谓词性短语之外,虽然这样能够尽早确认名词短语身份,但是指示代词距离核心词太远,就会违反"语义靠拢原则"。汉语中因为量词丰富,当它和指示代词组合成指量短语后,由于量词语义的明晰性,从而使得指示代词所指明确。而维吾尔语量词不发达,指示代词距离核心词太远,会造成所指不明确,同时会产生歧义结构。因此为了消除歧义,指示代词漂移至谓词性短语之内,这样可以使谓词性短语作为一个复杂成分事先激活,也可以使指示代词靠近核心词,所指明确,同时还能够消除歧义,起到一举三得的作用。

汉语中数词的漂移作用和指示代词具有相同的作用。

通过语料分析,可以看出名词性短语充当领属性定语时,因为所指明确,无需再有其他修饰语,所以通常置于多重定语的最外层。如果充当的是属性定语,通常外置于形容词、名词,而内置于其他短语。至于谓词性短语,通常情况下内置于表领属的名词性短语,同时以外置于指示代词(或指量短语)、数词(或数量短语)为优势语序。当和形容词、名词共现作定语时,谓词性短语一般置于名词、形容词之外。

第六节 动词在多重定语中的分布顺序及其理据

一 汉语动词作定语的情况

在现代汉语中,动词作定语的情况有"V+N"和"V+的+N"格式,这两种格式都可以由"单音节动词+单音节名词"、"单音节动词+双音节名词"、"双音节动词+单音节名词"、"双音节动词+双音节名词"的形式构成。如：

活鱼	死人	飞鸟	剩饭	炒菜
瞎眼睛	炒茄子	冻豆腐	烂苹果	煎鸡蛋
保证人	表扬信	退休费	宣传部	毕业班
学习地点	改造过程	斗争方式	支配地位	处置方法
读书时间	读报方法	飞行时间	试验设备	办公桌子
研究资料	学习文件	伪造证件	考试成绩	健身器材
理发工具	发言提纲	分析方法	出租汽车	驾驶学校
看的书	写的字	喝的水	吃的饭	开的车
听的音乐	教的老师	买的学生	笑的样子	喝的汽水
微笑的脸	颤动的心	飘浮的云	摇晃的灯	倒塌的墙
前进的方向	维修的车辆	投递的信件	种植的树木	观看的人群

动词具有动态性和变化性，主要充任谓语，而定语的典型语义特征是固定性和不变性，因此动词充任定语不是动词的典型功能。当惯常充任谓语的动词充任定语时，需要附加标记"的"。例如：

1. 窗外，晃动着几个歪歪扭扭的身影，有低低的嬉笑的声音。(《新编中国当代文学作品选》149 页)

2. 这个……她不好意思地摸了一下一张橡皮纸："大概这是可笑的，我给自己规定了一个竞赛的办法。(《新编中国当代文学作品选》114 页)

3. 一位怀孕的女士甚至觉得放在那儿碍眼，想叫服务员把它拿走。(《中级汉语教程·第 1 册》17 页)

4. 我竭尽所能，出了一万块钱（就算叶爱红那套进口的真丝内衣是我买的），算是尽了我的一点心意。(《所以》259 页)

当动词和其他定语共现时，如果没有表质料的属性名词作定语，动词通常内置于其他定语，和核心词距离较近，如例 1 中"嬉笑"内置于形容词"低低"，和核心词"声音"距离较近；例 2 中"竞赛"内置于数量短语"一个"，和核心词"办法"距离较近；例 3 中"怀孕"内置于数量短语"一位"，和核心词"女士"距离较近。当核心词前有表质料的属性名词作定语时，动词一般外置于属性名词。如例 4 中的"进口"外置于表质料的属性名词"真丝"。

动词除了附加"的"作定语外，还可以直接作定语修饰核心词。邵敬敏对《动词用法词典》考查的结果是 688 个双音节动词中有 628 个能够直接修饰名词，占双音节动词的 90%以上。但从实际使用情况来看，动词作定语的出现率仅为 6.52%。①通常情况下，当动词在语义上表示具体可见的实际动作，在话语功能上用于报道特定场景中真实发生在动作参与者身上的事件时，它的动词性就较强，这时候动词作定语就要受到较多限制。所以当动词直接作定语修饰核心词时，其功能不是报道特定场景中实际发生的事件，而是表达事物在某方面的属性。例如当单音节动词直接作定语时，表示的就是某种状态或方式，构成的是一个整合性很高的类名。如：

5. 桌上摆了六盘四碗的菜：冷盘是香肠卤肝，金钩拌莴笋之类。（暨南大学语料库）

6. 船在岩石上搁浅，船夫在遇救前只好靠活鱼维持生命。（暨南大学语料库）

7. 炉台一面的墙上挂着一个古旧的挂钟，钟摆在玻璃后面无声地摆动着。（《路遥小说选》139 页）

8. 他又爬到那个空空的破坛子口上，把干瘦的小手伸进坛子里去，用指头沾点盐水，填到口里吮着；最后竟忍不住伸手抓了一根腌豆角往嘴里填。（《新编中国当代文学作品选》41 页）

9. 她忽然瞥见何嫂端了两大碗热气腾腾的焖豆腐走过来，便接过了一碗放到桌上，然后走开去把饭锅子放到煤油炉子上面。（暨南大学语料库）

例 5—例 7 中的"卤肝"、"活鱼"、"挂钟"都是"单音节动词+单音节名词"的形式，例 8、例 9 中的"腌豆角"、"焖豆腐"是"单音节动词+双音节名词"的形式，不论是哪种形式，动词和名词组合后都是一个整合性很高的类名，形成了一个称谓，中间不能插入其他成分。当和别的定语连用时，动词需要内置于其他定语，如例 8 中，"腌"内置于数量短语"一根"，例 9 中"焖"内置于数量短语"两大碗"和形容词"热气腾腾"。

在现代汉语中，动词作定语时，单音节动词在能力和数目上远远小于双音节动词，那么为什么双音节动词更易于作定语呢？张国宪认为，大多数 $V_{双}$ 兼有名词的某些特点，是一种动/名双功能词，从历时的角度考察可以认为 $V_{双}$ 正处在向名词一端漂移的过程。在这一转变中，双音节起了很重要的作用。由于现代汉语双音节名词占绝大多数，并且双音化先于动词，而动词尤其是常用动词恰好相反，是单音节占多数，再加上汉语缺少形态标记，这就给使用汉语的人造成了双音节是名词，单音节是动词的假象，因而也较容易把具有名词语音形式特征的双音节动词用于名词框架，促成

---

① 沈家煊：《不对称和标记论》，江西教育出版社 1999 年版，第 270 页。

了双音节动词的转变。①除此之外，单音节动词是纯性动词，当它作定语时，决定了要受到多种因素制约，词语搭配受限较大，自由度低，能够直接实现定中关系组合的数量有限。因此单音节动词在一定条件下能充当定语，但其概率较低。

当双音节动词直接作定语时，主要指称实际的事件，表示的是事物稳固的属性。双音节动词和名词组合时通常构成述宾短语，由于双音节动词直接修饰名词时，是兼有动词和名词双重性质的双音节词，动性较弱，无法激活述宾关系，于是用以称谓定语，并且从动作行为的角度对事物进行下位分类，构成核心词所表示事物范畴的次范畴，这样就形成了一个新的类名，固定性较强。受双音节动词修饰的名词在语义上往往比较抽象，在语言运用时语义上不能自足，并且生命度较低，因此也不能成为动作的支配对象。

双音节动词直接作定语时，无论从结构上还是意义上都具有结合紧密、凝固性高的特点，具有明显的称谓性，一般和核心词的距离较近。例如：

10. 大家轮流谈自己的恋爱生活，约好了，一定要坦白。(《新编中国当代文学作品选》48 页)

11. 老师说我画得好，就把它拿去，挂在学校的展览橱窗里展出了，我看了以后觉得又高兴又不好意思。(《初级汉语教程·第 2 册》13 页)

12. 据我所知，美国洛斯阿拉莫斯实验室里的保密措施十分严密，根本就不可能泄露什么机密。(暨南大学语料库)

13. 除了学习专业课以外，我还参加了一个书画学习班，学习毛笔写字、画国画儿，我觉得十分有趣。(《初级汉语教程·第 2 册》133 页)

14. 她写的论文《护理工作和病员心理》登在了全国性护理杂志上。(《初级汉语教程·第 3 册》173 页)

15. 这是一间泥土小房，房周围也堆着许多防汛器材。(《新编中国当代文学作品选》264 页)

16. 一天我去学校领毕业证书时，看见校门旁边贴着一张招聘广告。(《初级汉语教程·第 3 册》109 页)

17. 只要老郝带着头的，而且是一个善良的死者，人们就自觉地除下帽子，排到队伍里去。没有灵幡，没有花圈，没有旗帜，没有哀乐，只是默默行进中的送葬队伍，这对一个朴实的老工人来说，那是再合适不过的葬礼了。(《新编中国当代文学作品选》206 页)

18. 让我歌唱这芬芳的土地上的新的爱情，新的建设，树立起来的新的

---

① 张国宪：《"动+名"结构中单双音节动作动词功能差异初探》，《中国语文》1989 年第 3 期。

纪念碑！"（《新编中国当代文学作品选》498 页）

例 10 中，"恋爱"和人称代词"自己"作定语共同修饰"生活"，人称代词充当的是领属性定语，可别度等级较高，无需其他成分修饰，需要置于最外层，所以"自己"外置于"恋爱"。例 11 中，动词"展览"和名词"学校"共现修饰核心词"橱窗"，"学校"充当的也是领属性定语，所以需要外置于"展览"。例 12 中，方位短语"美国洛斯阿拉莫斯实验室里"属于非典型的领属性定语，需要外置于动词"保密"。例 13 中，动词"学习"和名词"书画"、数量短语"一个"共现作定语，名词"书画"不是表示质料的属性名词，需要外置于"学习"。数量短语"一个"是外延性定语，需要外置于"书画"、"学习"等内涵性定语。例 14 中，动词"护理"内置于区别词"全国性"。例 15 中，动词"防汛"和数词"许多"共同修饰核心词"器材"，"防汛"内置于"许多"，和"器材"距离较近。例 16 中，动词"招聘"和数量短语"一张"共同修饰核心词"广告"，"招聘"内置于"一张"。例 17 中，动词"送葬"和方位短语"默默行进中"共现修饰"队伍"，"送葬"内置于"默默行进中"。例 18 中，动词"纪念"和述补短语"树立起来"、形容词"新"共同修饰核心词"碑"，"纪念"内置于"树立起来"和"新"。

二 维吾尔语动词作定语的情况

维吾尔语中动词词干不能直接作定语，需要转换成非人称形式的形动词或动名词形式后才可以充当定语。如：

19. kør   -yp   bol   -ʁan   kitab -lar -ni   kitab dʒazi
    看（状态副动词）（助动词）（完成形动词）书（复数）（宾格） 书 架子
    -si   -ʁa qoj   -up   qoj   -uŋ.
    （3 单，从属）（向格）放（状态副动词）（助动词）（2 尊，祈使）

    "把看过的书放到书柜里去吧。"

20. mɛn oqu   -p   jyr   -gɛn   kitab - im   -ni
    我   读（状态副动词）（助动词）（完成形动词）书（1 单，从属）（宾格）
    u -niŋ qol   -i   -ʁa ber   -dim.
    他（属格）手（3 单，从属）（向格）给（1 单，过去时）

    "我把正在读的书递到他手里。"（《往事》48 页）

21. øgin   -iʃ   ʃaraʔit   -i   qandaq?
    学习（称名动名词）环境 （3 单，从属）怎样

    "学习环境怎么样？"

（一）形动词作定语的情况

在维吾尔语中，形动词的功能相当于形容词和动词。当它作定语时，要外置于形容词、数词、指示代词而内置于领属性定语。如：

22. øt -kɛn -diki dʒapaliq jil -lar tʃyʃ -tɛk
过去（完成形动词）（范围格） 艰难　岁月（复数）梦（形似格）
bil -in -ɛtti.
知道（中动态）（3 单，直陈相对将来时）

"过去的艰难岁月恰似一场春梦。"（《流浪者酒家》92 页）

23. ɛznɛm apa -m titrɛ -p tur -ʁan
艾孜乃姆 大婶（1 单，从属）颤抖（状态副动词）（助动词）（完成形动词）
oŋ qol -i bilɛn jyz -i -ni tosa -p buqulda
右　手（3 单，从属）（后置词）脸（3 单，从属）（宾格）挡（状态副动词）发出呜呜声
-p jiʁli -di.
（状态副动词）哭（3 单，过去时）

"艾孜乃姆大婶用颤抖的右手蒙住脸，呜呜地哭了起来。"（《金库》144 页）

24. ustam, set -iv -ɛt -idiʁan az -raq
师傅　卖（状态副动词）（助动词）（未完成形动词）较少（比较级）
bir nɛrsɛ bar idi.
一　东西　有（系动词，3 单）

"师傅，有一点要卖的东西。"（《流浪者酒家》166 页）

25. "ɛmdi -ʁu qol -um -ʁa tʃyʃ -kɛnsɛn." — de
现在（语气词）手（1 单，从属）（向格）落（2 单，或然一般过去时）　说
-di. Xirildi -ʁan bir avaz.
（3 单，过去时）喘（完成形动词）一　声音

"'总算找到你了。' 一个气喘吁吁的声音说到。"（《流浪者酒家》216 页）

26. qal -ʁan ikki baʁ bedi -ni jɛnɛ toʁra -p sel
剩下的（完成形动词）二　把　苜蓿（宾格）又　铡（状态副动词）（助动词）
-ip bɛr -dim.
（状态副动词）（助动词）（1 单，过去时）

"我又把剩下的两把苜蓿铡了添上。"（《往事》272 页）

27. saraŋ ʃoji -niŋ qil -ivatqan bu ɛXmiqanɛ qiliq -lir -i
疯　少爷（属格）干（持续形动词）这　愚蠢　行为（复数）（3 单，从属）
-ʁa atʃtʃiʁ -i kɛl -ip tur -ʁan bir adɛm.
（向格）生气（3 单，从属）（系动词）（状态副动词）（助动词）（完成形动词）一　人

"一个人对疯少爷这种愚顽的行为很是恼怒。"（《往事》68 页）

28. uɤ-niŋ   tart   -qan   un   -i   jumʃaq, obdan tʃiq
    他（属格）磨（完成形动词）面（3单，从属） 软   好   出来
              -atti.
（3单，直陈相对将来时）
    "他磨出的面又细又好"。

形动词具有形容词的特征，但特征又不如形容词典型，所以和形容词共现时，需要外置于形容词。如例 22 中形动词"øtkɛn（过去的）"外置于形容词"dʒapaliq（艰难）"；例 23 中形动词"titrɛp turʁan（颤抖的）"外置于形容词"oŋ（右）"；例 24 中"setivetidiʁan（卖的）"外置于形容词比较级"azraq（比较少）"。

当形动词和数词、指示代词共现作定语时，形动词外置于数词和指示代词，因为这样符合"内小外大原则"。如例 25 中"χirildiʁan（喘的）"外置于数词"bir（一）"；例 26 中"qalʁan（剩下的）"外置于数词"ikki（二）"；例 27 中"qilivatqan（干的）"外置于指示代词"bu（这）"。

当形动词和人称代词作定语共现时，因为人称代词充任的是领属性定语，需要置于多重定语的最外层，所以形动词需要内置于人称代词，如例 28 中"tartqan（磨的）"内置于由人称代词充任的领属性定语"u（他）"。

（二）动名词作定语的情况

在维吾尔语中，当动名词充当定语时，通常内置于形容词、数词、指示代词，和核心词的距离较近。如：

29. ilʁar iʃleptʃiqir -iʃ   kytʃ   -i
    先进   生产（称名动名词）力量（3单，从属）
    "先进的生产力"（《汉维共时对比语法》406 页）

30. bir netʃtʃɛ χil jeɲitʃɛ davala -ʃ   usul   -i   ystidiki
    几个   种 新型 治疗（称名动名词）方法（3单，从属）（后置词）
    sinaq   -lir   -im   netidʒɛ qazin   -ip
    实验（复数）(1单，从属) 成绩 取得（状态副动词）
    "我实验成功的几种新型的医疗方法"（《流浪者酒家》92 页）

31. men bu natonuʃ ʃɛhɛr -niŋ kotʃi -lir   -i   -da bir netʃtʃɛ kyn
    我 这 不认识 城市（属格）街道（复数）(3单，从属)（方位格） 几个   天
    sɛrgɛrdan bol   -up   jyr   -dym.
    流浪者（系动词）（状态副动词）（助动词）（1单，过去时）
    "我在这个不熟悉的城市街道上流浪了几天。"（《流浪者酒家》204 页）

动名词具有名词的特征，能够和核心词构成一个整合性较高的类，形成一种称谓，因此通常内置于其他定语，和核心词的距离较近。如例 29 中，

动名词"iʃleptʃiqiriʃ（生产）"和形容词"ilʁar（先进）"共同作定语时，内置于"ilʁar（先进）"，和核心词"kytʃ（力量）"结合比较紧密。例 30 中，动名词"davalaʃ（治疗）"内置于数量短语"bir netʃtʃɛ Xil（几种）"和形容词"jenitʃɛ（新型的）"而紧邻核心词"usul（方法）"。例 31 中，动名词"natonuʃ（不认识）"内置于指示代词"bu（这）"，和核心词"ʃefier（城市）"距离较近。

可以看出，动词以作谓语为常，作定语时受到的限制较大。在汉语中动词作定语有"V+的+N"和"V+N"两种格式。如果不是对核心词进行分类，通常构成"V+的+N"的格式。如果是对核心词进行分类，通常构成"V+N"格式。"V+N"整体性强，在功能上更接近单个名词。①因此 V 与 N 结合紧密，中间不能插入其他修饰成分。在维吾尔语中，动词词干不能直接作定语，其非人称形式的形动词或动名词形式才可以充当定语。形动词兼有形容词和动词的功能，作定语修饰核心词时不如形容词更能反映核心词的属性，一般外置于形容词、数词、指示代词而内置于领属性定语。动名词充当定语时，因为具有名词的特征，能够和核心词构成一个称谓，所以一般紧邻核心词，而内置于形容词、数词和指示代词。

第七节　板块组合对语序的影响

在论述汉维多重定语语序相异点时，我们曾说到词语组合不同会造成语序的相异。例如：

1. partiji-niŋ　jeni nizamnami　-si　maqulla　-n　-di.
　　党（属格）新　　章程　（3 单，从属）通过　（被动）（3 单，过去时）
"通过了新党章。"（《汉维共时对比语法》）

2. ɦazir,　dʒuŋgo -ʁa tadʒavuz　qil　-idiʁan　jeni uruʃ, tʃamimtʃɛ
　　现在　中国（向格）侵略（助动词）（未完成形动词）新　战争　　估计
qisqa vaqit itʃi　-dɛ　bol　-ma　-jdiʁan　-dɛk　tur
短　时间　内 （方位格）（系动词）（否定）（未完成形动词）（形似格）（系动词）
　　-idu.
(3 单，将来时)

"现在新的侵华战争估计短时期内打不起来。"（《汉维翻译教程》130 页）

例 1 中，汉语"新党章"在维吾尔语中的表达是"partijiniŋ jeni nizamnamisi

---

① 齐沪扬：《与名词动词相关的短语研究》，北京语言大学出版社 2004 年版，第 143 页。

（党的新章程）"，"jeŋi（新）"置于"nizamnamɛ（章程）"之外，而不像汉语"新"置于"党"之外。那么其中的原因是什么呢？

我们知道语言是由词或短语组合而成的，但并不是每个词和词、词和短语都能组合，并且构成有意义的单位。例如"我¹昨天上午²从图书馆³借了本书"，这个句子共由 13 个语素组成，13 个语素的可能排列是 C_{13}^2 种之多，但实际上合乎语法的并不多，这是因为有些语素必须排列在一起，而不能分开，如"昨天"。因为它们总在一起，所以可以作为一个单位处理。同时有些词和词需要排列在一起，不能分开，如"昨天上午"。因此这 13 个语素组合在一起的时候，不能分开只能当作一个单位去处理的只有四块，即"我"、"昨天上午"、"从图书馆"、"借了本书"，单位可能是词，也可能是短语。对于这些不同性质、不同等级，但在某一具体环境下却表现出相同整体性的单位，陆丙甫称之为"块"。①他认为人们在听话的过程中，不是听完一句话才去分析、理解的，而是边听边理解，这个过程不是分析性的，而是组合的过程——"块（chunk）"的组合的过程。组块分析能使听话者在听的过程中总是及时地对听过的词语及时进行加工，把能处理、清理的东西及时地处理、清理掉，其中最重要的一方面就是把能组合起来的较多的若干小单位及时地组合成少数较大的单位，从而使记忆在短时记忆中的离散单位控制在一个极有限的范围内。②

但"块"不是随意组成的，通常具有较强的稳定性和整体性，它们在语序调动中是作为一个整体单位出现的，在语句中起决定作用的是核心。每个块都是作为整体附加到核心上去的，板块之间的组合需要按照一定的轨层进行。如"我昨天上午从图书馆借了本书"，这句话由四个板块组成，核心是动词"借"。之所以选择动词为核心，是因为几乎在所有的句子中都有动词存在，动词最为可靠，所以用动词作核心比较方便。和核心"借"首先组成板块的是"借了本书"，然后"借了本书"作为核心和"从图书馆"构成一个板块"从图书馆借了本书"，接着"从图书馆借了本书"和"昨天下午"组合成一个更大的板块"昨天下午从图书馆借了本书"，最后这个板块再和"我"构成一个最大的板块"我昨天下午从图书馆借了本书"，其中"借"是"终极核心"。这个句子的轨层结构如下：

---

① 陆丙甫：《流程切分和板块组合》，《语文研究》1985 年第 1 期。
② 陆丙甫：《核心推导语法》，上海教育出版社 1993 年版，第 190 页。

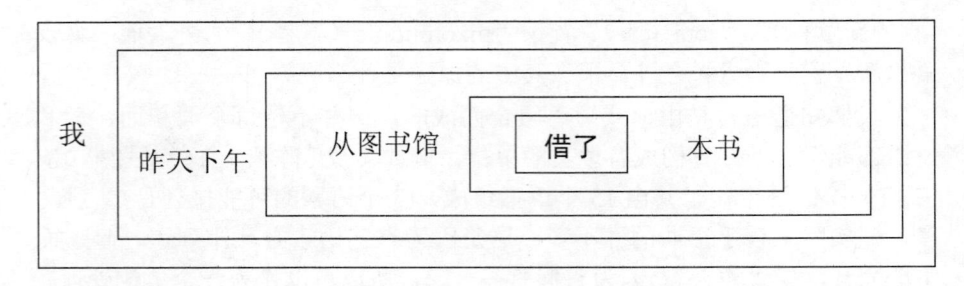

```
┌─────────────────────────────────────────────────────────────┐
│      ┌──────────────────────────────────────────────────┐   │
│      │         ┌─────────────────────────────────────┐  │   │
│      │         │              ┌──────┐               │  │   │
│  我  │ 昨天下午│   从图书馆   │ 借了 │      本书     │  │   │
│      │         │              └──────┘               │  │   │
│      │         └─────────────────────────────────────┘  │   │
│      └──────────────────────────────────────────────────┘   │
└─────────────────────────────────────────────────────────────┘
```

可以看出每一个板块都有一个核心，当一个板块和另一个板块构成更大的板块时，其中的一个板块就成了核心。这意味着在全局的核心之下，又可以有局部的核心。在局部核心之下，又可以有下一级的核心，因此板块可以层层套叠。

现在来看例 1，汉语"通过新党章"中谓语动词"通过"是核心，它和"新党章"构成了一个大的板块。用轨层结构表示为：

```
┌─────────────────────────────────────────────────────────────┐
│              ┌──────┐                                        │
│              │ 通过 │           新党章                       │
│              └──────┘                                        │
└─────────────────────────────────────────────────────────────┘
```

"新党章"作为一个整体和"通过"组合，但是"新党章"本身也是一个板块，在这个板块中"党章"是核心。其轨层结构表示为：

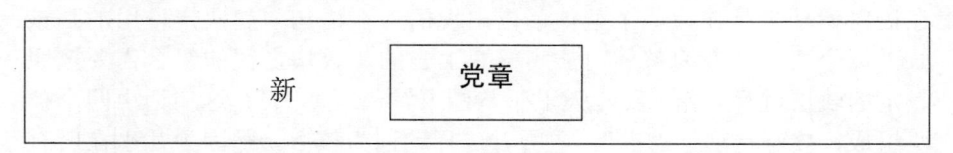

```
┌─────────────────────────────────────────────────────────────┐
│                         ┌──────┐                             │
│           新            │ 党章 │                             │
│                         └──────┘                             │
└─────────────────────────────────────────────────────────────┘
```

而维吾尔语"partijiniŋ jeŋi nizamnamisi maqullandi（通过了党的新章程）"中，核心是动词"maqullandi（通过）"，和核心构成板块的是"partijiniŋ jeŋi nizamnamisi（党的新章程）"。用轨层结构表示为：

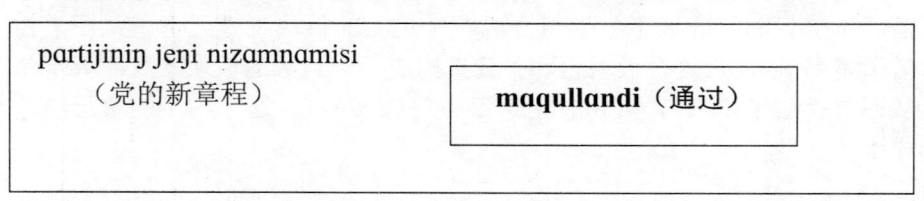

```
┌─────────────────────────────────────────────────────────────┐
│   partijiniŋ jeŋi nizamnamisi      ┌─────────────────────┐  │
│        （党的新章程）               │ maqullandi（通过）  │  │
│                                    └─────────────────────┘  │
└─────────────────────────────────────────────────────────────┘
```

在"partijiniŋ jeŋi nizamnamisi（党的新章程）"这个板块中，核心是"nizamnamɛ（章程）"，然后"nizamnamɛ（章程）"和"jeŋi（新）"构成"jeŋi nizamnamɛ（新的章程）"，最后"jeŋi nizamnamɛ（新的章程）"和"partijɛ（党）"组合，构成"partijiniŋ jeŋi nizamnamisi（党的新章程）"，其轨层结

构表现为：

```
┌─────────────────────────────────────────────────────────────┐
│ partijiniŋ                                                  │
│ （党的）    jeŋi（新）                    si（3 单，从属）    │
│          ┌──────────────────────┐                           │
│          │   nizamnamɛ（章程）   │                           │
│          └──────────────────────┘                           │
└─────────────────────────────────────────────────────────────┘
```

通过分析可以看出，汉维语第一层核心都是"通过（maqullandi）"，但是在和"通过（maqullandi）"组成的板块中，汉语板块的核心是"党章"，维吾尔语的核心则是"nizamnamɛ（章程）"，因为核心不同，所以再和其他板块组合时就形成了不同的语序。那么为什么汉语第二板块的核心是"党章"，而维吾尔语的核心不能是"partijɛ（党）"和"nizamnamɛ（章程）"的组合呢？这是因为核心强调稳定性，汉语中"党"和"章"组合后形成了一个复合词，二者结合非常紧密，中间不能插入其他成分，所以"新"这个板块只能和"党章"这个整体板块组合。而维吾尔语中"partijɛ（党）"和"nizamnamɛ（章程）"组合成"partijiniŋ nizamnamisi（党章）"时，两个板块之间用属格标记"-niŋ"连接，距离相对较远，稳定性较差，所以中间可以插入像"jeŋi（新）"这样的板块。

如果维吾尔语表达和汉语语序一致，即"新—党—章"，意思就会发生变化。即：

3. jeŋi partiji-niŋ　nizamnami -si　　maqulla -n　　-di
　　新　党　（属格）　章程　（3 单，从属）　通过　（被动）（3 单，过去时）
　"通过了新党的章程"

"partijɛ（党）"处于"jeŋi（新）"和"nizamnamɛ（章程）"之间，它既可以与"jeŋi（新）"组合，也可以和"nizamnamɛ（章程）"组合。"对于语句中既能同其前置成分直接结合，又能同其后置成分结合的中间单位，降低处理难度的一个基本原则是先同其前置成分结合起来，这可称为'及时组块'的策略。"[①]所以"partijɛ（党）"如果和"jeŋi（新）"组合，二者中间没有形式标记，概念距离较近，稳定性较强。而"partijɛ（党）"与"nizamnamɛ（章程）"组合时，二者之间需要用属格"-niŋ"连接，概念距离较远，稳定性较差，因此"partijɛ（党）"和"jeŋi（新）"更易组合成一

---

① 陆丙甫：《核心推导语法》，上海教育出版社 1993 年版，第 198 页。

个板块。可是"jeŋi partijiniŋ nizamnamisi"虽然在语序上和汉语一致了，意思却变成了"新党的章程"。

下面我们再来看例2。在例2中汉维语都由5个板块构成，即"现在（ɦazir）"、"新的侵华战争（dʒuŋgoʁa tadʒavuz qilidiʁan jeŋi uruʃ）"、"我估计（tʃamimtʃɛ）"、"短时期内（qisqa vaqit itʃidɛ）"、"打不起来（bolmajdiʁandɛk turidu）"，其中有一个下级板块"新的侵华战争（dʒuŋgoʁa tadʒavuz qilidiʁan jeŋi uruʃ）"。汉语"新的侵华战争"中的核心是"战争"，"战争"和"侵华"构成一个较大的板块"侵华战争"。"侵华"和"战争"结合紧密，中间没有形式标记，稳定性较强。"侵华战争"作为核心，又和"新"构成一个更大的板块"新的侵华战争"。其轨层结构表示为：

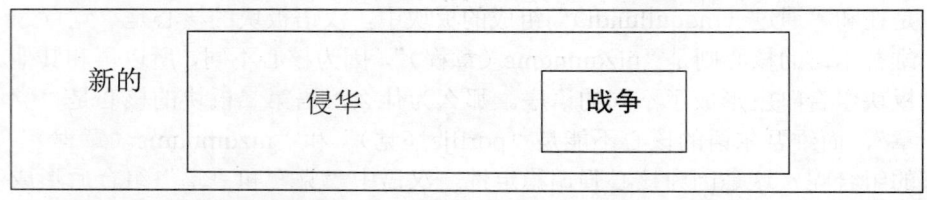

| 新的 | 侵华 | 战争 |

维吾尔语"dʒuŋgoʁa tadʒavuz qilidiʁan jeŋi uruʃ（侵略中国的新的战争）"中，"uruʃ（战争）"是核心，"jeŋi（新）"和"uruʃ（战争）"构成板块，二者结合紧密，整合度较高。这个板块和"dʒuŋgoʁa tadʒavuz qil-（侵略中国）"组合时，需要附加未完成形动词标记"-idiʁan"，可见"dʒuŋgoʁa tadʒavuz qil-（侵略中国）"和"jeŋi uruʃ（新战争）"结合度较弱，稳定性较差。其轨层结构表示为：

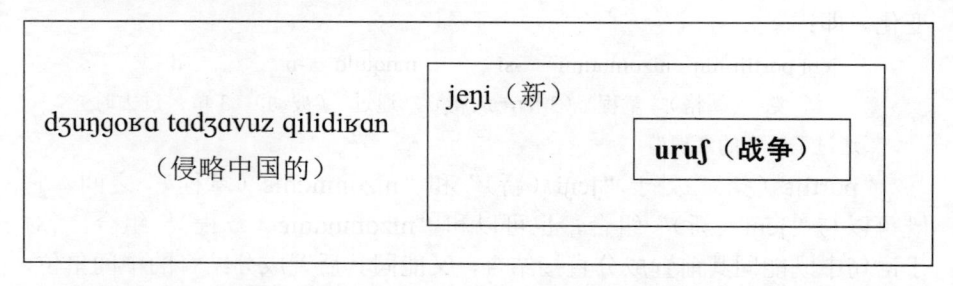

| dʒuŋgoʁa tadʒavuz qilidiʁan（侵略中国的） | jeŋi（新） | uruʃ（战争） |

如果维吾尔语和汉语语序一致，即"新—侵华—战争"，维吾尔语表述为：
4. ɦazir, jeŋi dʒuŋgo -ʁa tadʒavuz qil -idiʁan uruʃ, tʃamimtʃɛ
　　　　 现在　　新　中国（向格）侵略（助动词）（未完成形动词）战争　我估计
qisqa vaqit itʃi -dɛ　　bol -ma -jdiʁan -dɛk tur
　短　时间　内（方位格）（系动词）（否定）（未完成形动词）（形似格）（系动词）
-idu.
(3单，将来时)

第四章 汉维语多重定语语序的格局及其理据

"现在侵略新中国的战争估计短时期内打不起来。"

例 4 中，维吾尔语板块组合采取的是"及时组块策略"，即"dʒuŋo（中国）"首先和"jeŋi（新）"构成一个板块，二者结合稳定且没有形式标记连接。然后"jeŋi dʒuŋo（新中国）"作为核心又和"tadʒavuz qil-（侵略）"构成一个更大的板块"jeŋi dʒuŋoʁa tadʒavuz qil-（侵略新中国）"，二者之间需要用向格"-ʁa"连接，结合的紧密程度开始降低。其轨层结构为：

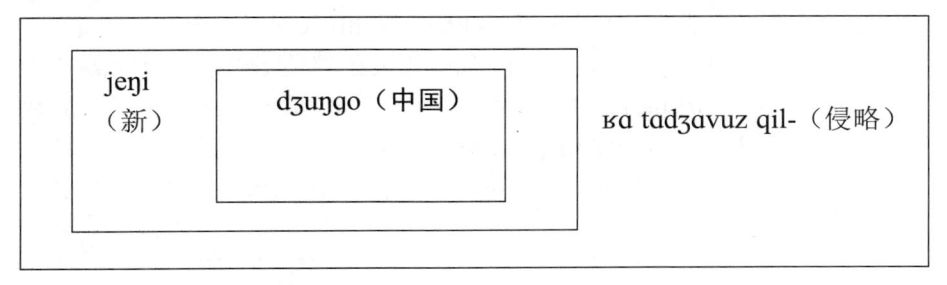

```
┌─────────────────────────────────────────────────┐
│  jeŋi     ┌──────────────────────┐              │
│ （新）    │  dʒuŋo （中国）      │  ʁa tadʒavuz qil-（侵略）
│           └──────────────────────┘              │
└─────────────────────────────────────────────────┘
```

在具有同样语序的汉语"新的侵华战争"中，和"新"组合的板块是"侵华战争"，而不是"中国"，所以组块不同，即使表面看上去语序相同，其意思也会发生变化。

这样的例子还有：

5. dʒuŋo kommunistik partiji   -si   -niŋ memliketlik 17-nøvetlik
   中国   共产   党（3单，从属）（属格）全国   17   届
   vekil -ler qurultij -i
   代表（复数）大会（3单，从属）

"中国共产党第十七届全国代表大会"

在"dʒuŋo kommunistik partijisiniŋ memliketlik 17-nøvetlik vekiller qurultiji（中国共产党第十七届全国代表大会）"这个大板块中，有一个下级板块"memliketlik 17-nøvetlik vekiller qurultiji（第 17 届全国代表大会）"。在汉语中"大会"是核心，"大会"和"代表"构成一个较大的板块"代表大会"后，又作为核心和"全国"构成一个更大的板块"全国代表大会"，几个板块在组合过程中没有形式标记，距离较近，所以稳定性强，然后"全国代表大会"再和"第 17 届"结合，构成"第 17 届全国代表大会"。其轨层结构表现为：

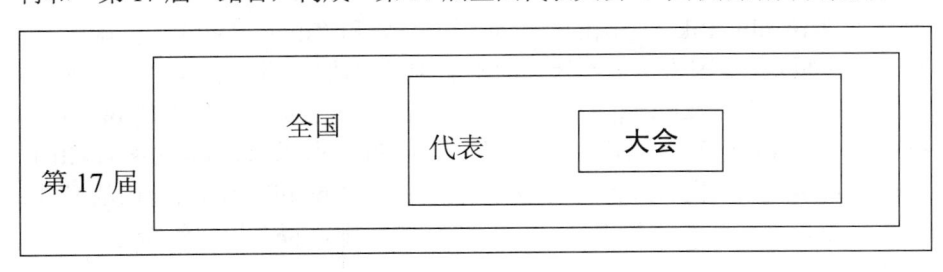

```
┌─────────────────────────────────────────────┐
│         ┌───────────────────────────────┐   │
│         │  全国   ┌──────┐  ┌──────┐    │   │
│         │         │ 代表 │  │ 大会 │    │   │
│         │         └──────┘  └──────┘    │   │
│ 第 17 届 │                               │   │
│         └───────────────────────────────┘   │
└─────────────────────────────────────────────┘
```

在维吾尔语"mɛmliketlik 17-nøvetlik vekiller qurultiji（全国第 17 届代表大会）"中，核心是"qurultɑj（大会）"，它和"vekiller（代表）"构成一个较大的板块"vekiller qurultiji（代表大会）"。这个较大的板块继而作为核心和"17-nøvetlik（第 17 届）"构成一个更大的板块"17-nøvetlik vekiller qurultiji（第 17 届代表大会）"。"17-nøvet（第 17 届）"是一个数量短语，在附加了关系形容词标记"-lik"后和"vekiller qurultiji（代表大会）"组合成块，因此和"vekiller qurultiji（代表大会）"距离较远。"17-nøvetlik vekiller qurultiji（第 17 届代表大会）"是全国的，因此这个板块最后又和"mɛmliketlik（全国的）"构成一个更大的板块"mɛmliketlik 17-nøvetlik vekiller qurultiji（全国第 17 届代表大会）"。两个板块之间也是由关系形容词标记"-lik"连接的，因此板块之间的距离也较远。其轨层结构表现为：

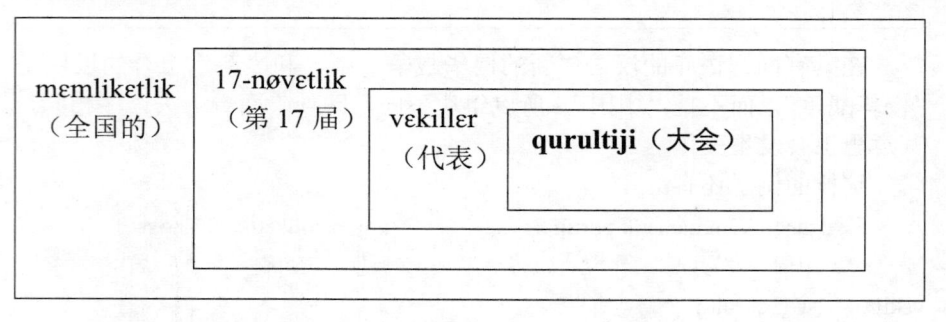

| mɛmliketlik（全国的） | 17-nøvetlik（第 17 届） | vekiller（代表） | **qurultiji（大会）** |

"17-nøvetlik（第 17 届）"介于"mɛmliketlik（全国的）"、"和"vekiller qurultiji（代表大会）"之间，但是它不能和"mɛmliketlik（全国的）"构成有意义的单位，因此不能组合成块，而只能与"vekiller qurultiji（代表大会）"结合成一个更大的板块。

如果像汉语一样构成"第 17 届—全国—代表—大会"的语序，维吾尔语则不通顺。一方面"mɛmliket（全国）"是附加关系形容词标记"-lik"后和"vekiller qurultiji（代表大会）"构成更大的板块，板块之间的距离较远，因此"mɛmliketlik vekiller qurultiji（全国代表大会）"这个板块本身不像汉语那么稳定，紧密得中间不能插入其他成分。此外"17-nøvetlik（第 17 届）"前置于"mɛmliketlik（全国的）"，原则上是要和"mɛmliketlik（全国的）"构成一个板块，但因语义上不通顺而不能构成板块，因此只能是"17-nøvetlik（第 17 届）"和"vekiller qurultiji（代表大会）"组合成块。但"17-nøvetlik vekiller qurultiji（第 17 届代表大会）"又是全国的，所以"17-nøvetlik vekiller qurultiji（第 17 届代表大会）"作为一个核心和"mɛmliketlik（全国的）"构成了一个板块，语义上符合"从大到小"的原则，每个板块组合也是成功的。而汉语如果说成"全国的第17届代表大会"虽然通顺，语义上也符合"从大到小"的原则，但是却违反了语言的"经济原则"。因此不同语言的语法单位在组合成板块的时候，遵循的原则不尽相同。

6. bir kyni kotʃi -din dumbaq-niŋ　gym-gym avaz　　-i　　aŋla　-n
　　一　天　街（从格）鼓　（属格）　咚咚　声音（3单，从属）听（被动）
　　-di.
（3单，过去时）

"一天，街上传来了咚咚的鼓声。"（杨承兴《现代维吾尔语语法》294页）

例6有一个下级板块"dumbaqniŋ gym-gym avazi（咚咚的鼓声）"，汉语中"鼓"和"声"组合成"鼓声"，二者结合成词，紧密程度高，中间不能插入其他成分，象声词"咚咚"只能作为另一个板块和"鼓声"组合，它的轨层结构表现为：

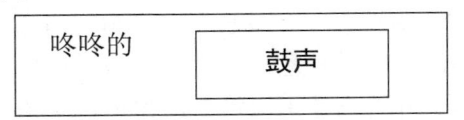

| 咚咚的 | 鼓声 |

而维吾尔语中，板块的核心不是"dumbaqniŋ avazi（鼓声）"，而是"avaz（声音）"，这种声音发出的是"gym-gym（咚咚）"声，所以"gym-gym（咚咚）"和"avaz（声音）"结合成为一个较大的板块"gym-gym avaz（咚咚的声音）"，"gym-gym avaz（咚咚的声音）"又是鼓发出来的，所以"dumbaq（鼓）"又和"gym-gym avaz（咚咚的声音）"构成一个更大的板块"dumbaqniŋ gym-gym avazi（咚咚的鼓声）"，从语义上说也符合"从大到小"的原则。其轨层结构表现为：

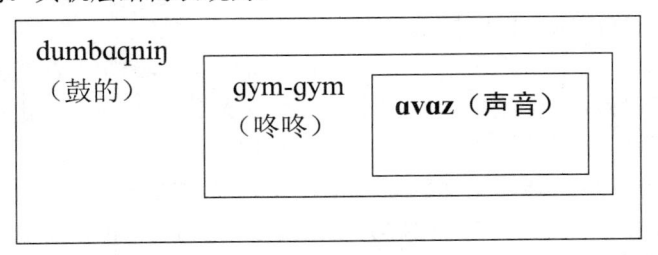

| dumbaqniŋ（鼓的） | gym-gym（咚咚） | avaz（声音） |

而如果汉语表达成"鼓的咚咚声"，虽然通顺，语义上也符合"从大到小"的原则，但是却违背了语言的"经济原则"。

通过对比，可以看出汉维语如果核心不同、板块组合不同就会导致语序不同。如果调整语序，意思就会发生变化或者语句不够通顺。在两种语言中，维吾尔语形态丰富，在语义上更加遵循"从大到小"的原则，汉语形态不丰富，语义组合则更加遵循语言的"经济原则"。正是由于遵循的原则不同，所以造成板块组合不同，在多重定语语序上也存在不同。

第五章　民族学生多重定语习得研究

第一节　民族学生多重定语使用情况

通过汉维对比，我们可以看出多重定语语序不仅涉及语法，而且涉及语用、语义等多个层面，如此复杂的语言形式学生学起来必然会有一定的难度，为此我们针对民族学生使用汉语多重定语的情况进行了调查。被试对象是新疆喀什师范学院汉语专业大一到大四的学生。喀什是维吾尔族聚居区，汉语使用环境较差，学生主要通过课堂时间学习汉语。通过调查，不仅可以了解学生多重定语的习得情况，而且可以了解民族聚居区的课堂教学效果，同时还可以为教材编写、课堂教学活动提供一定的参考和依据。

被试对象通常情况从小学三年级起开始学习汉语，学校师资条件好的，从一年级甚至幼儿园起就开始了汉语学习，进入大学前至少有 10 年的汉语学习经历。我们对汉语专业 2006 级、2007 级、2008 级、2009 级学生学习汉语多重定语语序的情况进行了考察，测试对象共 339 人。我们对学生试卷进行了人工统计，共计 30 万字，得到 677 条多重定语语料。所统计的句子既包括正确用例，也包括偏误用例。

为了深入考察民族学生多重定语的习得情况，我们对 677 条语料逐条进行了人工标注。标注主要有三个方面：（1）该条例句中的定语属于哪类词或者短语？由于是多重定语，所以一个句子可能既属于这种语法单位作定语的情况，也可能属于那种语法单位作定语的情况。（2）每个例句中的定语是正确的还是错误的？比例分别是多少？（3）错误属于哪一种类型？在不同年级中的分布情况如何？正确的句子通常好判断，但是偏误的确定跟研究者的语感和容忍度的高低等主观因素密切相关，因此为尽可能降低这类主观因素对研究结论的影响，本课题的语料标注工作全部由笔者一人完成。

针对语料，我们进行了定量统计和定性分析相结合的方法。在收集到的 677 例语料中，数量短语作定语的情况最多，共有 473 例，其次分别是其他短语 444 例，形容词 225 例，代词 134 例、名词 129 例，动词 74 例，区别词 31 例，复句 2 例。①下面分别加以说明。

一　名词作定语的使用情况

名词作定语共 129 例。11 例是名词作领属性定语的情况，占 8.5%；118 例是名词作属性定语的情况，占 91.5%。如：

1. 你爸爸是一名党员干部。
2. 我的母亲是一个家庭妇女。
3. 难道你没看见前面的那个垃圾箱吗？
4. 老师在我们人生中给我们指出正确的人生道路，让我们学会怎样做人。
5. 人们的经济水平逐渐提高了，但是人们的生活环境越来越差了。
6. 我们正确地对待周围的每一件事情。
7. 在国外度过八年生活的他对这个家的概念不是"自己家"，而是"大家"、"国家"，他说祖国的每一片土地都是我的家。

在 129 例中，正确用例 104 句，占 80.6%；偏误用例 25 句，占 19.4%。在收集到的语料中，学生普遍将属性名词紧邻核心词，而内置于量词短语和形容词。如例 1 中的"党员"紧邻"干部"而内置于数量短语"一名"；例 2 中的"家庭"紧邻"妇女"而内置于数量短语"一个"；例 3 中的"垃圾"紧邻"箱"而内置于指量短语"那个"；例 4 中的"人生"紧邻"道路"而内置于形容词"正确"。当名词作领属性定语时，学生将名词置于最外层，如例 5 中的"人们"外置于"经济"和"生活"；例 6 中的"周围"外置于"每一件"；例 7 中的"祖国"外置于"每一片"。

在收集到的语料中，没有名词和其他定语语序用错的例子。这是因为名词在汉维语多重定语中的语序相同，所以学生在运用汉语时没有出现语序错误。偏误较多的是名词的误用、数量短语的位置以及"的"的隐现等问题。如：

8. 我的母亲是一个普通的农民妇女。
9. 突然间，我在背后听到一个男孩的声音："给你！你买票吧！"他的手中有一张一元钱的纸票！"我也有忘带钱的时候，你别不好意思！"我接过他的钱买票了，再三感谢他。
10. 作为一名将来的老师，将来我让我学生们学会感恩。

---

① 收集到的语料共有 677 句，但因为是多重定语，有的句子里既有这种语言单位充当的定语，也有那种语言单位充当的定语，所以在归类的时候，同一个句子可能分属不同的类型，这就造成各语言单位充当定语的总数超过收集到的语料总数。

11. 我的母亲是 50 岁左右、头发白白的一个家庭妇女。
12. 我母亲是四十岁的、个子高一点的一个家庭主妇。

例 8 中的"农民"应该改为"农村"。在汉语中,"农民"是指长期从事农业生产的劳动者,已经表示某类人了,所以不能够再修饰表示某类人的"妇女"。"农村"是指从事劳动生产的劳动者聚居的地方。"农村妇女"是指在从事劳动生产的劳动者聚居的地方生活的妇女。但是"农村"、"农民"在维吾尔语中都译作"defiqan",如"她是一个农民(u bir defiqan)","她是一个农村妇女(u bir defiqan ajal)",因此在用汉语表述时,学生因为负迁移而产生了偏误。例 9 中"纸票"应该改为"纸币",在汉语中"车票"、"门票"、"饭票"用的都是"票",所以学生认为"钱"也应该用"票"表示,此外在喀什由于不流通硬币,所以在学生的认知中没有"币"的概念,从而造成了"纸票"的误用。例 10 中"将来"应该改成"未来",二者在维吾尔语中都用"kɛlgysi"表达,所以学生把"未来"误用成了"将来"。

例 11 是数量短语的位置有误,因为是对自己母亲的描写,所以"一个"应该移至"50 岁"前。例 12 是关于"的"的隐现问题,"我"的后面应该附加"的"。虽然汉语中既可以说"我的母亲",也可以说"我母亲",但是"我的母亲"描写性较强,而"我母亲"指别性较强。在给别人介绍时,一般会说"这是我母亲",而作文题目则通常是"我的母亲"。因为语料是从学生作文中收集来的,所以用描写性较强的"我的母亲"更加合适。

二 形容词作定语的使用情况

形容词共出现 225 例,24 例是状态形容词,占 10.7%;201 例是性质形容词,占 89.3%。

13. 不管是现在,还是在以后的生活道路上,记住这样一个小小的道理。
14. "遗人玫瑰,手有余香",每个人尽量给别人提供帮助,用温暖的手来温暖另一个冰冷的手。受帮助者既然接受了别人温暖的手,也要学会用温暖的手来回报。
15. 天空是一片乳白色,像挂着一层薄薄的轻纱。
16. 虽然她是个普通的农村女人,但是她很善良。
17. 我们每位青年都是树立正确的恋爱观。
18. 我们广大的家长,也应该注意这一点,为我们的孩子创造一个良好的环境。
19. 说实话,母亲在学校是一个优秀的教师,在社会上是一个合格的干部,在家也是一个善良而不怕吃苦的好母亲。
20. 有一天,母亲给我一个漂亮的书包,里面有她亲自买的本子和铅笔。

21. 我回家对母亲说，我也穿那样的新裙子，你一定要给我买。
22. 那时的我，还是一个天真的小姑娘。
23. 人口增多是造成环境污染的一个重要因素。
24. 刚穿的白衬衣明天就变黑黑的。
25. 现在环境问题成了全世界关心的大问题了。

例13—例15中的"小小"、"冰冷"和"薄薄"是状态形容词作定语的情况。在学生的语料中，状态形容词使用得非常少，这是因为维吾尔语中没有状态形容词，所以学生学习、掌握起来比较困难。例16—例25是性质形容词的使用情况，其中包括单音节性质形容词和双音节性质形容词。从语料中可以看出，学生一般将形容词外置于名词，如例16中的"普通"外置于"农村"；将形容词外置于动词，如例17中的"正确"外置于"恋爱"；将形容词内置于数量短语，如例18—例20中的"良好"、"优秀"、"合格"、"好"、"漂亮"都内置于数量短语"一个"；将形容词内置于代词，如例21中"新"内置于"那样"。当双音节性质形容词和单音节性质形容词共同作定语时，双音节性质形容词外置于单音节性质形容词，如例22中"天真"外置于"小"；当形容词和短语共现时，形容词内置于短语，如例23中"重要"内置于述宾短语"造成环境污染"；例24中"白"内置于状中短语"刚穿"；例25中"大"内置于主谓短语"全世界关心"。

在形容词作定语的语料中，正确的句子有154例，占68.4%，偏误的句子有71例，占31.6%。主要是形容词的误用、连用时的偏误、数量短语的位置以及"的"的问题。如：

26. 我的母亲是个勤奋、性格开朗、为我们付出她一切的女人。
27. 对这些病科学方面也找不到明确的发病原因。
28. 我的母亲是一个瘦较高的女士，我特别喜欢我的母亲。
29. 我的母亲是四十岁左右的，个子高、皮肤白白的一位很温和的一位好母亲。
30. 天空是一片乳白色，好像一层薄薄地轻纱。

例26中的"勤奋"应该改成"勤劳"，这两个词在维吾尔语中的翻译都是"tiriʃʃan"，但是在汉语中"勤奋"主要用于学习和工作，而"勤劳"主要用于劳动多，不怕辛苦，在这里显然是指母亲做了很多工作而不怕辛劳，所以应该用后者。例27中的"明确"应该改成"确切"，因为"明确"主要用于目标，而"确切"主要用于原因，因此这里用"确切"更合适，但是因为这两个词在维吾尔语中的翻译都是"eniq"，所以造成了学生的负迁移。例28中是两个单音节性质形容词"瘦"和"高"连用作定语的情况，在汉语中两个单音节性质形容词连用作定语时中间可以不用其他词类连接，如"瘦高"，但是在维吾尔语中就需要翻译成形容词联合短语"oruq vɛ igiz（瘦和高）"，两个形容词间用连词"vɛ（和）"连接。受母语影响，学生在运用到汉语时也想在两个单音节性质形容词间用连词连接，但却没有用对。例29中数量短语"一位"重复使用，例30中定语标记应该是"的"，但学生却误用成了"地"。

三 数量短语作定语的使用情况

数量短语是学生使用最多的一种定语。共473例，其中正确用例350句，占74%，错误用例123句，占26%。如：

31. 现在还有一个环境问题是乱扔垃圾。
32. 我想上完大学，找到一个好工作以后，应该好好地感谢我的叔叔。
33. 他们想的只是我们掌握好知识，找一份稳定的工作，建立一个幸福的家庭。
34. 很多地方产生了许多传染疾病。
35. 我的母亲是一个很平凡的人，她有一颗善良的心。
36. 一个做母亲的人怎么不担心自己的儿女呢？
37. 现在世界上很难找到一个没有破坏的、没有污染的地方。
38. 我在网上看到了一个这样的消息。
39. 因为有这样的一个好母亲我才考上了大学，因为我的第一个老师是我的母亲。

数量短语是外延性定语，一般需要外置，在学生的语料中也反映了这一情况。如例31中"一个"外置于名词"环境"；例32中"一个"外置于形容词"好"；例33中"一份"外置于形容词"稳定"，"一个"外置于形容词"幸福"；例34中"许多"外置于动词"传染"；例35中"一个"外置于状中短语"很平凡"，"一颗"外置于形容词"善良"；例36中"一个"外置于述宾短语"做母亲"；例37中"一个"外置于联合短语"没有破坏、没有污染"。当和代词作定语共现时，数量短语可以外置于代词，如例38中"一个"外置于"这样"，但表示强调时，也可以内置于代词，如例39中"一个"内置于"这样"。

在数量短语作定语的语料中，出现错误最多的是数量短语和其他短语的相对位置。数量短语会内置于其他短语、居于句中或者重复使用。如：

40. 我的母亲是39岁左右的，个子不高也不矮，长得很漂亮的一位女人。
41. 我母亲是四十岁的、个子高一点的一个家庭主妇。
42. 我的母亲是37岁的、个子高、很漂亮、很干净的一个家庭妇女。

43. 我的母亲今年 41 岁了，个子高高的，有点胖、脸色白白的、头发长长的一个漂亮的女人。

44. 我的母亲是身高 1.70 左右，胖胖的，脸白白的，头发白白的，一个善解人意的好母亲。

45. 我的母亲是一个 45 岁的，个子高，脸色白白的，很善良的一个母亲。

46. 我有一个母亲，她今年 46 岁左右，皮肤白白的，鼻子高梁的，眼睛大大的一个女人。

47. 她是一个中等身材，不胖也不瘦，脸上带着笑容的一位好母亲。

48. 我也遇到了很多的事，其中有一件我永远不忘的一件事。

例 40 中，"一位"内置于方位短语"39 岁左右"、主谓短语"个子不高也不矮"、述补短语"长得漂亮"，因为是在描写自己的母亲，所以"一位"外置于"39 岁左右"、"个子不高也不矮"、"长得很漂亮"更为合适。同理，例 41、例 42 中的"一个"放在"是"的后面，外置于其他短语才更符合汉语的表达习惯。例 43 中，"个子高高"的前面缺少判断动词"是"，增补"是"后，将"一个"外置于主谓短语"个子高高"、状中短语"有点胖"、主谓短语"脸色白白"和"头发长长"较为妥当。例 44 中，可以看出学生已经形成了一定的语感，想把数量短语"一个"前移，但是又没移到位，所以放在了句中的位置。其实"一个"应该继续前移，一直移到判断动词"是"的后面才更合适。例 45—例 48，是学生将数量短语继续移至其他短语前的用例，但是受母语负迁移的影响，数量短语又在原来维吾尔语中出现的位置上留了下来，导致一个句子中重复使用了数量短语。

此外，量词的误用、漏用也是学生出错较多的地方。

49. 在路上看见一只废纸的时候，你主动地去捡了吗？
50. 虽然他们的礼物是小的，可是对我来说一个很珍贵的礼物。
51. 在今后日子里我会珍惜这最美好的时光，一定要学成而归。

例 49 中的"只"应该改为"张"，例 50 中的"个"应该改为"件"，例 51 中的"这"后面漏用了量词"段"。

四　代词作定语的使用情况

代词共 134 例，正确用例 84 句，占 62.7%，偏误用例 50 句，占 37.3%，其中主要以人称代词和指示代词为主，没有看到疑问代词的用例情况。如：

52. 我们也要提高自己的环保意识，为了环保事业做出自己的一份力量。
53. 因为母亲是我第一个老师，我最伟大的老师。

54. 回家以后，她把我的一些衣服拿去给了那些贫困孩子。

55. 去年引起"7·5"事件的那些恐怖分子就是这种忘恩负义的、没良心的人。

56. 但我参加工作报答他的时候，他已经告别了这个美好的世界，这是我生命中最大的遗憾。

57. 你能得到一位这样的伴侣，未来的幸福真不可限量。

58. 想起那些被大地震所伤害的孩子们和他们的家长，我们都为他们很遗憾。

59. 我在上小学的时候，老师给我们讲了这样一个故事。

60. 捡瓶子的那个女人，她就是我的妈妈。

当代词作定语时，学生将人称代词用在了多重定语的最外层，如例52中的"自己"和例53、例54中的"我"。当和形容词共现时，学生将代词外置于形容词，如55中的"那些"外置于形容词"恐怖"，例56中的"这"外置于"美好"。当和数量短语共现作定语时，学生将代词内置于数量短语，如例57中的"这样"内置于"一位"。当和谓词性短语共现时，学生将代词外置于谓词性短语，如例58中"那些"外置于"被大地震所伤害"。但当表示强调的时候，学生又将代词外置于数量短语或内置于谓词性短语，如例59中的"这样"外置于"一个"，例60中的"那"内置于"捡瓶子"。

代词作定语中，偏误最多的是量词的漏用和误用问题。如：

61. 有一次母亲班里一个女孩儿病了，她们家很穷付不了住院费，母亲听到这个消息，给我买电脑的钱给了那女同学。

62. 但对泰山——这座祖国大地上的明珠，有着一种依恋的感情。

例61中的"那"后漏用了量词"个"，例62中的"座"应改为"颗"。

五　动词作定语的使用情况

动词用例一共74例，正确的句子49例，占66.2%，偏误的句子25例，占33.8%。

63. 有一个小男孩手里有很多吃的东西。

64. 很多失学的学生重新回到了校园。

65. 网上谈恋爱真的是一个新的恋爱方式。

66. 我们应该珍惜这么好的学习机会，总之我们学会感恩。

67. 网络是21时代的人类最喜欢的一种交际工具。

学生将单音节动词和双音节动词用作定语的情况都有，并将动词内置于其他语法单位。如例63中的"吃"、例64中的"失学"都内置于状中短语"很多"；例65中的"恋爱"内置于形容词"新"、数量短语"一个"；

例 66 中的"学习"内置于状中短语"这么好";例 67 中的"交际"内置于主谓短语"21 时代的人类最喜欢"和数量短语"一种"。

动词作定语时的主要偏误是"的"的隐现问题。如：

68. 所以我好好学习，取得好成绩，给妈妈一个好回答，未来给妈妈一个好生活的条件。

69. 可是从小就对泰山——祖国大陆上的明珠，有一种依恋感情，早就产生了对泰山的一种好奇，很想亲眼看这比喻父母恩情的山，感受一下"会当凌绝顶、一览众山小"的豪迈气派。

例 68 中"生活"后的"的"应该前置于"生活"，例 69 中的"依恋"后漏用了"的"。

六　短语作定语的使用情况

短语用作定语的共有 444 例，正确的句子 329 例，占 74.1%，偏误的句子 115 例，占 25.9%。

70. 喀什是一座具有悠久历史的文化古城。
71. 环境是人类生存的基本条件。
72. 很多国家利用很巧妙的办法处理了这个环境污染的问题。
73. 她来到我旁边说："今天你爸下班后，他给你买了两本你昨天要的书。"
74. 我们努力找一个保护环境的好办法。
75. 我们作为一名有文化的大学生要正确地对待网上恋情。
76. 这是一个很有意思的广告。
77. 网络是一种摸不着的、虚幻的世界。
78. 你是一个很懂事的孩子。
79. 有一次，我们班的一个同学买了一条很漂亮的裙子。
80. 我有一个很善良、很宽容的母亲。
81. 我也是喜欢一个去网络交朋友的年轻人。
82. 生活中有许多愿意帮助人的人，也有不少不愿帮助别人的、让别人倒霉的人。
83. 为提高人们环境保护意识，大量的译制了许多有关环保的片子。
84. 如果你能做到上面的几条事项，你肯定会成为一个自然母亲的好孩子。
85. 我也有一个母亲，虽然她不是我的亲生母亲，但在我眼前，她是一个很伟大、可亲可敬、有着泉水般的心的母亲。
86. 当我们看到一些因为有困难而失学的那些孩子，我们应该很庆幸我们能在这么好的条件下学习。

　　学生使用短语作定语的情况比较多。当短语和名词、形容词共现作定语时，学生将短语外置于名词、形容词，如例 70 中述宾短语"具有悠久历史"外置于名词"文化"，例 71 中主谓短语"人类生存"外置于形容词"基本"。当短语和代词共现时，学生将短语内置于代词，如例 72 中主谓短语"环境污染"内置于"这"。例 73—例 86 是短语和数词作定语共现时的情况，学生会将短语内置于数词。如例 73 中主谓短语"你昨天要"内置于"两本"；例 74 中述宾短语"保护环境"内置于"一个"；例 75 中述宾短语"有文化"内置于"一名"；例 76 中状中短语"很有意思"内置于"一个"；例 77 中述补短语"摸不着"内置于"一种"；例 78 中状中短语"很懂事"内置于"一个"；例 79 中状中短语"很漂亮"内置于"一条"；例 80 中联合短语"很善良、很宽容"内置于"一个"；例 81 中连谓短语"去网络交朋友"内置于"一个"；例 82 中状中短语"愿意帮助别人"内置于"许多"；例 83 中介词短语"有关环保"内置于"许多"；例 84 中同位短语"自然母亲"内置于"一个"；例 85 中状中短语"很伟大"、联合短语"可亲可敬"、述宾短语"有着泉水般的心"内置于"一个"；例 86 中复句形式的短语"因为有困难而失学"内置于"一些"。

　　在短语的使用过程中，我们看到学生使用的有主谓短语，如例 71 中"人类生存"、例 72 中"环境污染"、例 73 中"你昨天要"；有述宾短语，如例 70 中"具有悠久历史"、例 74 中"保护环境"，例 75 中"有文化"；有述补短语，如例 77 中"摸不着"；有状中短语，如例 76 中"很有意思"，例 78 中"很懂事"，例 79 中"很漂亮"；有联合短语，如例 80 中"很善良、很宽容"；有连谓短语，如例 81 中"去网络交朋友"；有兼语短语，如例 82 中"让别人倒霉"；有介词短语，如例 83 中"有关环保"；有同位短语，如例 84 中"自然母亲"；有助词短语，如例 85 中"泉水般"；有复句形式的短语，如例 86 中"因为有困难而失学"。汉语中能充当定语的短语在学生的用例中都存在，这让我们非常吃惊。其中主谓短语、述宾短语、联合短语作定语的情况比较多，偏正短语、介词短语、连谓短语、兼语短语、述补短语、同位短语、助词短语和复句形式的短语作定语的情况也有，但相对较少。

　　短语作定语时的主要偏误是和数词、代词的相对位置以及短语表达不准确等问题。如：

87. 艾力是个有责任心、有爱心的一个好男人。

88. 我很想亲眼看看那个用来父母恩情比喻的这座山，也要感受一下"会当凌绝顶，一览众山小"的豪迈气魄。

例 87 中,"好"之前的"一个"应该删除。例 88 中,同时出现了指示代词"那"和"这",因为泰山并不在附近,而是在较远的地方,所以应该用表示远指的"那",量词"个"改为"座",并删除后面的"这座"。句中短语"父母恩情比喻"表达不够准确,因为在维吾尔语中动词后置于宾语,而在汉语中动词前置于宾语,所以"比喻"应该放在"父母恩情"之前。

通过分析学生的语料我们可以看出:(1)能够充当定语的语法单位学生都有使用,其中数词和短语使用的频率最高;(2)状态形容词的习得较为困难;(3)名词、形容词作定语在多重定语中没有出现语序错误的现象,这两类词中偏误较多的是近义词的使用问题,汉语中的一些近义词在维吾尔语中的表达方式相同,所以学生会因负迁移而产生偏误;(4)数词和短语的相对语序出现的偏误较多。因为受母语影响,数词会内置于短语,随着对汉语学习的深入,数词会迁移至句中,最后迁移至短语前,这反映出了学生非常清晰的习得途径;(5)"的"的隐现是一个普遍存在的问题;(6)量词的误用、漏用较为普遍。

第二节 民族学生习得多重定语的偏误情况

上一节我们在 30 万字的语料库中考察了民族学生使用多重定语的情况,未计正误,下面我们将进一步考察多重定语的偏误情况。在 677 个句子中,有 86 个错句,主要情况如下:

一 数词和短语的相对位置

在学生的语料中,共有 97 句是数词和其他短语共现作定语的例子。其中正确的有 25 例,占 25.8%;数词和短语语序出现错误的有 41 例,占 42.3%,分为数词后置、数词居中以及数词重复使用等情况;数词漏用 5 例,占 5.2%,其他错误有 26 例,占 26.8%,包括"是"的省略、"的"的问题、核心词的漏用、词语的误用等问题。下面就数词的偏误问题加以说明。

(一) 数词后置的情况
1. 我的母亲是 50 岁左右、头发白白的一个家庭妇女。
2. 穿得很时髦的、像一个工作人员一样的一位小姐把喝完的冰红茶扔在路上,没有发生什么事儿一样得意地走了。
3. 我有跟别人不一样的一些看法。
4. 我们要提高环保意识,充分的认识"保护环境、人人有责"这一观点,充分发挥自己的作用,树立起保护环境从我做起的思想。为人类社会,为人类共同生活的这个地球而献出一份力量，为创造美丽而干净的一个社会环境共同努力吧。

数词和短语作定语共现时的偏误有 67 例，数词后置有 23 例，占 34.3%，偏误率较高。这是因为在维吾尔语中，数词一般都后置于短语。如：

5. ʃu tʃaʁ   -da   jarmaq san   -i   -ni   øltʃɛ -jdiʁan
   那 时候（方位格）铜子儿 数（3 单，从属）（宾格）测量（未完成形动词）
bir χil   ɛsvab bol   -idiʁan.
一   种   仪器（系动词）（未完成形动词）
   "当时有一种量铜钱数量的工具。"（《往事》40 页）

6. bu ɛfival -ni   kør   -yp   jyr   -gɛn   qal   -ʁan
   这 情况（宾格）看（状态副动词）（助动词）（完成形动词）剩下（完成形动词）
ytʃ oʁul bilɛn ytʃ qiz   maŋa   øtʃlyk qil   -ip   ʁuduriʃ
三 男孩 和   三 女孩 我、属格合音 仇恨（系动词）（状态副动词）咕哝
          -atti.
（3 单，直陈相对将来时）
   "看到这种情形，其他三个男孩和三个女孩对我有了怨恨，继而嘀咕。"（《往事》28 页）

例 5 中，"bir（一）"后置于述宾短语"jarmaq sanini øltʃɛ-（测量铜钱数量）"，例 6 中"ytʃ（三）"后置于述宾短语"bu ɛfivalni køryp jyr-（看到这种情形）"。因为维吾尔语数词一般后置于短语，所以当学生运用到汉语时，由于负迁移的影响，也会将数词后置于短语。

（二）数词置于句中的位置

7. 我的母亲是高个子，比较瘦的一位心地善良的女人。
8. 我的母亲是身高 1.70 左右，胖胖的，脸白白的，头发白白的，一个善解人意的好母亲。
9. 我的母亲是四十岁左右的，个子高、皮肤白白的一位很温和的一位好母亲。

数词置于句中的例子共 3 例，占 4.5%。比例不高，但是却给我们提供了学生习得多重定语的一个路径。随着汉语学习的深入，学生发现汉语中的数词可以置于短语前，于是他们开始有意识地把数词前移，但又移不到位，所以将数词移至了句中。这一方面是学生受维吾尔语的影响，另一方面是已经意识到汉语中数词可以前置于短语，因而有意识地在将数词前移。

（三）数词重复使用的情况

10. 艾力是一个有责任心、有爱心的一个好男人。
11. 我的母亲是一个个子矮、眼睛大大的、皮肤很白、身材也不错的一

个普通的家庭妇女。

12. 我的母亲是一个 46 岁左右的、个子高、白皮肤、头发长长的、眼睛大大的、圆形脸的一个好伟大的女人。

13. 我有一个跟其他母亲不一样的可亲可敬的一个母亲。

14. 当我们看到一些因为有困难而失学的一些孩子,我们应该很庆幸我们能在这么好的条件下学习。

数词重复使用的例子有 15 句,占 22.4%。这是学生将数词继续前移的结果,数词前移了,但是受母语影响,在原来维吾尔语数词位置上的数词又没有删除,所以造成了数词的重复使用。

(四)数词漏用的情况

15. 我的母亲长相非常瘦弱的,脸色黄色的,个子很不高的妇女。

16. 我的母亲个子矮,44—45 岁的,脸皮白色的女人。

17. 我的母亲是皮肤黑黑的,个子不高的,眼睛大大的女人。

18. 因为我们只要那样做,就能实现自己的愿望,创造美丽、发展的新时代。

汉语中的"是"在维吾尔语中没有对应翻译。当核心词前有数量短语修饰,并且数词是"一"时,维吾尔语中通常会省略数词。此外由于维吾尔语量词不发达,所以在表达汉语的判断动词"是",并且"是"字句中带有"一"的数词时,学生通常不使用判断动词"是"、数词"一"以及量词,这就造成了例 15—例 17 句中的偏误,这三个句子中,"我的母亲"后面都要附加"是"以及"一个"。例 18 句中,应该在"创造"后增补"一个"来修饰"时代"。

二 "的"的问题

(一)"的"的隐现问题

		名词	形容词	数词	代词	短语	动词	复句
总例句	30	2	4	0	7	11	5	1
比例	100%	6.7%	13.3%	0%	23.3%	36.7%	16.7%	3.3%

在收集到的语料中,关于"的"隐现的有 30 例,其中短语隐现的错误率最多,其次是代词、动词、形容词、名词和复句形式的短语,没有发现数词作定语时"的"的偏误用例。

19. 实验室科研人员常常将实验中用过的药品未经任何处理就倒入下水道或垃圾筒。

20. 她在一所著名医科大学博士后流动站工作。
21. 可大部分一点儿都不关心我们的这个共同的家园。
22. 心里很生气他的这个不礼貌的行为。
23. 如果我们都注意这样小事，可以阻止一个环境污染的行为。
24. 从小就对泰山这颗祖国大地上的明珠，有着一种依恋情感，早就心中产生出了对泰山一种好奇。
25. 我们现在看自己的周围，可以看到很多污染环境行为和污染环境东西。
26. 我曾经读过一本书，这本书上说的是一个因家境不好而失学青年的故事。

例19中名词"实验室"表示地点，充当的是非典型的领属性定语，其后应附加助词"的"。例20中形容词"著名"后也应该附加助词"的"，因为双音节性质形容词在大多数情况下修饰核心词时都要附加"的"。例21、例22中人称代词"我们"、"他"后的"的"应该省略，因为当核心词前有多个定语出现，并且有多个"的"出现时，通常只保留最后一个"的"，而省略前面的"的"。例23中指示代词"这样"后应该附加助词"的"，因为"这样"是代谓词，在这里却作了定语，违背了正常的语法位置，所以需要附加"的"。例24中动词"依恋"作定语，因为不是对核心词"情感"进行分类，不能形成称谓，所以应该附加"的"。例25中"污染环境"是述宾短语作定语，其后应该附加"的"。例26中"因家境不好而失学"是复句形式的短语作定语，其后也应该附加助词"的"。

（二）"的"误用问题

		的→地	的→得
总例句	11	8	3
比例	100%	72.7%	27.3%

"的"是定语的标志，后面通常是一个名词性成分。由于对"的"的用法不很了解，所以学生有时候会将"的"误用为"地"或者"得"。这类偏误一共11句，其中把"的"用作"地"的有8例，占72.7%，把"的"误用为"得"的，有3例，占27.3%。如：

27. 这些病在医学上还找不出确切地发病原因。
28. 在我小的时候，父母都去世了，我就成了孤儿，没人照顾，以后我被一位善良地人领养了。
29. 觉得小时候交得那些农村的朋友比大学里交得朋友一点都不一样。

在上课过程中，老师讲解"的"、"地"、"得"时，通常会说"的"是定语的标记，其后一般是名词性成分；"地"是状语标记，其前是形容词或者副词充当状语；"得"是补语标记，一般用在动词或者形容词后。当学生使用"的"、"地"、"得"时就会牢记"的"、"地"、"得"前后的词类，而不注意这些词到底修饰的是哪一个成分。如例 27 中，"确切"修饰的是"原因"，"原因"是名词，应该用"的"，但是学生看到"确切"后面紧邻的是动词"发病"，而"确切"又是形容词，就认为"确切"是状语，修饰的是"发病"，因此使用了状语标记"地"。例 28 中，学生根据"善良"是形容词，可以作状语，所以其后用了"地"，殊不知形容词既可以作状语也可以作定语修饰名词。例 29 中，学生看到"交"是动词，就认为出现在动词后的标记应该是"得"，所以误用成了"得"。

三　量词的误用

		总例句	泛用"个"	误用	漏用	名量搭配不当
一年级	一学期	2	1		1	
	二学期	7	2	3		2
二年级	一学期	23	7	11	1	4
	二学期	3	1	2		
三年级	二学期	15	8	3		4
四年级	一学期	3	1			2
总计		53	20	19	2	12
比例		100%	37.8%	35.8%	3.8%	22.6%

学生使用量词产生偏误的有 53 例，其中把量词泛用为"个"的有 20 例，占 37.8%；误用量词的有 19 句，占 35.8%；漏用的有 2 句，占 3.8%；名词误用或者名量皆误用的有 12 例，占 22.6%。如：

30. 感恩是一个美好的人生品德。
31. 你是一个明珠，你是一个大自然的杰作。
32. 有一天发生了一个意外的事情，老师突然叫我，我想老师这个大中午叫我？
33. 在一家有名的大学博士后流动站工作。
34. 我也点头了，望着远去的出租车，心里满是喜悦，我那块冰冻的心，冰冻的身体仿佛在溶化……
35. 如果我们想得到他人的尊重，那么我们应该学会感恩，养成一个助人为乐的精神。

36. 有一次母亲班里一个女孩儿病了，她们家很穷付不了住院费，母亲听到这个消息，给我买电脑的钱给了那女同学。

37. 刚进入大学的时候一直习惯不了这个生活，因为我离开父母离开家乡以后来到了这陌生的地方。

例30—例32是把量词泛用为"个"的用例。例30中的"个"应该换成"种"；例31中的"个"应该换成"颗"；例32中的"个"应该换成"件"。例33—例35是量词误用的例句，例33中的"家"应该换成"个"；例34中的"块"应该换成"颗"；例35中的"个"应该换成"种"。例36、例37是量词漏用的用例，例36中"那"后应该增加"个"，例37中"陌生"前应该增加"个"。

从学生的语料中可以看出以下一些问题：

（1）数词的使用一直是学生掌握的难点，这种偏误从大学一年级一直持续到四年级；

（2）量词的使用是学生不易掌握的一个知识点，因为维吾尔语中量词很少，而汉语中量词丰富，所以学起来具有一定的难度。此外学生在使用量词时容易泛化成"个"。这样使用容易造成歧义现象，比如"看了一个幼儿园的孩子"，就不知道"一个"修饰的是"幼儿园"还是"孩子"；另外"个"有时不能精确表量，如"一副手套"、"一双筷子"如果换成了"一个手套"、"一个筷子"，意思就发生了变化；此外"个"泛化还容易造成语义色彩单一，如"一个糖葫芦"、"一个砚台"、"一个小舟"与"一串糖葫芦"、"一方砚台"、"一叶小舟"相比，就缺乏鲜明的形象特征。因此我们在从事汉语教学时，为了让学生表达准确、形象、生动，还是要加大量词的教学工作。

（3）学生掌握定语标记"的"不是很好，一方面不知道何时使用"的"，何时不用"的"，另一方面容易将"的"误用为"地"和"得"。这是因为学生习惯根据紧邻"de"的词类来判定使用哪一个助词，而并不清楚"de"前的语言单位到底修饰的是哪一个成分，其作用到底是什么而导致的。

第三节　民族学生多重定语的习得情况

从学生的使用和偏误中，可以看出学生在多重定语中使用了能够作定语的各类语法单位。这一方面说明表达的需要是学生创造性思维的动力，另一方面也提示我们在教学过程中要拓展教学，而不要忽视学生的能力。但同时我们也应该注意到以下几个方面的问题：

（1）学生使用数量短语时，语际迁移和语内迁移都比较厉害，而且这种现象从大学一年级一直持续到四年级。此外，数词中使用"一"的频率很高，而其他数词的使用频率则相对较低。

（2）学生使用短语很多，而且都是连续使用几个，这和维吾尔族喜欢用长句有关。但在汉语中，人们则喜欢使用短句，所以读起来会觉得不够通顺。

（3）"的"的漏用、增加和误用问题一直存在。

（4）形容词使用共225例，24例是状态形容词，仅占10.7%。这是因为维吾尔语中没有状态形容词，所以学生学习起来是一个难点。

综观学生使用多重定语的情况，可以看出他们习得多重定语的情况大致如下：

能充任多重定语的类型		名词	形容词	数词	代词	动词	短语
习得偏误率	一二年级	19%	34%	26%	41.6%	26.8%	27.7%
	三四年级	20%	27.4%	26%	31.6%	42.4%	21.9%

（1）名词在一二年级的偏误率为19%，三四年级偏误率为20%，两个阶段的习得率几乎持平。主要问题是名词的误用、泛化、数量短语的相对位置以及"的"的隐现问题。

（2）形容词在一二年级的偏误率为34%，三四年级为27.4%，偏误在高年级有所下降。状态形容词的习得、形容词的误译、形容词连用时出现的偏误、形容词和数词的相对位置以及"的"的隐现问题比较突出。

（3）数词使用的偏误率在两个阶段都为26%，主要问题在于数词的后置、居于句中和重复使用，这种现象从一年级一直持续到四年级。

（4）代词在一二年级的偏误率为41.6%，三四年级为31.6%，错误率降低比较明显。在代词的使用中，主要问题在量词的漏用和误用上。这是因为维吾尔语中量词不丰富，代词在使用时可以不和量词连用，所以造成了学生使用指量短语的困难。

（5）动词在一二年级的偏误率为26.8%，到了三四年级为42.4%，呈上升态势。其中最大的问题是"的"的隐现。汉语形态不丰富，动词作定语时，要考虑单双音节问题，动词的及物性、变化性、有界性、动作性、客观性和具体性，要考虑名词的抽象程度，还要考虑加不加"的"的问题，因此比较复杂。而维吾尔语动词作定语分为动名词和形动词两种情况，动名词如果表属性，通常紧邻核心词，如果表示领属，一般置于多重定语的最外层，形动词作定语时的功用相当于形容词，通常外置于名词、形容词。

因为两种语言动词作定语差别较大，因此语际迁移影响也较大，致使学生掌握起来比较困难。

（6）短语在一二年级的偏误率为27.7%，三四年级为21.9%，主要问题是和代词、数词共现时的相对位置。

学生使用某一语言项目错误率越低，说明习得得越好，也说明该项目容易习得；反之使用某一语言项目错误率越高，说明习得得越差，也说明该项目不易习得。基于这种认识，再综合以上的分析，我们大致构拟出学生多重定语的习得顺序：

名词＞形容词＞短语＞代词＞数词＞动词

这种习得顺序不是绝对的，而是具有倾向性的，知道了学生的习得顺序，不但有利于课堂教学，而且对教材编写、语法等级大纲的编制都有一定的参考价值。基于此，我们提出分级教学建议：很多语法单位都可以充当定语，但是每个年级应该有所侧重。

根据学生的习得情况，我们认为一年级应该侧重于名词的教学。因为汉维语中名词都可以充当属性定语和领属性定语，而且在多重定语中的语序一致，所以可以放在低年级阶段学习。

二年级应侧重学习形容词、短语和代词。这是因为汉语中形容词分为性质形容词和状态形容词，而维吾尔语中形容词分为性质形容词、关系形容词和情态形容词。在维吾尔语中没有状态形容词，所以学生学习起来比较困难。至于短语，由于较长，而且汉维语中的短语不是一一对应的，比如汉语中有介词短语，而维吾尔语中有后置词短语，这就给学生的学习带来了一定的困难。代词在汉语中经常和量词结合修饰核心词，当和短语共现作定语时，书面语中经常前置于短语，口语中则后置于短语，在维吾尔语中代词较少和量词连用，并且和短语连用作定语时，通常后置于短语，这些不同都会给学生的学习带来一定的困难。

三年级应侧重于数词的教学，习得数词的偏误并不是数词本身的用错，而是数词和其他语法单位共现作定语时的相对位置，学生经常出现数词后置、重复使用等问题，而且这种现象一直持续到四年级，所以在学生接触了大量语言现象形成一定的语感后，老师应着重告诉学生数词的正确位置。

动词的学习应该放在最后一年。因为维吾尔语中动词词干不能直接作定语，如果要作定语，需要转变成动名词形式或者形动词形式。而汉语因为缺乏形态，动词作定语时分为单音节动词作定语的情况和双音节动词作定语的情况，而且要分别考虑动词和核心词的语义特点，要考虑"的"的隐现问题，这就使学生掌握起来非常困难，所以应该放在最后一年学习。

虽然各个年级讲授不同语法单位作定语时会有所侧重，但各个年级的讲授并不是截然分开的，而是每个阶段都会有所涉及，只是不同阶段针对性、侧重点不同而已。

第四节 多重定语的教学策略

在前几节中，我们梳理了民族学生学习多重定语时的偏误及其习得顺序，发现学生习得多重定语时存在的问题较多，这主要是由多方面原因造成的。（1）学生的母语是维吾尔语，维吾尔语属于阿尔泰语系，是粘着语，汉语属于汉藏语系，是孤立语。学习不同语系的语言本来就存在一定难度，而汉维两种语言多重定语存在相同语序的同时，也存在相异的地方，这就增加了学生学习的难度。因此在学习过程中，学生难免会受母语的迁移而出现偏误。（2）在汉维语言中，能够充当定语的语法单位比较多，两种语言都可以由名词、代词、动词、形容词、数词、象声词、主谓短语、述宾短语、偏正短语、联合短语、连谓短语、同位短语、方位短语、量词短语等充当。除此之外，汉语定语还可以由区别词、述补短语、兼语短语、介词短语、助词短语、固定短语等充当，而维吾尔语则不行；维吾尔语后置词短语、系动词短语可以充当定语，而汉语则没有后置词短语、系动词短语。如此复杂的语法单位再排列成多重定语时，不仅涉及语法问题，而且涉及语义、语用等多个层面的问题，这就更增加了学生掌握的难度。（3）学生学习离不开教材，教材是教师从事教学活动的指挥棒，但学生的教材中普遍缺乏多重定语的介绍，因此教师上课不会以之为重点，这就导致学生学习多重定语受限，练习多重定语的机会减少。（4）作为一名双语教师，应该精通汉维两种语言，能够比较流利地进行日常口语表达和专业术语表达，能用双语流利地进行教学。但目前给维吾尔学生讲授汉语的教师大多是汉族人，他们虽然学过几年维吾尔语，但对维吾尔语了解不深，不要说精通维吾尔语，就连一般的日常表达都存在一定困难，所以普遍缺乏对两种语言的对比分析意识，不知道汉语多重定语和维吾尔语多重定语的差别在哪里，因此解释起来就比较无力。我们对教师的课堂教学进行了调查，发现整个教学过程依然是以教师为中心的教学方式。教师偶尔讲到多重定语时，更多注重的是语法形式的讲解，而语言的具体运用则不够。虽然语法规则的内化能够帮助学生生成无限的句子，但语法正确的句子未必能达到交际的目的，因为成功的语言交际涉及语境、话题、谈话者等多个方面。所以教学过程中，教师在讲解多重定语时，由于忽视把语言形式、意义和语言使用的背景联系起来，因而不能有效地提高学生的语言运用能力，导致学生上课虽然听了一些关于多重定语的介绍，但和实际结合得少，下课后又很少有机会运用，所以掌握得不够理想。

针对学生实际运用多重定语能力较差的现象，我们认为教师应该改变自己的教学策略。

首先，教师应该重视学生的学习过程，鼓励学生积极参与教学活动，并且通过学生参与学习的过程，让他们不但掌握多重定语的知识，而且掌握如何学习。教师应该把自己备课所做的一切，逐步让学生自己学着来掌握，这样就能从"满堂灌"的教学中解放出来，把时间放在答疑解惑上，放在组织学生使用多重定语的活动中。语法点的获得只有通过在不同语境中的大量接触和运用才能获得，不可能仅靠一两次讲解就熟练掌握。语言的掌握不是教会的，而是用会的，教师给学生提供更多的语言运用机会，是学生熟练掌握语法的关键所在。因此教师的备课应该更多地放在如何设计组织适当、多样、能激发学生学习积极性的教学活动中来。

其次，语法教学的目的是帮助学生学会运用语法规则，保证学生学通弄懂。作为教师可以选择真实的语言材料，丰富课堂活动，并且采用正确的纠错方法，来激发学生的学习动力，激活学生的学习热情。在目前学生使用的教材中没有专章介绍多重定语的内容，所以教师在必要的时候，应该模仿书上的例句多举一些句子，然后讲解语法规则。但如果这些例子是孤立的，没有联系实际来运用，学生就会感到枯燥乏味，而且也不利于培养学生的交际能力。因此教师应尽量将书上的多重定语与日常生活中的真实语言材料结合起来，这样既弥补了书本知识无法体现多重定语的不足，又从内容上活化了多重定语的教学。

认知语言学认为，环境信息输入到大脑中枢并在此进行信息编码、加工，然后产出相应的行为，所以输入的信息和产出的行为密切相关。语言专业的民族学生白天课程多，晚上需要上晚自习，从早到晚学习，本来就比较疲惫，所以教师在课堂上讲解多重定语时，如果例子再不生动，就容易让学生心生倦怠，无法输出活跃的思想和行为。因此选择真实的语言材料，将多重定语规则和实际生活有机地结合起来，可以让学生兴奋，有助于调动学生的积极性，活化多重定语教学。因此在分级分层地讲解完多重定语的语法规则后，教师可以围绕多重定语的规则做一些简单的、重复率较高的练习，以强化学生对这一规则的记忆，然后教师再结合实际生活练习这些规则，最后在学生掌握了多重定语后，进行联系社会现实的交际活动，从而培养他们在真实的语言环境中运用多重定语的能力。

在语言学习过程中，出错是难免的，出错虽然有负面影响，但也有积极的一面。通过指出学生的偏误，可以让学生知道自己错在哪里，可以从偏误中得到启示，然后进一步尝试，直到表达正确。同时也正因为学生的偏误，才可以让教师知道学生的难点、没有掌握的地方在哪里，从而调整教学，这远远比教师自己预测学生的错误要强得多。面对学生的偏误，教师没有必要每错必纠，这样会使学生内心产生焦虑，阻碍和教师的沟通，导致课堂气氛沉闷而紧张，阻碍通向学生的信息输入渠道，最终妨碍学生对多重定语的学习，所以当错误影响到交际时才有必要进行纠正。然而对所有错误不闻不问，任学生随意发展，学生就不可能知道自己的偏误所在，也容易使学生固化自己所犯的偏误，这样就很难取得进步。

因此，面对学生的偏误，教师应该加以区别。如果学生的偏误不妨碍交际，是局部的错误，就可以适当忽略，以保证交际的流畅性；如果偏误是妨碍交际的整体性错误，则必须予以纠正；如果偏误在全班普遍存在或是部分学生多次重犯的，那么即使是局部性偏误，也需要纠正。

另外，教师要注意纠错的时机和方式：阻碍交际进行，或使交际偏离预定方向的错误，要及时纠正，其他错误可在阶段性活动结束后纠正。纠错时，教师指出学生错误的同时，要鼓励学生，给他们以改正的信心。采取这样的纠错方式，可以有效地减轻学生的心理压力，不至于造成学生对学习的恐惧。但我们不建议，学生犯了整体性错误时，教师也总是用"很好，真的不错"等言语进行鼓励。维吾尔族学生大部分喜欢表达，但也有一些沉默寡言、性格内向的学生，这时教师要鼓励他们多说，可以提前给定题目，让学生准备，当他们慢慢学会表达，树立信心后，就会踊跃发言。如此一来，便激活了全班每一个学生，整个课堂气氛也就活化了。

从事汉语教学的教师大都是汉族人，他们精通汉语，选择真实语言材料并不需要耗费太多精力，但如何设计社会交际型活动，如何让教学一环接着一环，丝丝相扣，如何符合学生的认知规律去实施教学，这就需要教师认真设计、勇于探索，不断积累材料、积累经验，使教学具有趣味性、丰富性，这样才能更好地调动学生的积极性，达到理想的多重定语教学目的。

第六章 多重定语的翻译问题

民族学生习得多重定语时存在一定困难，在翻译过程中也存在许多问题。因为翻译是不同语符之间的转换过程，译者只有对原语和译语都具有相应的表达能力，才能较好地把握两种语言之间的转换，才能让所译文章通顺、流畅。因此下面我们谈谈维吾尔语多重定语的汉译问题。

第一节 名词的翻译

一 名词后附加属格"-niŋ"的翻译

（一）维吾尔语名词后附加属格"-niŋ"作定语，整个定中结构是"bar/bol（有）"的主语，翻译成汉语时，带属格的名词定语译成全句的主语，核心词译成"有"的宾语。如：

1. adil -niŋ   jeʃ   -i   teχi kitʃik bir tal   -la   oʁl   -i   bar
   阿迪力（属格）年龄（3 单，从属）还 小 一 个（语气词）儿子（3 单，从属）有
   idi.
   （系动词，3 单）
   "阿迪力有一个年龄还小的独生儿子。"

2. ɦazir baj   -niŋ   tallap turup alʁan tʃirajliq, oqumuʃluq ajal   -i   bar.
   现在 地主（属格）   里挑一   漂亮   有学问   妻子（3 单，从属）有
   "现在地主有一个百里挑一、漂亮而又有学问的妻子。"

3. buruniŋ burunisida jip egir -idiʁan   bir tul χotun bol -ʁanikɛn.
           很久以前   线 纺（未完成形动词）一 守寡的 女人 有（3 单，间陈相对
        ajal -niŋ   ɛnqɛr isim   -lik   bir   taz oʁl   -i
   过去时）女人（属格）安尼开尔 名字（关系形容词）一 秃 儿子（3 单，从属）
        bol   -up, sɛmɛt de   -gɛn   navaj -da   iʃlɛ
   （系动词）（状态副动词）赛买提（系动词）（完成形动词）烤馕的人（方位格）工作
          -jdikɛn.
   (3 单，间陈一般将来时)
   "很久以前，有一个纺线的寡妇，这个女人有一个名叫安尼开尔的儿子，儿子是个

秃子，这个儿子在一个叫作赛买提的打馕的人那里工作。"(《维吾尔民间故事·第3册》117页)

例1中，专有名词"adil（阿迪力）"后附加属格"-niŋ"作"oʁul（儿子）"的修饰语，整个定中短语"adilniŋ jeʃi teχi kitʃik bir talla oʁli（阿迪力的年纪还小的一个独生儿子）"作"bar（有）"的主语，意思是"阿迪力的一个年龄还小的独生子有"。翻译成汉语时，"adil（阿迪力）"需要译成主语，核心词"oʁul（儿子）"译成宾语，因此原句最终译为"阿迪力有一个年龄还小的独生儿子"。例2中，"baj（地主）"后附加属格"-niŋ"和"tallap turup alʁan tʃirajliq, oqumuʃluq（百里挑一、漂亮、有学问的）"共同修饰"ajal（女人）"，整个定中短语"bajniŋ tallap turup alʁan tʃirajliq, oqumuʃluq ajali（地主的百里挑一、漂亮而又有学问的妻子）"作"bar（有）"的主语，意思是"地主的百里挑一、漂亮而又有学问的妻子有"。翻译成汉语时，"baj（地主）"译作主语，"ajal（女人）"译作宾语，通过调整，全句翻译为"地主有一个百里挑一、漂亮而又有学问的妻子"。例3中，"ajal（女人）"后附加属格"-niŋ"和"ɛnqer isimlik（名叫安尼开尔）"、"bir（一）"、"taz（秃子）"共同修饰"oʁul（儿子）"，整个定中短语"ajalniŋ ɛnqer isimlik bir taz oʁli（女人的名叫安尼开尔的一个秃子的儿子）"作了"bol（有）"的主语，意为"女人的一个名叫安尼开尔的秃子的儿子有"。翻译成汉语时，"ajal（女人）"译为主语，"oʁul（儿子）"译为宾语，通过调整，整个句子翻译为"女人有一个名叫安尼开尔的秃子的儿子"。因为"ajal（女人）"是定指的，翻译成汉语时也应是定指的，所以在"女人"前加了指量短语"这个"，即"这个女人有一个名叫安尼开尔的秃子的儿子"。原句在维吾尔语中表达较长，这是因为维吾尔语中长句较多，但汉语中短句较多，所以需要进一步调整，把长句变成短句，因此句子最终译成了"这个女人有一个名叫安尼开尔的儿子，儿子是一个秃子"，这样表达不但清晰准确，而且也符合汉族人的表达习惯。

（二）维吾尔语名词后附加属格"-niŋ"作定语，整个定中短语是被动句的主语，翻译成汉语时，需要把带属格的名词定语翻译成全句的主语。如：

4. jeqinda sɛmet　　-niŋ　bir-ikki partʃɛ ɦekaji　-si　　elan qil　-in
　　最近　赛买提（属格）一　二　　篇　故事（3单，从属）发表　（被动）
　　-ividi.

(3单，直陈相对过去时)

"最近，赛买提发表了一两篇故事。"

5. jeqinda atʃa   -m   -niŋ bir ʃe'ir-lar toplim -i neʃir qil -in
   最近 姐姐（3单，从属）（属格）一 诗（复数）总集（3单，从属）出版（被动）
   -di.
（3单，过去时）
"最近我姐姐出版了一部诗集。"

例4中，"sɛmɛt（赛买提）"后附加属格"-niŋ"和数量短语"bir-ikki partʃɛ（一两篇）"共同修饰"ɦekajɛ（故事）"，"neʃir qilindi（被发表）"是被动态，"sɛmɛtniŋ bir-ikki partʃɛ ɦekajisi（赛买提的一两篇故事）"作这个被动句的主语，句子原意是"最近，赛买提的一两篇故事被发表了。"翻译时，"sɛmɛt（赛买提）"需要译成主语，被动态译为主动态，即"最近赛买提发表了一两篇故事"。同理，例5中，"atʃa（姐姐）"后附加属格"-niŋ"，和"bir（一）"、"ʃe'irlar（诗）"共同修饰"toplam（集子）"，"atʃa（姐姐）"后附加了第一人称单数词尾"-m"，"atʃam"译为"我姐姐"。"atʃamniŋ bir ʃe'irlar toplimi（我姐姐的一部诗集）"是全句的主语，"neʃir qilindi（被出版了）"是被动态。翻译成汉语时，需要译成主动态，同时"atʃam（我姐姐）"需要译作全句的主语，调整后，原句译为"我姐姐出版了一部诗集"。

（三）在维吾尔语中，名词后附加属格"-niŋ"表示空间关系，翻译成汉语时，可以译作方位短语。如：

6. taʁ -niŋ salqin ɦava   -si   jyrɛk -kɛ dava.
   山（属格）凉爽 空气（3单，从属）心（向格）良药
   "山上清新的空气是健身的良药。"《汉维共时对比语法》396页）

7. kejin tuχum -niŋ etʃ -il   -ʁan   tøʃyk   -i   -ni keŋɛjt
   以后 鸡蛋（属格）开（被动）（完成形动词）洞（3单，从属）（宾格）扩大
   -ip,   romka tɛjjarli   -di.
（状态副动词） 酒杯 配置（3单，过去时）
   "然后把鸡蛋上开的孔扩大，制成了酒杯。"《往事》280页）

例6中，"taʁ（山）"后附加属格"-niŋ"表示空间位置，然后和"salqin（凉爽）"共同修饰"ɦava（空气）"，翻译成汉语时，"taʁniŋ（山）"译成了方位短语"山上"。例7中，"tuχum（鸡蛋）"后附加属格"-niŋ"表示"tøʃyk（洞）"的位置所在，翻译成汉语时，译成了方位短语"鸡蛋上"。

二 名词后附加范围格"-diki/tiki"的翻译

在维吾尔语中，表示范围、方位的名词作定语时，后面通常要附加相当于汉语"的"的范围格标记"-diki/tiki"。当其后还有其他定语时，"的"一般不用翻译出来。如：

第六章　多重定语的翻译问题

8. dunja-diki　　　ilɣar　mɛdɛnijɛt　-ni　　bil　-mɛ　　　　-jsɛn.
　　世界（范围格）先进　　文化（宾格）　知道（否定）（2单，将来时）

"你不懂世界先进文化。"（《金库》6页）

例8中，"dunja（世界）"表示范围，后面附加"-diki"和"ilɣar（先进）"共同修饰"mɛdɛnijɛt（文化）"。翻译成汉语时，"dunja（世界）"后的"-diki"如果翻译成"的"，"dunjadiki ilɣar mɛdɛnijɛt"就译成了"世界的先进文化"，这样翻译不够紧凑，所以省略"的"，直接译为"世界先进文化"。

但是当名词后附加了范围格标记"-diki/tiki"，其后又没有别的定语时，"的"就需要翻译出来。如：

9. mavu adɛm -niŋ　jyz-køz　-lir　　-i　　　　-diki　qoruq　-lar
　　那　人（属格）　脸　眼（复数）（3单，从属）（范围格）皱纹（复数）

-ɣa　　sɛpsal　　　-diŋ　　-mu?
（向格）打量（2单，过去时）（语气词）

"你观察到那个人脸上、眼角的皱纹了吗？"（《流浪者酒家》22页）

例9中，"jyz-køz（脸—眼）"后附加"-diki"表示"qoruqlar（皱纹）"的方位，其后没有别的定语出现，这时和"-diki"相对应的汉语定语标记"的"就需要翻译出来。"jyz-køzliridiki"意为（脸—眼的），翻译时需要译成表方位的"脸上、眼角"才更为通顺，同时需要注意的是"jyz-køz"后附加了复数标记"-lar"，但在此处并不表示复数的意义，所以汉语不必用复数表达，最后"jyz-køzliridiki qoruqlar"译成了"脸上、眼角的皱纹"。

三　名词后附加形似格"-dɛk/tɛk"的翻译

维吾尔语名词后附加形似格"-dɛk/tɛk"修饰核心词，翻译成汉语时通常译作比况短语。如：

10. tømyr -dɛk　　iradɛ
　　铁（形似格）意志

"钢铁般的意志"（《维吾尔语语法》342页）

11. u　tʃaɣ　　-da,　　ular　at-kali -dɛk　　turmuʃ kɛtʃyr　　-ɛtti.
　　那　时候（方位格）他们　马 牛（形似格）　生活　过（3单，直陈相对将来时）

"那时，他们过着牛马般的生活。"（《维吾尔语语法》368页）

12. qari　　-sa,　　ɦeliqi ɛski　øj　-niŋ　itʃi　-dɛ　pɛrizat -tɛk　ikki
　　看（3单，虚拟）那　脏　房子（属格）里面（方位格）仙女（形似格）二

qiz　　　jyr　　　-gy　　　-dɛk.
女孩（系动词）（表愿动名词）（形似格）
"他一看，那个脏房子里像是有两个仙女般的女孩。"

13. anar　　-dɛk　　jyz
　　石榴　（形似格）脸
"银盘似的脸"

例 10 中，"tømyr（铁）"后附加形似格"-dɛk"修饰"iradɛ（意志）"。在维吾尔语中，人们认为"tømyr（铁）"很坚硬，并用来比喻"iradɛ（意志）"，但在汉语中表示"意志坚强"则用"钢铁"来形容，因此例 10 中"tømyrdɛk"译作了比况短语"钢铁般"。例 11 中，"at-kala（马—牛）"后附加形似格"-dɛk"修饰"turmuʃ（生活）"，在排序时"at（马）"前置于"kala（牛）"，这是因为维吾尔族以前是游牧民族，在他们的生活中"at（马）"的作用大于"kala（牛）"，所以用"at-kala（马—牛）"的排序方式进行表达。但翻译成汉语时，因为汉民族古时以农耕为主，"牛"的作用大于马，所以"at-kala（马—牛）"调整语序译成了"牛马"，"at-kalidɛk"译成了比况短语"牛马般"。例 12 中，"pɛrizat（仙女）"后附加形似格"-tɛk"修饰"qiz（女孩）"，翻译时译作了比况短语"仙女般"。例 13 中，"anar（石榴）"后附加形似格"-dɛk"修饰"jyz（脸）"。"anardɛk jyz（石榴般的脸）"在维吾尔文化中是指一种很漂亮、圆形的脸，但在汉语中表示人的脸是圆形的时候，并不用"石榴"表达，所以根据汉语表达习惯，将"anardɛk"译成了"银盘似的"。

四 名词翻译成其他词性或短语

在维吾尔语中，名词作定语修饰核心词，翻译成汉语时，有时需要翻译成其他词性或短语。

14. u　-niŋ　-mu　poqaq molla　-m　　-niŋ dʒaza tʃari -lir
　　他（属格）（语气词）大脖子 毛拉（1单,从属）（属格）惩罚 方法（复数）
-i　　　　-din baʃqa alahidɛ bir dʒazala　　　-ʃ　　usul　-i　　bar.
(3单,从属)（从格）其他 特殊 一 惩罚 （称名动名词）方法（3单,从属）有
"他有另一种比大脖子毛拉惩罚方法更加特殊的惩罚方式。"（《往事》50 页）

15. biŋʃi　-si　　bar oʁul bala ɦal ejt　-ma　　-jdu.
　　本事（3单,从属）有 男 孩子 情况 说 （否定）（3单,将来时）
"有本事的男孩子是不会诉苦的。"（《往事》88 页）

16. muʃundaq eʁir pejt　-tɛ　　meniŋ kørymsiz, jɛʁir, qoŋur et　-im
　　这样 严重 关口（方位格）我、属格合音 寒碜 鞍伤 棕色 马（1单,从属）

køks   -i   bilɛn   qar -ni   buz   -up
胸膛（3 单，从属）（后置词） 雪（宾格）破坏（状态副动词）

"在这严峻关头，我那匹不起眼的生有鞍疮的棕色马竟用胸脯破开雪"（《往事》216 页）

17. bu ikki egiz, tʃoŋ taʁ -niŋ   yst   -i   ikki ʁulatʃ -tʃɛ   adʒri -l
     这 二   高   大   山（属格）上（3 单，从属）二 庹（量似格）裂开（被动）
-ip   boʃ   qal   -ʁan   dʒaj   -i   -din   asman   kør
（状态副动词）空（系动词）（完成形动词）地方（3 单，从属）（从格）天   看
-yn   -yp   tur   -idiʁan   øŋkyr taʁ jol   -i   ikɛn.
（被动）（状态副动词）（助动词）（未完成形动词）洞穴 山 路（3 单，从属）（系动词，3 单）

"这是夹在两座高耸的大山之间，上面只能从两庹宽的缝隙中望见天空的一条深幽的山道。"（《往事》222 页）

例 14 中，名词"dʒaza（惩罚）"和同位短语"poqaq mollam（大脖子毛拉）"共同修饰"tʃarɛ（方法）"，翻译成汉语时，名词"dʒaza"译作了动词"惩罚"。例 15 中，名词"oʁul（男）"和主谓短语"biŋsisi bar（有本事）"共同修饰"bala（孩子）"，译成汉语时，"oʁul"译成了区别词"男"。例 16 中，名词"jeʁir（鞍伤）"和人称代词"mɛn（我）"、形容词"kørymsiz（寒碜）"、"qoŋur（棕色）"共同修饰"at（马）"，译成汉语时，"jeʁir（鞍伤）"译成了述宾短语"生有鞍伤、带有鞍伤"。例 17 中，名词"øŋkyr（洞穴）"和"taʁ（山）"共同修饰"jol（路）"，"øŋkyr taʁ joli"意为"洞穴山路"，但这样表达不够通顺，所以为了翻译晓畅，将名词"øŋkyr"译作了形容词"深幽"，将"øŋkyr taʁ joli"译作了"深幽的山路"。

五　词义的选择与翻译

在翻译的时候，为了使译文准确，必须选准词义，否则就会使译文生涩难懂，甚至导致理解错误，所以选择词义时要考虑到文化背景知识以及上下文语境，这样翻译出来的语句才易于读者理解。

18. χalta kotʃa
    袋子 街道

"死胡同"

19. u bir tʃoŋ ilmij ɛmgɛk   bilɛn ʃuʁullin   -ivatqan oχʃajdu.
    他 一   大 学术的 劳动（后置词）从事（3 单，B 种或然一般过去时）

"他象是在搞一项大的科研课题。"（《金库》190 页）

20. bir vaqit -lar -da muʃundaq bir partʃɛ qɛʁɛz -gɛ   eriʃ   -iʃ
    一 时间（复数）（方位格）这样 一 张   纸（向格）获得（称名动名词）

```
            -ni  oŋ     -um       -da  ojla       -p        baq    -mi    -ʁan.
```
（宾语）现实（1单，从属）（方位格）想（状态副动词）（助动词）（否定）（完成形动词）

"在一段时间里，得到这样的一张通知书我想也没想过。"《流浪者酒家》84页）

21. ari   -miz   -diki øz'ara ɦørmɛt -niŋ aχirqi bir qat pɛrdɛ   -si
    中间（1复，从属）（范围格）互相 尊敬（属格）最后 一 层 帘子（3单，从属）
    -mu ɛnɛ ʃundaq jirt   -ip   taʃla   -n   -di.
（语气词）就是 这样 撕（状态副动词）（助动词）（被动）（3单，过去时）

"我们之间相互尊重的最后一层薄幕就这样撕破了。"《流浪者酒家》96页）

例 18 中，"χalta（袋子）"修饰"kotʃa（街道）"，表示"像袋子一样的街道"，如果对译，就会让人费解，因此根据汉语搭配习惯，翻译成了"死胡同"。例 19 中，数词"bir（一）"、形容词"tʃoŋ（大）"、"ilmij（学术的）"修饰"ɛmgɛk（劳动）"，如果将"bir tʃoŋ ilmij ɛmgɛk"译成"一项大的学术劳动"，就很难理解，所以根据上下文语境，将"ɛmgɛk"译成"课题"，"ilmij"译成"科研"，"bir tʃoŋ ilmij ɛmgɛk"译成了"一项大的科研课题"。例 20 中，"muʃundaq（这样）"和"bir partʃɛ（一张）"修饰"qɛʁɛz（纸）"，"muʃundaq bir partʃɛ qɛʁɛz"的意思是"这样一张纸"，如果直译，字面上是通顺的，但令人不解的是为什么"这样一张纸"在一段时间里令人想也不敢想？这张纸为什么这么重要？结合上下文语境，我们知道原来"这张纸"是指那个特殊年代的"录取通知书"，所以翻译的时候，根据语境，将"muʃundaq bir partʃɛ qɛʁɛz"译成了"这样一张通知书"。例 21 中，"pɛrdɛ（帘子）"受"ari（中间）"、"øz'ara ɦørmɛt（互相尊重）"、"aχirqi（最后）"、"bir qat（一层）"修饰，"arimizdiki øz'ara ɦørmɛtniŋ aχirqi bir qat pɛrdisi"意思是"我们之间互相尊重的最后一层帘子"，如果按照字面意思翻译，不好理解，所以根据上下文，将其译成了"我们之间互相尊重的最后一层薄幕"。

在翻译维吾尔语名词时，还需要注意以下几个方面。例如：

22. ʃundaq qil   -ip,   sɛpra poqaq molla   -m   mɛktip
    那样（系动词）（状态副动词）狂躁 大脖子病 毛拉（1单，从属）学校
        -i   -din ɛbɛdij qutul   -dum.
（3单，从属）（从格）永久 逃脱（1单，过去时）

"于是，我永远离开了暴戾的大脖子毛拉的学堂。"《往事》46页）

23. qoj -niŋ piʃ -qan   ikki kalli -si   bilɛn patʃiq -i,
    羊（属格）熟（完成形动词）二 头（3单，从属）和 小腿（3单，从属）

ikki qerin

二 肚子

"两副煮熟的羊头、羊蹄和羊肚子"(《往事》296 页)

在例 22 中,"poqaq molla(大脖子毛拉)"修饰"mεktεp(学校)","molla(毛拉)"后附加了第一人称单数词尾"-m"。维吾尔族信仰伊斯兰教,人们通过附加人称词尾来表达自己对毛拉的尊敬之情。但在翻译的时候,如果把人称词尾翻译出来,将"poqaq mollam"译成"我的大脖子毛拉",读者就不易理解,所以人称词尾不用译出,可以直接翻译成"大脖子毛拉"。例 23 中,"qoj(羊)"、"piʃqan(熟的)"和"ikki(二)"修饰"kalla(头)"、"patʃaq(小腿)"和"qerin(肚子)",如果将"qojniŋ piʃqan ikki kallisi bilεn patʃiqi, ikki qerin"译成"羊的熟的两个头、小腿和两个肚子",语句就不通顺,所以需要调整语序,将其译成"两副煮熟的羊头、羊蹄和羊肚子"。

可以看出,在翻译维吾尔语名词时,当维吾尔语名词后附加属格"-niŋ"作定语,整个定中结构是"bar/bol(有)"的主语,翻译成汉语时,带有属格的名词需要翻译成全句的主语,核心词译为"有"的宾语。当名词后附加属格"-niŋ"作定语,整个定中结构是被动句的主语,翻译成汉语时,需要把带属格的名词定语翻译成全句的主语。如果名词后附加属格"-niŋ"表示空间关系,翻译时可以译成方位短语。如果是表示范围、方位的名词作定语,后面附加了相当于汉语"的"的范围格标记"-diki/tiki","的"是否翻译出来要视情况而定。如果名词后附加形似格"-dεk/tεk"修饰核心词,翻译时,通常译成汉语的比况结构。此外,翻译维吾尔语名词时,在译语中不一定要对应地翻译成名词,有时可能会译作其他词性或短语。为了使译文准确,翻译的时候还要考虑文化背景知识,要根据上下文语境选择词义。为了使翻译晓畅,维吾尔语名词后附加了复数或人称词尾时,翻译成汉语不一定要翻译出来,为了使翻译更加顺畅,有时还需要对语序进行调整。

第二节 形容词的翻译

一 维吾尔语形容词作定语,翻译成汉语时,有时要译作汉语中的短语

1. mehiman -lir   -imiz   mildʒiŋ qeri molli -lar.
   客人 (复数)(1 复,从属)慢吞吞 老 毛拉(复数)
   "我们的客人是一些行动迟缓的老毛拉。"(《金库》176 页)

2. u bεstlik qavul vε qaram bala   idi.
   他 健壮 壮实 和 鲁莽 孩子(系动词,3 单)
   "他是个魁梧健壮、性格鲁莽的孩子。"(《往事》34 页)

3. mɛn tɛbi'it   -im   dʒɛfiɛt -tin aq køŋyl vɛ tɛsirtʃan bala   idim.
   我 性情（1 单，从属）方面（从格）善良 和 善感 孩子（系动词，1 单）
   "我那时是个善良、易动感情的孩子。"（《往事》262 页）

4. rɛɦimiχan de   -gɛn   palkøz bir χotun al   -di.
   热合木汗（系动词）（完成形动词）突眼 一 妻子 娶（3 单，过去时）
   "他娶回了一个名叫热合木汗长着一双突眼的女人。"（《往事》6 页）

5. burut   -luq   kɛliʃkɛn bir jigit bilɛn tʃasaqal bir adɛm kir   -di.
   胡子（关系形容词）英俊 一 小伙子 和 灰白胡子 一 人 进（3 单，过去时）
   "进来了一个留着小胡子的英俊青年和一位灰白胡子的人。"（《金库》178 页）

6. arqi -miz   -din jetiʃ   -ip   kɛl   -gɛn   ikki at
   后面（1 复，从属）（从格）到（状态副动词）（助动词）（完成形动词）二 马
   -liq   kiʃi bilɛn kør -yʃ   -tuq.
（关系形容词）人（后置词）看见（集合态）（1 复，过去时）
   "我们看到从后面有两个骑马的人赶上来。"（《往事》236 页）

7. kerim bɛg pursɛt -tin pajdilin   -ip   pilan bojitʃɛ kɛtmɛn
   克里木 伯克 机会（从格）利用（状态副动词）计划（后置词）坎土曼
   -lik   ikki kiʃi bilɛn billɛ kɛl -idu.
（关系形容词）二 人 和 一起 来（3 单，将来时）
   "克里木伯克利用机会，按照计划，让提着坎土曼的两个人一起来了。"（《往事》178 页）

8. ɦaraq itʃ   -ip   oltur   -ʁan   bir seriq jigit   bilɛn
   酒 喝（状态副动词）（助动词）（完成形动词）一 黄 小伙子（后置词）
   utʃri   -ʃ   -ip   qal   -dim.
   遇到（集合态）（状态副动词）（助动词）（1 单，过去时）
   "我遇到一位喝酒的黄皮肤小伙子。"（《往事》276 页）

9. bu pakar molla   -ŋ   bir pitniχor adɛm   ikɛn.
   这 矮 毛拉（2 单，从属）一 造谣者 人（系动词，3 单）
   "这个矮个子毛拉是一个搬弄是非的人。"（《往事》54 页）

例 1、例 2 是将形容词翻译成主谓短语的用例。如例 1 中"mildʒiŋ"意为"慢吞吞"，如果对译后用来修饰"molla（毛拉）"，会显得非常不尊敬，所以将其译作了主谓短语"行动迟缓"。例 2 中"bɛstlik（健壮）"、"qavul（壮实）"、"qaram（鲁莽）"共同修饰"bala（孩子）"，"u bɛstlik qavul vɛ qaram bala idi"意为"他是个魁梧强壮鲁莽的孩子"，如果三个形容词按照字面意思对译，会显得平淡无奇。"bɛstlik（健壮）"、"qavul（壮实）"意思相近，所以将二者译为"魁梧健壮"，"qaram（鲁莽）"则译成了主谓短语"性格

鲁莽"，最后"u bɛstlik qavul vɛ qaram bala idi"译作了"他是个魁梧健壮、性格鲁莽的孩子"。

例3—例7是将形容词译作述宾短语的用例。例3中，"aq køŋyl（善良）"和"tɛsirtʃan（善感）"共同修饰"bala（孩子）"，如果将"aq køŋyl vɛ tɛsirtʃan bala"译成"善良、善感的孩子"，语句就不通顺，所以结合上下文语境，将形容词"tɛsirtʃan（善感的）"译作了述宾短语"易动感情"。例4中，"palkøz（突眼）"和系动词短语"rɛɦimiχan dɛ-（名叫热合木汗）"、数词"bir（一）"共同修饰"χotun（妻子）"。"palkøz"意为"突眼"，如果将"rɛɦimiχan degen palkøz bir χotun"译成"一个名叫热合木汗的突眼妻子"就不符合汉语表达习惯，所以将"palkøz"译作了述宾短语"长着一双突眼"。例5中，关系形容词"burutluq"和"keliʃkɛn（英俊）"、"bir（一）"共同修饰"jigit（小伙子）"，"burutluq"原意是"胡子的"，如果将"burutluq keliʃkɛn bir jigit"译成"胡子的英俊的一个小伙子"，就会让人不知所云，因此为了语义通顺，将"burutluq"译成了述宾短语"留着胡子"。例6中，关系形容词"atliq"和"arqimizdin jetiʃip kɛl-（从我们后面赶上来）"、"ikki（二）"共同修饰"kiʃi（人）"，"atliq"意为"马的"，"arqimizdin jetiʃip kɛlgen ikki atliq kiʃi"意为"两个从我们后面赶上来的马的人"，如果这样翻译就很难理解，所以将"atliq"译成了述宾短语"骑马"。例7中关系形容词"kɛtmɛnlik"和"ikki（二）"共同修饰"kiʃi（人）"，"kɛtmɛnlik"本意是"坎土曼的"，"kɛtmɛnlik ikki kiʃi"意为"坎土曼的两个人"，如果这样翻译就令人费解，所以将"kɛtmɛnlik"译作述宾短语"提着坎土曼"，将"kɛtmɛnlik ikki kiʃi"译作"两个提着坎土曼的人"，这样就不会产生理解上的障碍了。

例8、例9是将形容词译成定中短语的用例。例8中形容词"seriq（黄）"和述宾短语"ɦaraq itʃip oltur-（喝酒）"、数词"bir（一）"共同修饰"jigit（小伙子）"。如果将"seriq"对译为"黄"，"seriq jigit"译为"黄小伙子"，就不好理解，所以将"seriq"译作了定中短语"黄皮肤"，"seriq jigit"译作了"黄皮肤的小伙子"。例9中"pakar（矮）"和指示代词"bu（这）"共同修饰"molla（毛拉）"，如果把"bu pakar molla"译成"这个矮毛拉"就不通顺，而且对毛拉也不尊敬，所以将"pakar（矮）"译成了定中短语"矮个子"，"pakar molla"译成了"矮个子毛拉"，这样就比较符合汉语的表达习惯，也不会对毛拉产生不敬之意。

二　维吾尔语中两个形容词连用修饰核心词，翻译成汉语时，如果是双音节形容词，形容词和形容词之间一般用"而"连接

10. quliq　　-im　　　-ʁa　duttar　-niŋ　tonuʃ　vɛ muŋluq　avaz　　-i
　　耳朵（1单，从属）（向格）都塔尔（属格）熟悉的 和 悦耳的 声音（3单，从属）

aŋli   -n   -iʃ   -qa   baʃli   -ʁanidi.
听（被动）（称名动名词）（向格）开始（3 单，直陈相对过去时）

"耳边响起了都塔尔熟悉而悦耳的声音。"（《金库》84 页）

11. qoruq bilɛn   bezɛ   -l   -gen   solʁun vɛ ʁɛmkin jyz   -ym
皱纹（后置词）装饰（被动）（完成形动词）憔悴 和 忧伤　脸（1 单，从属）

"我那长满皱纹、憔悴而忧伤的脸庞"（《金库》146 页）

12. mana bu avat, køŋyllyk tʃaʁ   -lar
　　 这　热闹　开心　时刻（复数）

"这真是个热闹而开心的时节"

例 10 中，形容词"tonuʃ（熟悉）"和"muŋluq（悦耳）"共同修饰"avaz（声音）"，"tonuʃ"和"muŋluq"译成汉语时都是双音节形容词，两个形容词间用"而"连接，将"tonuʃ vɛ muŋluq"译成了"熟悉而悦耳"。例 11 中，"solʁun（憔悴）"和"ʁɛmkin（忧伤）"连用修饰"jyz（脸）"，二者译成汉语时也是双音节形容词，通过用"而"连接，将"solʁun vɛ ʁɛmkin"译作了"憔悴而忧伤"。例 12 中，"avat（热闹）"、"køŋyllyk（开心）"一起修饰"tʃaʁ（时刻）"，翻译时用"而"连接，将"avat, køŋyllyk"译作了"热闹而开心"。

三　维吾尔语中形容词连用修饰核心词，翻译成汉语时，如果是单音节形容词，形容词和形容词之间一般用"又……又"连接

13. u ʃalaŋ, seriq tʃiʃ   -lir   -i   -ni   tʃiqir   -ip   kyl
　　 他　稀　黄　牙齿（复数）(3 单，从属)（宾格）出来（状态副动词）笑
-di.
(3 单，过去时)

"他露出又稀又黄的牙齿笑了。"（《金库》138 页）

14. mirakam -niŋ qara, dordaj kalpuk -lir   -i   titri   -di.
米尔大叔（属格）黑　撅起的　嘴唇（复数）(3 单，从属) 颤抖（3 单，过去时）

"米尔大叔又黑又厚的嘴唇抖动着。"（《金库》144 页）

15. qojuq qapqara tʃatʃ -lar u -niŋ ʃepki -si aldi -din
　　 浓密　黑黑的　头发（复数）他（属格）帽子（3 单，从属）前面（从格）
sirt   -qa   tʃiq   -ip
外面（向格）出来（状态副动词）

"又浓又黑的头发从帽檐下露出"《流浪者酒家》54 页）

16. mɛn ɦazir sajim qotʃqartʃi　-niŋ ɦeliqi semiz aq qotʃqir　-i　　　-ni
　　　我　现在　沙依木　卖公羊的人（属格）那　肥　白　公羊（3 单，从属）（宾格）
ɛpli　-mɛktʃi　-mɛn.
巧干（目的动词）（系动词，1 单）

　　"我打算从那个叫作沙依木的卖公羊的人那里把那只又肥又白的公羊偷来。"（《维吾尔民间故事·第 3 册》81 页）

17. mɛvlan χɛlpɛt qaznaq　-qa　kir　-ip,　kali　-niŋ　joʁan quruq
　　　买吾郎　宗教教师　暗间儿（向格）进（状态副动词）牛（属格）大　干
bir taʁaq ustiχin　-i　-ni　el　-ip　tʃiq　-ip　molla
一　肩胛骨　骨头（3 单，从属）（宾格）拿（状态副动词）（助动词）（状态副动词）毛拉
-m　　-niŋ aldi　-ʁa qoj　-di.
（1 单，从属）（属格）前面（向格）放（3 单，过去时）

　　"买吾郎掌学走进里屋，取出一块又大又干的牛肩胛骨，放在毛拉的面前。"（《往事》20 页）

　　例 13 中，"ʃalaŋ" 和 "seriq" 共同修饰 "tʃiʃliri（牙齿）"，"ʃalaŋ" 译作"稀"，"seriq" 译作"黄"，"稀" 和 "黄" 都是单音节形容词，翻译时二者之间用"又……又"连接，所以将 "ʃalaŋ, seriq" 译成了"又稀又黄"。例 14 中，"qara（黑）"、"dordaj（撅起的）"共同修饰 "kalpukliri（嘴唇）"，如果将 "qara, dordaj kalpukliri" 译成"黑的、撅起的嘴唇"就不够通顺，所以把 "dordaj（撅起的）"意译为"厚"，"黑"和"厚"都是单音节形容词，通过"又……又"连接，将 "ʃalaŋ seriq" 译成了"又黑又厚"。例 15 中，"qojuq"、"qapqara" 共同修饰 "tʃatʃlar（头发）"，将 "qojuq" 译作"浓密"、"qapqara" 译作"黑黑"，"浓密"、"黑黑"都是双音节形容词，如果将 "qojuq qapqara tʃatʃlar" 译为"浓密黑黑的头发"或者用"而"连接的"浓密而黑黑的头发"，要么不通顺，要么不紧凑，所以把 "qojuq qapqara" 译成了用"又……又"连接的联合短语"又浓又黑"。例 16 中，"semiz（胖）"和 "aq（白）"共同修饰 "qotʃqar（公羊）"，例 17 中，"joʁan（大）"和 "quruq（干）"共同修饰 "ustiχan（骨头）"，"semiz（胖）"、"aq（白）"、"joʁan（大）"、"quruq（干）"译成汉语后都是单音节形容词，通过用"又……又"连接，将 "semiz aq" 译成了"又肥又白"，"joʁan quruq" 译成了"又大又干"。

　　四　在维吾尔语中，形容词前没有 "naɦajiti（很）"、"bɛk（非常）"等程度副词修饰，但翻译成汉语时，为了成句，需要增补出一些程度副词

18. burunqi zaman　-da　　avat tʃoŋ ʃɛɦɛr　-niŋ sirt　　-i　　　-da tʃoŋqur
　　　从前　　（方位格）繁荣　大　城市（属格）外（3 单，从属）（方位格）深

bir jar bar ikɛn.
一 悬崖 有（系动词，3 单）

"从前，在一座繁华的大城市外有一处非常深的悬崖。"（《往事》202 页）

19. oʁul -lar -din ʁopur de -gen qanʃar -liq
　　男孩（复数）（从格）吾甫尔（系动词）（完成形动词）鼻梁（关系形容词）
mulɑjim bir savaqdiʃ -im bar idi.
温和的 一 同学（1 单，从属）有（系动词，3 单）

"男孩子里有一个名叫吾甫尔的同学，鼻梁很高、性情温顺。"（《往事》26 页）

20. burun bu mɛɦɛlli -dɛ ɦapizkam de -gen bir paŋqaj
　　从前 这 街道（方位格）哈皮孜大叔（系动词）（完成形动词）一 耳背的
adɛm bar idi.
人 有（系动词，3 单）

"从前，这个村里住着一位名叫哈皮孜大叔的人，他的耳朵很背。"（《往事》154 页）

　　例 18 中，"tʃoŋqur（深）"和"bir（一）"共同修饰"jar（悬崖）"，"tʃoŋqur（深）"前没有"naɦajiti（很）"、"bɛk（非常）"等程度副词修饰，如果将"tʃoŋqur bir jar"译为"一处深悬崖"，就不通顺，所以翻译时，增加了程度副词"非常"，将"tʃoŋqur bir jar"译成了"一处非常深的悬崖"。例 19 中，关系形容词"qanʃarliq"意为"鼻梁的"，用来修饰"savaqdaʃ（同学）"，如果将"qanʃarliq savaqdaʃ"对译为"鼻梁的同学"，就会令人费解，也与原意"同学鼻梁高"有出入，所以通过增加程度副词，将"qanʃarliq"译成了"鼻梁很高的"。例 20 中，形容词"paŋqaj（耳背的）"和系动词短语"ɦapizkam degen（名叫哈皮孜大叔）"、数词"bir（一）"共同修饰"adɛm（人）"，形容词"paŋqaj（耳背的）"译成了"耳朵很背"。

五 在维吾尔语中，形容词和其他语法单位共同作定语，翻译成汉语时，有时需要发生语序上的变动

21. partiji-niŋ munɛvvɛr ɛza -si
　　党（属格）优秀 成员（3 单，从属）
"优秀党员"（《汉维共时对比语法》406 页）

22. mɛχsus nɛzɛrijivi ɛsɛr
　　专门 理论 著作
"理论专著"（《汉维共时对比语法》407 页）

23. alaɦidɛ iqtisadij rajon
　　特殊的 经济 地区
"经济特区"（《汉维共时对比语法》407 页）

24. eʁir ɛksilinqilabij buzʁuntʃiliq
　　严重　反革命　　破坏
"反革命大破坏"(《汉维共时对比语法》407 页)

例 21 中,不论是汉维语,按照语义上说,都应该是"党的优秀成员",因为"优秀成员"是党内的。但如果汉语译成"党的优秀成员"就不经济,也不符合汉语韵律。由于汉族人偏好四字格,所以将例 21 译成了"优秀党员"。例 22、例 23 也是如此,如果按照原意翻译,应该是"专门的理论著作"、"特殊的经济地区",但是汉语中"专著"、"特区"已经固定成词,所以为了符合汉族人"2+2"的韵律模式,同时也为了满足语言经济的需要,例 22、例 23 分别译成了"理论专著"和"经济特区"。例 24 中,"eʁir ɛksilinqilabij buzʁuntʃiliq"原意是"严重的反革命破坏",这样有 8 个音节,翻译成汉语,缩减 2 个音节,译成"反革命大破坏",变成"3+3"的音节模式,这样比较经济,也符合汉族人的表达习惯。

25. u zaman -lar   -da sodigertʃilik -mu alaɦidɛ bir kɛsip   idi.
　　那　时代（复数）（方位格）经商　（语气词）特殊　一　行业（系动词，3 单）
"在那个时代,经商是一个特殊的行业。"(《往事》194 页)

26. sɛn ɛmdi jettɛ jaʃ -qa   kir   -ip, joʁan -la   bir ɛzimɛt
　　你　现在　七　岁（向格）进入（状态副动词）大　（语气词）一　男子汉
bol   -up   qal   -diŋ.
（系动词）（状态副动词）（助动词）（2 单,过去时）
"你现在七岁了,快长成一个大男子汉了。"(《往事》12 页)

27. andin dada   -m   tap   -qan   pul -i   -ni   jiʁ
　　然后　父亲（1 单,从属）找（完成形动词）钱（3 单,从属）（宾格）凑集
-ip, ʁuldʒa ʃɛɦɛr itʃ   -i   orda mɛɦɛlli -si   -din   kitʃik
（状态副动词）伊犁　城市　里（3 单,从属）窝勒达　街（3 单,从属）（从格）小
bir qoru dʒaj sɛtiva   -ptu.
一　院子　地方　买（3 单,间陈一般过去时）
"然后,父亲又用积攒的钱在伊宁市里的窝勒达街买了一处小院落。"(《往事》2 页)

28. uʃʃaq bɛʃ bali   -si   bar bir kɛmbɛʁɛl kiʃi
　　小　五　孩子（3 单,从属）有　一　　穷　　人
"一位有五个小孩的穷人"(《往事》104 页)

29. aka   -m   turdi qadir mɛdris -tɛ   qadirχan damolla
　　哥哥（1 单,从属）吐尔迪 卡德尔　经学院（方位格）卡德尔汗　大毛拉
-m   de   -gɛn   mɛʃɦur alim -din   dɛrs al   -atti.
（1 单,从属）（系动词）（完成形动词）著名　学者（从格）求学（3 单,直陈相对将来时）

"我的哥哥吐尔迪上的是卡德尔经学院,师从于著名学者卡德尔汗大毛拉。"(《往事》50 页)

例 25 中,"alaɦidɛ(特殊)"和"bir(一)"共同修饰"kɛsip(行业)","alaɦide bir kɛsip"意为"特殊的一个行业",翻译成汉语时需要调整语序,译成"一个特殊的行业"。例 26 中,"joʁan(大)"和"bir(一)"共同修饰"ɛzimet(男子汉)","joʁanla bir ɛzimɛt"意为"大的一个男子汉",调整语序后,译成了"一个大男子汉"。例 27 中,"kitʃik(小)"和"bir(一)"、"qoru(院子)"共同修饰"dʒaj(地方)",将"kitʃik bir qoru dʒaj"译为"小的一处院落"不够通顺,调整语序后,译成"一处小院落"就比较顺口、也比较经济了。例 28 中,"uʃʃaq(小)"和"beʃ(五)"共同修饰"bala(孩子)",如果将"uʃʃaq beʃ bala"译成"小五个孩子"就不符合汉语表达习惯,所以调整语序后,译作了"五个小孩子"。例 29 中,"mɛʃɦur(著名)"和系动词短语"qadirχan damollam dɛ-(叫卡德尔汗大毛拉)"共同修饰"alim(学者)",如果将"qadirχan damollam degen mɛʃɦur alim"译为"叫卡德尔汗大毛拉的著名学者"就不够紧凑,所以将其译成了"著名学者卡德尔汗大毛拉"。

可以看出,翻译维吾尔语形容词时,有时需要翻译成汉语中的短语。如果形容词连用修饰核心词,翻译成汉语时是双音节形容词,形容词和形容词之间一般用"而"连接。如果是单音节形容词,形容词和形容词之间一般用"又……又"连接。在维吾尔语中,形容词前有时没有程度副词修饰,但翻译成汉语时,为了成句,需要补出一些程度副词。为了让文字流畅,翻译时还需要对语序进行适当的调整和变动。

第三节 数词和代词的翻译

一 在维吾尔语中,数词、指示代词与形容词共现作定语,数词、指示代词前置于形容词,其后一般不使用量词。但汉语量词丰富,翻译时,需要在数词和指示代词后补充出量词

1. siz -gɛ   bir χuʃ χɛver ejt   -aj.
   您(向格)一 好 消息 告诉(1 单,祈使)
   "告诉您一个好消息。"(《流浪者酒家》70 页)

2. jeŋi kijim -lɛr -ni   kij -ip   bir tʃirajliq ɛzimɛt bol
   新 衣服(复数)(宾格)穿(状态副动词) 一 漂亮   好汉 (系动词)
   -up   qa   psɛn   -ʁu.
(状态副动词)(助动词)(2 单,间陈一般过去时)(语气词)

"这身新衣服一穿，你简直变成一个美男子了。"（《往事》150 页）

3. ɑri -din bir tɛlvɛ jigit tʃiq -ip
   当中（从格）一 鲁莽 小伙子 出来（状态副动词）

"其中一个鲁莽的小伙子站了出来"（《往事》86 页）

4. ɑvu kitʃik qiz -liri zilɛjχɑn -niŋ bɛdɛn -lir -i -ni
   那 小 女孩（2 敬，从属）孜莱依汗（属格）身体（复数）（3 单，从属）（宾格）

etʃ -ip qɑrɑ -p bɑq -silɑ
打开（状态副动词）看（状态副动词）（助动词）（2 敬，虚拟）

"您打开您那个小女儿孜莱依汗的衣服看看"（《往事》8 页）

例 1 中，"bir（一）"和"χuʃ（好）"一起修饰核心词"χɛvɛr（消息）"，"bir χuʃ χɛvɛr"翻译成汉语时，"bir（一）"后需要补充出量词"个"，构成数量短语"一个"，修饰"χɛvɛr（消息）"。例 2 中，"bir（一）"和"tʃirɑjliq（漂亮）"共同修饰"ɛzimɛt（好汉）"，翻译"bir tʃirɑjliq ɛzimɛt"时，"bir（一）"后也需要补充出量词"个"。因为修饰男子，"tʃirɑjliq"译成"漂亮"不妥，所以用"美、英俊"翻译，调整后，"bir tʃirɑjliq ɛzimɛt"译成了"一个美男子"。例 3 中，"bir（一）"和"tɛlvɛ（鲁莽）"共同修饰"jigit（小伙子）"，翻译时，"bir（一）"后增加量词"个"，构成数量短语"一个"后，将"bir tɛlvɛ jigit"译作了"一个鲁莽的小伙子"。例 4 中，"ɑvu（那）"和"kitʃik（小）"共同修饰"qiz（女孩）"，翻译时，"ɑvu（那）"后增加量词"个"，构成指量短语"那个"，将"ɑvu kitʃik qizliri"译作了"您那个小女儿"。

二　在维吾尔语中，数词与形容词共现作定语时可以后置于形容词。数词后置于形容词，其后一般不使用量词，翻译成汉语时，需要补充出量词，构成量词短语后前置于形容词

5. mɛn tʃiq -mi -ʁɑn -din kejin dɑdɑ -m nɛdin -du
   我 出来（否定）（完成形动词）（从格）以后 父亲（1 单，从属）哪里（语气词）
uzun bir tʃɛnzɛ tɛp -ip kɛl -di.
长 一 橡子 找（状态副动词）（助动词）（3 单，过去时）

"父亲见我不肯出来，不知从哪里找来了一根长杆子。"（《往事》90 页）

6. ili vilɑjit -i -niŋ ʃu tʃɑʁ -diki dotij -i -niŋ
   伊犁 地区（3 单，从属）（属格）那 时候（范围格）道台（3 单，从属）（属格）
ɑliqɑnɑt bir oʁɫ -i bol -up, ɛʃɛddij ɛrkɛ idi.
不安分的 一 儿子（3 单，从属）（系动词）（状态副动词）暴戾 受宠的（系动词，3 单）

"当时的伊犁道台，有一个浪荡的公子哥，很是暴戾骄横。"（《往事》66 页）

7. bu dʒaj tʃoŋ bir taʁ -niŋ ʁar -i bol -up
　　这 地方　大　一　山（属格）洞（3 单，从属）（系动词）（状态副动词）
"这地方原来是一个大山洞"（《往事》136 页）

例 5 中，"bir（一）"后置于形容词"uzun（长）"，二者共同修饰"tʃɛnzɛ（橡子）"，翻译时，"bir（一）"后增加量词"根"，构成数量短语"一根"前置于"uzun（长）"，"uzun bir tʃɛnzɛ（长的一杆子）"译成了"一根长杆子"。例 6 中，"bir（一）"后置于形容词"aliqanat（不安分的）"，翻译时，"bir（一）"后增加量词"个"，构成数量短语"一个"前置于"aliqanat（不安分的）"，"aliqanat bir oʁul（不安分的一个儿子）"译成了"一个浪荡的公子哥"。例 7 中，"bir（一）"后置于形容词"tʃoŋ（大）"，翻译时，"bir（一）"后增加量词"个"，构成数量短语"一个"前置于"tʃoŋ（大）"，"tʃoŋ bir taʁniŋ ʁari（大的一个山洞）"译成了"一个大山洞"。

三　在维吾尔语中，当数词、指示代词和谓词性短语共同作定语修饰核心词时，数词、指示代词一般后置于谓词性短语，并且其后不使用量词。翻译成汉语时，数词、指示代词后需要补出量词，构成量词短语后前置于谓词性短语

8. ʃim kastom kij -gɛn egiz boj -luq, ottura jaʃ -liq
　　西装　　穿（完成形动词）高 个子（关系形容词）中等 年龄（关系形容词）一　男　人
bir ɛr kiʃi
"一个穿西服的高大中年男子"

9. aq χalat kij -gɛn ikki sɛstira
　　白 罩衣 穿（完成形动词）二　护士
"两个穿白制服的护士"

10. biz joʁan taʃ -lar saŋgila -p tur -ʁan bir
　　我们 大　石（复数）下垂（状态副动词）（助动词）（完成形动词）一
øŋkyr itʃ -i -dɛ aram al -duq.
洞穴　里面（3 单，从属）（方位格）休息　（1 复，过去时）
"我们宿营在巨石垂悬下的一个洞穴里。"（《往事》224 页）

11. bu gyzɛl baʁqi -qa kava tɛri -ʁan -dɛk -la bir iʃ.
　　这 美丽　花园（向格）南瓜 种（完成形动词）（形似格）（语气词）一 事情
"这就像一件往美丽的花园里种上南瓜一样的事情。"（《金库》6 页）

12. 《bu ɦaraq qɛlɛndir -i kim -du?》 dɛ -p bɛʃ
　　　这 酒　乞丐 （3 单，从属）谁（语气词）（系动词）（状态副动词）头

-im　　　-ni　køtyr　-yp,　　yzyk　　-la　kijin　-gɛn,　saqal burut
（1单，从属）（宾格）抬（状态副动词）像样的（语气词）穿（完成形动词）　胡子
　-lir　　-i　　-ni　pakiz qir -dur　　-ʁan　　bir kiʃi -ni　kør　-dym.
（复数）（3单，从属）（宾格）干净　剃（使动）（完成形动词）一　人（宾格）看见（1单，过去时）

　　"这个讨酒的家伙是谁呢？我抬起头，看见一位衣着像样、胡子剃得很干净的人。"（《流浪者酒家》12页）

　　13. u bali　　-liq　　vaqit　　-lir　-im　　-da birliktɛ suʁa tʃømyl
　　　　他 孩子（关系形容词）时候（复数）（1单，从属）（方位格）一起　洗澡
　　-idiʁan, qumluq -ta　ojna　-jdiʁan ɦeliqi dost　-um　jysyp
（未完成形动词）沙滩（方位格）玩（未完成形动词）那　朋友（1单，从属）玉素甫
　　idi.
（系动词，3单）

　　"他正是那个我童年时曾在一起游水，一起在沙滩上玩耍的朋友玉素甫。"（《流浪者酒家》56页）

　　14. jeʃi toχtiʁan　bir　kiʃi jerim botulki -dɛk ɦaraq -ni　køtyr　　-yp,
　　　　年纪大的　　一　人　半　瓶　（形似格）酒（宾格）举（状态副动词）
beʃ　　-i　　-ni　ystel　-gɛ　qoj　　-up　　uχla -vatqan　ɦeliqi itʃɛrmɛn
头（3单，从属）（宾格）桌子（向格）放（状态副动词）睡（持续形动词）那　酒鬼
　-niŋ　jen　　-i　　-ʁa　kel　-ip　oltur　　-di.
（属格）旁边（3单，从属）（向格）来（状态副动词）坐（3单，过去时）

　　"一个年龄很大的人提着大约半瓶酒来到那位枕着桌子酣睡者的身旁，坐了下来。"（《流浪者酒家》16页）

　　例8中，数词"bir（一）"后置于述宾短语"ʃim kastom kij-（穿西服）"、定中短语"egiz bojluq（高个子的）"和"ottura jaʃliq（中年的）"，与"ɛr（男）"共同修饰"kiʃi（人）"。"ɛr"译作了区别词"男"，区别词表示事物的属性，具有分类的作用，一般紧邻核心词，因此"ɛr kiʃi"译为"男人"，"ʃim kastom kijgɛn egiz bojluq, ottura jaʃliq bir ɛr kiʃi"译成了"身穿西服的、高大的、中年的一男子"。因为汉语数词通常要和量词连用，并在书面语中前置于谓词性短语，所以"bir（一）"后增补"个"，构成数量短语"一个"，然后移至"ʃim kastom kijgɛn egiz bojluq, ottura jaʃliq（穿着西服的、高大的、中年）"之前，最终"ʃim kastom kijgɛn egiz bojluq, ottura jaʃliq bir ɛr kiʃi"翻译成了"一个身穿西服、高大的中年男子"。例9中，数词"ikki（二）"和述宾短语"aq χalat kij-（穿白制服）"共同修饰"sestira（护士）"，翻译成汉语时，"ikki（二）"后需要增补量词"个"，构成数量短语"两个"，然后前置于"aq χalat kij-（穿白制服）"，即"两个穿白制服的护士"。例

10中，数词"bir（一）"后置于主谓短语"joʁan taʃlar saŋgilap tur-（巨石悬垂）"，二者共同修饰核心词"øŋkyr（洞穴）"，翻译时"bir（一）"后增加了量词"个"，构成数量短语"一个"，然后前置于"joʁan taʃlar saŋgilap tur（巨石悬垂）"。例11中，"bir（一）"和"gyzɛl baʁqiqa kava teriʁandɛkla（像往美丽的花园中种南瓜一样）"共同作定语，翻译成汉语时，"bir（一）"后增加量词"件"，然后提至"gyzɛl baʁqiqa kava teriʁandɛkla（像往美丽的花园中种南瓜一样）"前一起修饰核心词"iʃ（事情）"。例12中，数词"bir（一）"和状中短语"tyzykla kijin-（穿得像样）"、述宾短语"saqal burutlirini pakiz qirdur-（胡子剃得很干净）"共同修饰核心词"kiʃi（人）"，"bir（一）"后增加量词"个"，构成数量短语"一个"，然后前置于"tyzykla kijin-（穿得像样）"、"saqal burutlirini pakiz qirdur-（胡子剃得很干净）"。

在例13中，指示代词"ɦeliqi（那）"和"baliliq vaqtlirimda birliktɛ suʁa tʃømyl-（在我童年时一起游泳）"、"qumluqta ojna-（在沙滩上玩耍）"共现修饰同位短语"dostum jysyp（我的朋友玉素甫）"。翻译时，"ɦeliqi（那）"后需要增加量词"个"，构成指量短语"那个"后移至"baliliq vaqtlirimda birliktɛ suʁa tʃømyl-（在我童年时一起游泳）、qumluqta ojna-（在沙滩上玩耍）"之前。例14中，指示代词"ɦeliqi（那）"和"beʃini ystɛlgɛ qojup uχla-（把头枕在桌子上睡觉）"共同修饰"itʃɛrmɛn（酒鬼）"，译成汉语时，"ɦeliqi（那）"后增加量词"个"，构成指量短语"那个"，然后移至"beʃini ystɛlgɛ qojup uχla-（把头枕在桌子上睡觉）"之前。

维吾尔语中数词或指示代词后如果已经有量词，翻译成汉语时，量词短语可以直接移至谓词性短语之前。如：

15. qɛlb   -im   -ni   pɛqɛt jeqin kiʃi bilɛn didarlaʃ   -qan   -di
    心（1单，从属）（宾格）只   近   人（后置词）见面（完成形动词）（方位格）
    -la pɛjda bol   -idiʁan   bir χil ɦajadʒan qapli   -di.
（语气词）产生（未完成形动词） 一 股   激情   蒙上（3单，过去时）

"心头荡漾起一股和亲人相会时才会出现的激情。"（《流浪者酒家》78页）

例15中，"bir（一）"后已经有量词"χil（股）"，翻译成汉语时，数量短语"bir χil（一股）"直接提至状中短语"jeqin kiʃi bilɛn didarlaʃqandila pɛjda bol-（和亲人见面时产生）"之前就可以了。

16. bajatin beri køl -dɛ bɛχiraman yz   -yp   jyr   -gɛn
            刚才   湖（方位格）无忧无虑 游（状态副动词）（助动词）（完成形动词）
    bir ɛrkɛk ʁaz doŋʁaqla   -p   qirʁaq -qa   tʃiq   -ti.
    一 公的 鹅 佝偻（状态副动词）岸（向格） 上（3单，过去时）

"刚才还在湖水中悠然自得游弋着的一只公鹅，蹒跚珊地爬上湖岸。"（《流浪者

酒家》48 页）

17. aʁinɛ -m -niŋ kanij -i -din tʃiq -ivatqan
    朋友（1 单，从属）（属格）气管（3 单，从属）（从格）出来（持续形动词）
ɦeliqi χorɛk -mu kiʃi -ni bi'aram qil -ip bar -ʁanseri
那　　鼾（语气词）人（宾格）不满（系动词）（状态副动词）（助动词）（加强副动词）
ɛvdʒigɛ tʃiq -qili tur -di.
达到顶点（目的副动词）（助动词）（3 单，过去时）

"我朋友从气管中发出的那个鼾声越来越使人感到不安。"《流浪者酒家》40 页）

18. mɛvlan dɛ -gɛn bu oquʁutʃi molla -m sirt -qa
    买吾郎（系动词）（完成形动词）这　学生　毛拉（1 单，从属）外面（向格）
tʃiq -ip kɛt -sɛ u -niŋ -ʁa vɛkalitɛn oquʁutʃi-lar
出去（状态副动词）（助动词）（3 单，虚拟）他（属格）（向格）代替　学生（复数）
-ni baʃqur -up tur -idiʁan χɛlpɛt idi.
（宾格）管理（状态副动词）（助动词）（未完成形动词）宗教教师（系动词，3 单）

"名叫买吾郎的这个学生是毛拉出去时代替经师管理学生的掌学。"《往事》18 页）

19. kona ɦøkymɛt dar ojun -i -ʁa ruχsɛt bɛr-mɛj, ujʁur
    旧　政府　软索 节目（3 单，从属）（向格）　准许（否定）　维吾尔
χɛlq -i qiziq -ip kør -idiʁan bu ojun -lar
人民（3 单，从属）喜好（状态副动词）（助动词）（未完成形动词）这 节目（复数）
joqa -p kɛt -kɛnidi.
消失（状态副动词）（助动词）（3 单，直陈相对过去时）

"旧政府禁止走大绳，维吾尔人喜闻乐见的这个项目就销声匿迹了。"《往事》74 页）

当数词、指示代词和谓词性短语共同修饰核心词时，为了所指明确，翻译时，数词、指示代词可以不前置，其后直接增加量词，构成量词短语后，依然后置于谓词性短语。如例 16 中，数词"bir（一）"和状中短语"bajatin beri køldɛ bɛχiraman yzyp jyr-（刚才还在湖中悠然自得游弋着）"一起作定语，翻译成汉语时，数词"bir（一）"后增加量词"个"，构成的量词短语"一个"并不前移，依然后置于"bajatin beri køldɛ bɛχiraman yzyp jyr-（刚才还在湖中悠然自得游弋着）"。例 17 中，指示代词"ɦeliqi（那）"和名词"aʁinɛm（朋友）"、"kanijidin tʃiq-（从气管中发出）"共同修饰核心词"χorɛk（鼾声）"，翻译时，"aʁinɛm（朋友）"作领属性定语，需要置于多重定语的最外层，"ɦeliqi（那）"后增加量词"个"，构成指量短语"那个"，依然后置于"kanijidin tʃiq-（从气管中发出）"。例 18 中，"bu（这）"和系动词短语"mɛvlan dɛ-（名叫买吾郎）"共同修饰"oquʁutʃi（学生）"，

翻译时,"bu(这)"后增加量词"个",构成指量短语"这个",依然后置于"mɛvlan dɛ-(名叫买吾郎)"。例 19 中,"bu(这)"和主谓短语"ujʁur χɛlqi qiziqip kør-(维吾尔人喜闻乐见)"共同修饰核心词"ojun(节目)",翻译时,"bu(这)"后增加量词"个",构成指量短语"这个",依然后置于"ujʁur χɛlqi qiziqip kør-(维吾尔人喜闻乐见)"。

四 在维吾尔语中,谓词性短语修饰核心词时,其后没有出现数词或指示代词。但翻译成汉语时,有时需要补充出数量短语或者指量短语,然后前置于谓词性短语

20. aldi -da tur -ʁan egiz bojluq, bulaq køz -lyk ajal
面前(方位格)站(完成形动词)高 个子 泉水 眼睛(关系形容词)女人
-ʁa køzi tʃyʃ -ti.
(向格)看见(3 单,过去时)

"他看见面前站了一个高个子、眼睛水灵灵的女人。"(《流浪者酒家》136 页)

21. u bilimlik, vidʒdanliq jigit -kɛn.
他 有学识 有良心 小伙子(系动词,3 单)

"他是一个有学识、有良心的小伙子。"(《金库》184 页)

22. tɛlɛt -i sɛt, tosun iʃɛk -kɛ oχʃa -jdiʁan 19 jaʃ
相貌(3 单,从属)丑 烈 驴(向格)像(未完成形动词)19 年龄
-liq jaʃ jigit
(关系形容词)年轻 小伙子

"一个相貌极丑的野马似的十九岁年轻小伙子"

23. uniŋdin kejin ziliχan de -gɛn qirʁiz ajal -ʁa øjlɛn
那以后 孜丽汗(系动词)(完成形动词)柯尔克孜 女人(向格)成婚
-di.
(3 单,过去时)

"那以后和一个叫作孜丽汗的柯尔克孜族女人成了家。"(《往事》10 页)

24. taʁa -m bek javaʃ, mis-mis adɛm idi.
叔叔(1 单,从属)非常 老实 慢腾腾 人 (系动词,3 单)

"我叔父是一个非常老实的慢性子人。"(《往事》92 页)

25. kylkɛ kɛt -mɛ -jdiʁan oruq jyz -i -ni, mehir-ʃɛpkɛt
笑 去(否定)(未完成形动词)瘦 脸(3 单,从属)(宾格) 慈善
jeʁ -ip tur -idiʁan køz -lir -i -niŋ
聚集(状态副动词)(助动词)(未完成形动词)眼睛(复数)(3 单,从属)(属格)

qujruq　-lir　　　-i　　　　　-ni　qojuq　vɛ　tʃoŋqur　qoruq　-lar　bezi　　-gɛn
尾部（复数）(3 单，从属)（宾格）密　和　深　皱纹（复数）装饰（完成形动词）
　　　　　　idi.
（系动词，3 单）

　　"那张永远都在笑的瘦削的脸上，那双凝聚着慈祥的眼睛的周围已布满了又密又深的皱纹。"

　　例 20 中，状中短语 "aldida tur-（站在前面）" 和定中短语 "egiz bojluq（高个子）"、"bulaq køzlyk（水灵灵的眼睛）" 直接修饰 "ajal（女人）"，中间没有数词，翻译成汉语时，需要补充出数量短语 "一个"，然后前置于 "aldida tur-（站在前面）"、"egiz bojluq（高个子）"、"bulaq køzlyk（水灵灵的眼睛）"。例 21 中，形容词联合短语 "bilimlik, vidʒdanliq（有学识、有良心的）" 修饰 "jigit（小伙子）"，翻译成汉语时需要补充出数量短语 "一个"，然后前置于 "bilimlik, vidʒdanliq（有学识、有良心的）"。例 22 中，"tɛlɛti sɛt（相貌丑陋）"、"tosun iʃɛkkɛ oχʃa-（像野驴一样）"、"19 jaʃliq（19 岁的）" 和 "jaʃ（年轻）" 共同修饰核心词 "jigit（小伙子）"，翻译成汉语时，需要补出数量短语 "一个"，然后前置于 "tɛlɛti sɛt（相貌丑陋）"、"tosun iʃɛkkɛ oχʃa-（像野驴一样）"、"19 jaʃliq（19 岁的）"。例 23 中，系动词短语 "ziliχan dɛ-（名叫孜丽汗）" 和名词 "qirʁiz（柯尔克孜）" 共同修饰 "ajal（女人）"，翻译时，需要补出数量短语 "一个"，然后前置于 "ziliχan dɛ-（名叫孜丽汗）"。例 24 中，状中短语 "bɛk javaʃ（非常老实）" 和拟声词 "mis-mis（慢腾腾）" 共同修饰 "adɛm（人）"，翻译时，需要补出数量短语 "一个"，然后前置于 "bɛk javaʃ（非常老实）"。

　　例 25 中，"kylkɛ kɛtmɛ-（永远在笑）" 和形容词 "oruq（瘦）" 修饰 "jyz（脸）"，"meʃir-ʃɛpkɛt jeʁip tur-（凝聚着慈祥）" 修饰 "køz（眼睛）"，修饰语中没有出现量词短语，翻译成汉语时，要在 "jyz（脸）" 前补出 "那张"，然后前置于 "kylkɛ kɛtmɛ-（永远在笑）"，在 "køz（眼睛）" 前补出 "那双"，然后前置于 "meʃir-ʃɛpkɛt jeʁip tur-（凝聚着慈祥）"。

　　通过以上论述可以看出，在维吾尔语中，数词与形容词共现作定语可以前置于形容词，也可以后置于形容词。当数词前置于形容词，且其后没有量词，翻译的时候，数词后需要补充出量词。当数词后置于形容词，且其后没有量词，翻译的时候，在数词后补充出量词，构成量词短语，然后前置于形容词。指示代词和形容词共现作定语时，通常前置于形容词，指示代词后不常使用量词，翻译成汉语时，指示代词后需增补出量词。当数词、指示代词和谓词性短语共同作定语修饰核心词时，数词、指示代词一般后置于谓词性短语。翻译成汉语时，数词、指示代词后如果没有量词，可以补出量词，构成量词短语，然后提至谓词性短语之前。如果已有量词，量词短语可以直接提至谓词性短语之前。但为了所指明确，数词、指示代词后补充出量词构成量词短语后，也可以不前置，依然后置于谓词性短语。谓词性短语修饰核心词时，其后可以不出现数词或指示代词，翻译成汉语时，需要补充出量词短语，然后提至谓词性短语之前。

第四节　短语的翻译

一　定中短语的翻译

维吾尔语定中短语和其他语言单位共现作定语时，有时需要翻译成谓词性短语。

1. aq køŋlɛk, qizil doppa kij　-gɛn　　17-18 jaʃ　-liq　bala
　白　衬衣　红　帽子　戴（完成形动词）17 18 年龄（关系形容词）孩子
"身穿白衬衣、头戴红色花帽，年约十七八岁的小伙子"

2. ɦeliqi jygyr　-yp　kir　-gɛn　　aq ʃim-kastum -luq　keliʃkɛn
　那　跑（状态副动词）进（完成形动词）白　西装（关系形容词）英俊
jigit
小伙子
"那个跑进来穿白色西装的英俊男子"

3. aldi　-m　-ʁa　zilva boj　-luq,　tʃirajliq bir jigit
　面前（1 单，从属）（方位格）苗条 身材（关系形容词）漂亮　一　小伙子
kel　-di.
来（3 单，过去时）
"一位身材修长的英俊的小伙子来到我面前。"

4. jilan qɛlɛm qaʃ　-liq,　sumbul tʃatʃ　-liq,　zilva boj
　蛇　笔　眉毛（关系形容词）长而乌黑 头发（关系形容词）苗条 身材
-luq　bir gyzɛl qiz　-ʁa　ajlin　-iptu.
（关系形容词）一　漂亮 女孩（向格）变（3 单，间陈一般过去时）
"蛇变成了一个眉毛细长、满头秀发、身材苗条的漂亮女孩。"（《维吾尔民间故事·第 3 册》48 页）

5. ɦaʃim ɦadʒi -niŋ ʃagirt -lir　-i　-din dar ojun　-i
　哈西姆 阿吉（属格）徒弟（复数）(3 单，从属)（从格）软索 游戏（3 单，从属）
-ʁa ɛŋ usti -si　toχtaχun de　-gɛn　on bɛʃ-on altɛ jaʃ
（向格）最 擅长（3 单，从属）托乎塔洪（系动词）（完成形动词）十　五 十 六 年龄

-lar   -diki ʁuntʃɛ boj，aq jyz   -lyk，tʃirajliq bala   idi.
（复数）（范围格）年龄 苗条的 身材 白 脸（关系形容词）漂亮 孩子（系动词，3 单）

"哈西姆阿吉的徒弟中走大绳最擅长的是托乎塔洪，他是一个十五六岁，身材苗条、皮肤白净的英俊少年。"（《往事》60 页）

例 1 中，述宾短语"aq køŋlɛk，qizil doppa kij-（穿白衬衣、戴红花帽）"和定中短语"17-18 jaʃliq（十七八岁的）"共同修饰"bala（孩子）"，翻译成汉语时，"17-18 jaʃliq（十七八岁的）"译成了主谓短语"年约十七八岁"。例 2 中，定中短语"aq ʃim-kastumluq（白色西装的）"和指示代词"ɦeliqi（那）"、状中短语"jygyryp kir-（跑进来）"、形容词"keliʃkɛn（英俊）"共同修饰"jigit（小伙子）"，"aq ʃim-kastumluq（白色西装）"翻译成汉语时，译作了述宾短语"穿白色西装"。例 3 中，定中短语"zilva bojluq（苗条身材的）"和形容词"tʃirajliq（漂亮）"、数词"bir（一）"共同修饰"jigit（小伙子）"，"zilva bojluq（苗条身材的）"译成了主谓短语"身材修长"。例 4 中，核心词"qiz（女孩）"由三个定中短语"qɛlɛm qaʃliq（像铅笔一样又细又直的眉毛）"、"sumbul tʃatʃliq（长而黑的头发）"、"zilva bojluq（苗条身材的）"修饰，翻译成汉语时，三个定中短语分别译成了主谓短语"眉毛细长"、"满头秀发"和"身材苗条"。例 5 中，系动词短语"toχtaχun dɛ-（名叫托乎塔洪）"、定中短语"on bɛʃ-on altɛ jaʃlar（十五六岁）"、"ʁuntʃɛ boj（苗条的身材）"、"aq jyzlyk（白的脸）"、形容词"tʃirajliq（漂亮）"共同修饰"bala（孩子）"，翻译成汉语时，"ʁuntʃɛ boj（苗条的身材）"、"aq jyzlyk（白脸的）"分别译成了主谓短语"身材苗条"、"皮肤白净"。

二 述宾短语的翻译

述宾短语翻译成汉语时，有时需要翻译成其他短语或句式。

6. u 《lɛjlun》naχʃi -lir   -i   -ni aɖɛm -niŋ   jyrɛk tar   -i
   他 莱依侬   歌（复数）（3 单，从属）（宾格）人（属格） 心 弦（3 单，从属）
   -ni tʃɛk   -idiʁan   nazuk ɦɛssijat bilɛn   ejt -iʃ   -qa baʃli
（宾格）拨动（未完成形动词）细腻 感情（后置词）唱（称名动名词）（向格）开始
   -di.
（3 单，过去时）

"他用细腻的动人心弦的感情唱起了《莱依侬》这首歌。"（《金库》98 页）

7. jyrɛk -ni   ez   -idiʁan   muŋluq naχʃa
   心（宾格）粉碎（未完成形动词） 悲戚   歌

"这让人心碎、悲戚的歌声"（《金库》124 页）

8. jyz   -i   isliʃ   -ip   kɛt   -kɛn   dʒuldʒul kijim
   脸（3 单，从属）熏（状态副动词）（助动词）（完成形动词）   破烂   衣服
   -lik   bir adɛm otʃaq-qa   ot qala   -p,   kalla-patʃaq ytlɛ -p
   （关系形容词）一 人 灶（向格）火 烧（状态副动词） 头蹄   燎（状态副动词）
      oltur   -uptu.
   （助动词）（3 单，间陈一般过去时）

"一个面孔被熏得漆黑，衣衫褴褛的人在灶前忙着收拾头蹄。"（《往事》162 页）

例 6 中，述宾短语 "adɛmniŋ jyrɛk tarini tʃɛk-（拨动人的心弦）" 和形容词 "nazuk（细腻）" 共同修饰 "ɦessijat（感情）"，"adɛmniŋ jyrɛk tarini tʃɛk-" 译成了固定短语 "动人心弦"。例 7 中，述宾短语 "jyrɛkni ɛz-（粉碎心）" 和形容词 "muŋluq（悲戚）" 共同修饰 "naχʃa（歌）"，翻译成汉语时，"jyrɛkni ɛz-" 译成了兼语短语 "让人心碎"。例 8 中，主谓短语 "jyzi isliʃip kɛt-（脸熏）" 和定中短语 "dʒuldʒul kijimlik（破烂的衣服）"、数词 "bir（一）" 共同修饰 "adɛm（人）"，"jyzi isliʃip kɛt-（脸熏）" 译作了被动句式 "面孔被熏得漆黑"。

三 后置词短语的翻译

（一）后置词 "qatarliq" 翻译成汉语时，相当于汉语中的 "等等"。

9. qɛdimki zamanda, dunja -ʁa meʃɦur bir taʁ bar iken.   u -niŋ
   从前   世界（向格）著名 一 山 有（系动词，3 单） 它（属格）
   tʃoqqi   -si   -da altun, kymyʃ, yntʃɛ-mɛrvajit, lɛʼɛl-jaqut, gøɦɛr qatarliq
   山顶（3 单，从属）（方位格）金   银   珍珠   宝石   珍宝（后置词）
   esil taʃ -lar ɦesabsiz bol -ʁatʃqa 《altun taʁ》 dɛ   -p
   珍贵 石头（复数）无尽（系动词）（原因副动词）金 山（系动词）（状态副动词
   ati   -l   -idikɛn.
   称（被动）（3 单，间陈一般将来时）

"古时候，世界上有一座名山，山顶上有金、银、珍珠、宝石、珍宝等无数的珍贵石头，所以这座山被称为'金山'。"（《维吾尔民间故事·第 3 册》87 页）

10. sɛmɛt bilɛn muχtar   qatarliq tøt kiʃi jiʁin -ʁa   qatnaʃ   -ti.
    赛买提 和 木合塔尔（后置词）4 人 会议（向格） 参加（3 单，过去时）

"赛买提和木合塔尔等四人参加了会议。"（杨承兴《现代维吾尔语语法》238 页）

例 9 中，由 "qatarliq" 构成的后置词短语 "altun, kymyʃ, yntʃɛ-mɛrvajit, lɛʼɛl-jaqut, gøɦɛr qatarliq" 和形容词 "esil（珍贵）" 共同修饰 "taʃ（石头）"，"qatarliq" 译作 "等等"，后置词短语 "altun, kymyʃ, yntʃɛ-mɛrvajit, lɛʼɛl-jaqut, gøɦɛr qatarliq" 译作了 "金、银、珍珠、宝石、珍宝等"。例 10 中，由 "qatarliq"

构成的后置词短语"sɛmɛt bilɛn muχtar qatarliq"和数词"tøt（四）"共同修饰"kiʃi（人）"，"qatarliq"也译作"等等"，将"sɛmɛt bilɛn muχtar qatarliq tøt kiʃi"译成了"赛买提和木合塔尔等四人"。

（二）部分后置词翻译成汉语时，相当于汉语中的介词"关于"、"有关"和"对"等。

11. mɛn u -niŋ din tilʃunasliq -qa a'it bir qantʃɛ mɛsili -lɛr -ni
  我 他（属格）（从格）语言学（向格）（后置词）几个 问题（复数）（宾格）
sori -dim.
问 （1 单，过去时）

  "我问了他几个关于语言学方面的问题。"

12. altun tavla -ʃ -qa da'ir pytyn kitab -lar -ni bɛnd qil
  金子 炼（称名动名词）（向格）有关 全部 书（复数）（宾格） 固定
-ip qoj -ʁanikɛn.
（状态副动词）（助动词）（3 单，间陈相对过去时）

  "他将所有有关炼金术的图书藏匿于此洞。"

13. tʃyʃtin kejin adɛm -lɛr -niŋ bu vɛqɛ toʁrisidiki mulaɦizi -si
  下午 人（复数）（属格）这 事件（后置词） 讨论（3 单，从属）
-dɛ øzgir -iʃ bol -di.
（方位格）改变（称名动名词）（系动词）（3 单，过去时）

  "下午人们对这个事件的讨论有了改变。"（《十五的月亮》69 页）

14. mɛn muʃu ojun munasivit -i bilɛn mundaq bir vɛqɛ -ni
  我 这 节目 关系（3 单，从属）（后置词） 这样 一 事件（宾格）
ɛslɛ -p øt -kym kel -idu.
想（状态副动词）（助动词）（1 单，表愿动名词）（系动词）（3 单，将来时）

  "我记起一件与这个节目相关的事情来。"（《往事》74 页）

  例 11 中，由后置词"a'it"构成的后置词短语"tilʃunasliqqa a'it"和"bir qantʃɛ（几个）"共同修饰"mɛsililɛr（问题）"，"tilʃunasliqqa a'it"译成了介词短语"关于语言学"。例 12 中，由"da'ir"构成的后置词短语"altun tavlaʃqa da'ir"和"pytyn（全部）"共同修饰"kitablar（书）"，后置词短语"altun tavlaʃqa da'ir"译成了汉语中的介词短语"有关炼金术"。例 13 中，后置词短语"bu vɛqɛ toʁrisidiki"和"adɛmlɛr（人们）"共同修饰"mulaɦizɛ（讨论）"，"bu vɛqɛ toʁrisidiki"译作了介词短语"对这件事情"。例 14 中，后置词短语"muʃu ojun munasiviti bilɛn"和代词"mundaq（这样）"、数词"bir（一）"共同修饰"vɛqɛ（事件），""muʃu ojun munasiviti bilɛn"译作了"和这个节目相关"。

本节主要探讨了维吾尔语定中短语、述宾短语和后置词短语的翻译问题。指出定中短语、述宾短语有时需要翻译成其他短语。后置词"qatarliq"相当于汉语中的"等等","ai't"、"da'ir"、"toʁrisidiki"、"bilɛn"相当于汉语中的介词"关于"、"有关"和"对"等。

第五节　动词的翻译

一　维吾尔语形态发达，时间概念可以通过动词形态的变化来表达，但汉语形态不发达，所以翻译时，可以用相关的副词来表示时间概念

1. saraŋ ʃoji -niŋ qil -ivatqan   bu ɛχmiqanɛ qiliq -lir   -i
   疯　少爷（属格）干（持续形动词）这　愚蠢　行为（复数）（3单，从属）
   -ʁa atʃtʃiʁ -i kel -ip tur -ʁan bir adɛm.
   （向格）生气（3单，从属）（系动词）（状态副动词）（助动词）（完成形动词）一　人

"一个人对疯少爷正在干的这种愚顽的行为很是恼怒。"（《往事》68页）

例 1 中，动词"qil-（干）"和定中短语"saraŋ ʃoji（疯少爷）"、代词"bu（这）"、形容词"ɛχmiqanɛ（愚蠢）"共同修饰"qiliq（行为）"。动词"qil-（干）"后附加持续形动词"-ivatqan"表示动作正在进行。翻译时，可以用汉语中的时间副词"正在"表示这一概念，然后将"qilivatqan"译成"正在干"。

二　维吾尔语助动词用于状态副动词之后，可以表示动作进行过程中的各种状态。在翻译过程中，助动词表达的各种意义需要恰当地表现出来

2. u mɛpi -din tʃyʃ -yp, rasla   -p   qoj   -ul
   他　篷车（从格）下（状态副动词）准备　（状态副动词）（助动词）（被动）
   -ʁan   bir tɛjzi -gɛ tʃiq -ip orunlaʃ -ti.
   （完成形动词）一　台子（向格）上（状态副动词）安顿（3单，过去时）

"他下了篷车，登上一个已经准备好的台子坐好。"（《往事》188页）

3. mɛn tɛr -ip   kɛl -gɛn   qaqʃal tɛmɛtʃ -lir   -im
   我　捡（状态副动词）（助动词）（完成形动词）枯　柴火（复数）（1单，从属）
   bilɛn   ketʃi -lir   -i   u -niŋ   jɛn -i   -da ot qala
   （后置词）夜间（复数）（3单，从属）他（属格）旁边（3单，从属）（方位格）火　烧
   -p   bɛr   -ɛttim.
   （状态副动词）（助动词）（1单，直陈相对将来时）

"我总是用拾来的枯柴在他的旁边点燃一堆篝火。"（《往事》300页）

例 2 中，"rasla-（准备）"和助动词"qoj-"结合作定语，"qoj-"在文中

表示"已经完成"的意思，所以翻译时，借助副词"已经"和形容词"好"，将"raslap qojul-"译成了"已经准备好"。例 3 中动词"tɛr-（捡、拾）"和助动词"kɛl-"结合作定语。"kɛl-"表示"动作早已开始并一直延续到说话时刻"，所以可以看出"tɛr-（捡、拾）"不是一次两次发生的动作，而是一直持续发生的动作，所以借助副词"总是"，将"tɛrip kɛl-"译成了"总是拾"。

三　维吾尔语中动词作定语，有时需要翻译成其他词性

4. siliqla　-p　　qoj　-ul　-ʁan　zɛj　jɛr　-din　oʃuq
　　磨光（状态副动词）（助动词）（被动）（完成形动词）潮湿 地方（从格）踝骨
　-lar　-ni　tɛr　-iʃ　-kɛ　baʃli　-di.
（复数）（宾格）捡（称名动名词）（向格）开始（3 单，过去时）
　　"他开始在光滑潮湿的地上捡羊髁石。"（《往事》270 页）

5. vɛtin　-imiz　-ni zamaniviʆaʃ -qan　baj-qudrɛtlik, dɛmukratik,
　　祖国（1 复，从属）（宾格）现代化（完成形动词）　富强　　　民主
mɛdɛnijɛtlik　sotsijalistik mɛmlikɛt　qil　-ip　　qur　-up　　tʃiq
　文明　　　社会主义　国家　（系动词）（状态副动词）建设（状态副动词）（助动词）
-imiz.
（1 复，将来时）
　　"我们要把祖国建设成为富强、民主、文明的社会主义现代化国家。"（《汉维共时对比语法》398 页）

6. mɛniŋ　　jiʁ　-qan　　pul　-um　　jyz som　bol
　我、属格合音　收集（完成形动词）　钱　（1 单，从属）百　块　（系动词）
　　　-ʁanidi.
（3 单，直陈相对过去时）
　　"我凑齐了一百元钱。"（《往事》266 页）

　　例 4 中，"siliqlap qojul-（被磨光）"和形容词"zɛj（潮湿）"共同修饰"jɛr（地方）"，如果将"siliqlap qojulʁan zɛj jɛr"直译为"被磨光的潮湿的地方"就不通顺，所以将"siliqlap qojul-（被磨光）"译为形容词"光滑"，将"siliqlap qojulʁan zɛj jɛr"译成了"光滑潮湿的地上"。例 5 中，动词"zamaniviʆaʃ-（现代化）"和形容词"baj-qudrɛtlik（富强）"、"dɛmukratik（民主）"、"mɛdɛnijɛtlik（文明）"共同修饰"mɛmlikɛt（国家）"，翻译成汉语时，动词"zamaniviʆaʃ-"译成了区别词"现代化"。区别词作定语反映的是事物的本质属性，一般紧邻核心词，所以翻译时，通过调整语序，将"zamaniviʆaʃqan baj-qudrɛtlik, dɛmukratik, mɛdɛnijɛtlik sotsijalistik mɛmlikɛt（现代化的富强、民主、文明的社会主义国家）"译成了"富强、民主、文

明的社会主义现代化国家"。例6中，动词"jiʁ-（收集）"附加完成形动词"-qɑn"表示收集的动作已经完成，它和第一人称代词"mɛn（我）"共同修饰"pul（钱）"。翻译的时候，根据上下文意思，将"jiʁ-"译成述补短语"凑齐"，以表达出"凑一百元"的不容易。

四 根据上下文语义，进行灵活翻译

7. kiʃi -lɛr -niŋ qil -ʁɑn jɑχʃiliq -i -ni bil -mɛj
人（复数）（属格）做（完成形动词）善心（3单，从属）（宾格）知道（否定）
-diʁɑn rɑsɑ dʒɑhil ikɛnsɛn.
（未完成形动词）着实 顽固 （系动词，2单）

"你真是一个不懂别人善心的顽固分子。"（《往事》124页）

例7中，动词"qil-（做）"和名词"kiʃilɛr（人们）"共同修饰"jɑχʃiliq（善心）"，"kiʃilɛrniŋ qilʁɑn jɑχʃiliqi"意为"人们所做的善心"，但如果这样翻译就和前后语义不搭配，所以动词"qil-（做）"省略不翻，将"kiʃilɛrniŋ qilʁɑn jɑχʃiliqi"译作了"人们的善心"。

可以看出，维吾尔语形态发达，时间概念可以通过动词形态的变化表现出来，而汉语形态不发达，翻译时，可以用相关副词来表示时间概念。维吾尔语中助动词用于状态副动词后，表示动作进行过程中的各种状态，在翻译时，助动词表达的各种意义需要恰当地表现出来。在翻译维吾尔语动词时，有时需要译成其他词性，有时需要根据上下文语义进行灵活翻译，有时为了语义通顺，还需要进行语序上的调整。

结　语

　　本课题首先梳理了汉维语定语的构成情况。可以看出，汉语和维吾尔语定语都可以由名词、代词、动词、形容词、数词、象声词、主谓短语、述宾短语、偏正短语、联合短语、连谓短语、同位短语、方位短语、量词短语充当。同时汉语定语还可以由区别词、述补短语、兼语短语、介词短语、助词短语、固定短语以及复句形式的短语充当，而维吾尔语则不行；维吾尔语后置词短语、系动词短语能够充当定语，汉语则没有后置词短语、系动词短语。虽然两种语言中动词都可以作定语，但汉语动词词干可以直接作定语，而维吾尔语动词词干则不能直接作定语，其非人称形式的形动词和动名词形式才可以充当定语。汉语中代词分为人称代词、指示代词和疑问代词，维吾尔语中代词分类较细，包括指示代词、人称代词、自复代词、疑问代词、确定代词、不定代词、否定代词，这些代词也都可以作定语。但是指示代词、疑问代词作定语时，汉语中通常要和量词结合，而维吾尔语中则可以直接修饰核心词。维吾尔语数词直接修饰核心词的现象比较普遍，而汉语中数词通常要结合量词，组成量词短语后才可以修饰核心词。

　　接着，本课题分析了两种语言在多重定语语序中的共同点和相异点。指出汉维语人称代词、名词、名词性短语构成的领属性定语离核心词最远，处于多重定语的最外层；非典型的领属性定语相对于典型的领属性定语而言，和核心词的距离较近；与其他定语共现时，形容词、属性名词距离核心词较近，并且形容词置于属性名词之外；谓词性短语、非性质形容词作定语时位于属性名词、性质形容词之外，同时内置于领属性定语。谓词性短语和非性质形容词共现时，外置于非性质形容词；当名词、人称代词、形容词、谓词性短语作定语共现时，汉维语的语序都是：领属性定语（领属名词、人称代词、名词性短语）—谓词性短语—形容词—名词（属性定语）。两种语言在多重定语语序上存在相同点的同时，还存在着相异点：维吾尔语数词位置比较固定，通常和核心词距离较近，而汉语数词的位置则比较灵活；维吾尔语中指示代词以位于谓词性短语之后为常，偶尔也位于谓词性短语之前，而汉语中指示代词可以位于谓词性短语之后，也可以位于谓词性短语之前，位置比维吾尔语灵活。

那么制约这些语序的内在原因是什么呢？

我们知道名词充当定语时，分为属性定语和领属性定语。属性定语表示事物稳定内在的客观属性，能够成为最具规约化的分类标准，可以和核心词构成一个具有称谓性的类名，通常紧邻核心词。领属性名词定语和核心词是两个独立的个体，对核心词不具有分类作用，仅表示领属关系，由于所指明确，一般处于多重定语的最外层，并且需要附加一定的形式标记。

形容词中包括性质形容词和非性质形容词。性质形容词是整体投射而来，是对事物性状属性进行的判定，没有时间性，缺乏量上的变化，可以作为核心词分类的标准，因此距离核心词较近。非性质形容词，包括汉语中的状态形容词，维吾尔语中的关系形容词和情态形容词。汉语中的状态形容词描写的是一种临时状态，具有一定的述谓性，以在谓语位置上为常，作定语时需附加形式标记"的"。维吾尔语中关系形容词通过一个事物与另一事物的关系来说明事物的特征。这种特征只表示一种关系，没有程度上的区分和变化，不能被不同量级的程度词切割。关系形容词都是派生词，是在附加了"-ki/qi/lik/liq/luq/lyk"后修饰核心词。情态形容词以作谓语为常，作定语的频率很少。根据标记理论中的"形态标准"和"频率标准"，非性质形容词都属于有标记项，再根据"距离—标记对应律"，可以知道非性质形容词距离核心词较远，处于性质形容词之外。

形容词总体来说是表示性质状态的词类，而性质状态是人们对事物的一种认识，因此形容词的一个显著特点是与人类的主观性相联系，它不像名词那样更注重客观叙述，因此形容词距离核心词的位置相对名词要远。

代词作定语时，人称代词通常充当领属性定语，由于可别度等级较高、所指明确，一般置于多重定语的最外层。指示代词，没有任何描述功能，主要着眼于核心词的外延。通常情况下，外延性定语置于内涵性定语之外，所以指示代词应该置于谓词性短语、形容词和属性名词等内涵性定语之外。但由于谓词性短语较长，如果指示代词外置于谓词性短语，就会使代词和核心词距离拉远，违背"语义靠拢原则"，如果量词再不明晰，就容易造成歧义结构，而指示代词如果移至谓词性短语之内，不但能消除歧义，事先激活谓词性短语，还能拉近指示代词和核心词之间的距离，使所指明确，起到一举多得的效果，因此指示代词以置于谓词性短语内为优势语序。

数词通常置于指示代词之后。格林伯格针对指别词、数词和形容词的位置，提出过一条共性："当任何一个或者所有的下述成分（指别词、数词、描写性形容词）居于名词之前时，它们总以这种语序出现。如果它们后置，语序或者依旧，或者完全相反。"①霍金斯在对更大范围内的语言进行调查后，肯定了前置时的语序，而认为后置情况无法预测，并且也提出了一条蕴涵共性："当任何一个或者所有的下述修饰语（指别词、数词、描写性形容词）前置于名词时，总是以这样的语序出现。当它们后置时，则无法预测，尽管通常后置情况是前置情况的镜像。不可能出现形容词前置于核心名词而指别词或者数词后置的情况。"②汉维语都属于修饰语前置型语言，所以数词以内置于指示代词为基本语序。指示代词通常内置于谓词性短语，所以数词也以内置于谓词性短语为基本语序。在汉语中还存在数词外置于谓词性短语的情况，这与汉语量词丰富有着密切关系。

短语作定语时，从功能上可以分为名词性短语和谓词性短语，名词性短语充当领属性定语时，通常置于多重定语的最外层，谓词性短语则通常置于名词、指示代词、数词和形容词之外。

动词以作谓语为常。在汉语中，动词作定语时，通常距离核心词较近。维吾尔语动词词干不能直接作定语，要转变成形动词或动名词等非人称形式后才能修饰核心词。形动词一般外置于形容词、数词、指示代词而内置于领属性定语，动名词则一般内置于形容词、数词和指示代词，距离核心词较近。

人们在理解语言的过程中，不是一个词一个词进行理解，而是把尽可能大的单位组合成板块后再进行接收，一个句子中的板块分别和核心连接。在多重定语中，核心一致，板块构成一致，汉维语序就一致，如果核心不一致，汉维语词和词、板块和板块之间的组合就会发生变化，语序也会随之变化。发生这种变化的原因，主要和汉维两种语言组块时遵循的原则不同有关。

通过比较分析，我们可以看出汉维语多重定语的基本语序是：

领属性定语（名词、人称代词、名词性短语）—谓词性短语—指示代词—数词—形容词—名词—核心词

这种语序说明：一个修饰语在形式上离核心词距离越近，那它在概念上离核心词也就越近，可别度等级就越低，更倾向于采用基本语序或无标记语序，否则就会离核心词较远，并且附加一定的形式标记。

在分析完汉维多重定语语序形成的原因后，我们针对喀什师范学院语言系汉语专业不同年级民族学生试卷中的多重定语使用情况进行了考察，

---

① [美] 格林伯格：《某些主要跟语序有关的语法普遍现象》，陆丙甫、陆致极译，《国外语言学》1984年第2期。

② Hawkins, J, *Word Order Universals*, New York: Academic Press, 1983, pp.117-123.

分别调查了名词、形容词、数量短语、代词、动词和其他短语的使用情况。发现状态形容词的习得比较困难；数词和短语语序出现的偏误较多；"的"的偏误是一个普遍存在的问题；量词的误用、漏用现象较为普遍。

通过对各种语言单位在多重定语中使用情况的调查，我们大致构拟出学生习得多重定语的倾向顺序为：名词＞形容词＞短语＞代词＞数量短语＞动词。据此，我们提出了分级教学的建议，即一年级侧重于名词的讲授，二年级侧重于形容词、短语和代词的习得，三年级侧重于数量短语的教学，四年级侧重于动词的学习。

由于多重定语习得不太容易，所以在教学过程中，教师可以根据书中已有的例句讲解多重定语的用法，然后联系实际生活，尽量活化课堂教学，这样才能让学生在熟悉的语境中掌握多重定语。

最后本课题就维吾尔语多重定语中名词、形容词、数词、指示代词、短语和动词的汉译问题进行了讨论。

在翻译维吾尔语名词时，当名词后附加属格"-niŋ"作定语，整个定中结构是"bɑr/bol（有）"的主语，翻译成汉语时，带有属格的名词翻译成全句的主语，核心词则译为"有"的宾语。当名词后附加属格"-niŋ"作定语，整个定中结构是被动句的主语，翻译成汉语时，需要把带有属格的名词定语翻译成全句的主语。如果名词后附加属格"-niŋ"表示空间关系，翻译时可译作方位短语。如果表范围、方位的名词后附加相当于汉语中"的"的范围格标记"-diki/tiki"，"的"是否翻译出来要视情况而定。如果名词附加形似格"-dɛk/tɛk"修饰核心词，在汉语中通常要翻译成比况结构。此外，维吾尔语名词在翻译过程中，有时需要译作其他词性或短语，有时还需要对语序进行调整。

翻译维吾尔语形容词时，有时需要翻译成汉语中的短语。如果形容词连用修饰核心词，翻译成汉语时是双音节形容词，形容词和形容词之间一般用"而"连接。如果翻译成汉语时是单音节形容词，形容词和形容词之间一般用"又……又"连接。在维吾尔语中，形容词前有时没有出现程度副词，但翻译成汉语时为了成句，需要补出程度副词。为了让文字流畅，有时翻译过程中还需要适当地调整语序。

在维吾尔语中，数词和其他语言单位共现作定语时，数词可以前置于形容词，也可以后置于形容词。当数词前置于形容词，并且其后没有量词时，需要在数词后增补出量词；当数词后置于形容词，并且其后没有量词时，需要在数词后增补出量词，构成数量短语，然后前置于形容词。在维吾尔语中，指示代词一般前置于形容词，和形容词共同修饰核心词，指示代词后通常不使用量词。翻译成汉语时，指示代词后需增补出量词构成指量短语，然后前置于形容词。当数词、指示代词和谓词性短语共同作定语修饰核心词时，数词、指示代词一般后置于谓词性短语。但翻译成汉语时，数词、指示代词后需补出量词，构成量词短语后提至谓词性短语之前。但如果为了所指明确，数词、指示代词也可以不前置，其后增加量词，构成量词短语后，依然后置于谓词性短语。在维吾尔语中，谓词性短语修饰核心词时，其后可以不出现数词或指示代词，翻译成汉语时，可以根据需要补出量词短语，然后前置于谓词性短语。

在短语的翻译中主要讨论了定中短语、述宾短语和后置词短语作定语的情况。维吾尔语定中短语、述宾短语和其他语言单位共现作定语时，有时需要翻译成其他短语。后置词"qatarliq"翻译成汉语时，相当于汉语中的"等等"。"ai't"、"da'ir"、"toʁrisidiki"、"bilɛn"相当于汉语中的介词"关于"、"有关"和"对"等。

在翻译动词时，因为维吾尔语形态发达，时间概念可以通过动词形态的变化表达出来，而汉语形态不发达，所以可以用相关副词来表示时间概念。此外，维吾尔语助动词用于状态副动词后，表示动作进行过程中的各种状态，在翻译过程中，助动词表达的各种意义需要恰当地表现出来。在翻译动词时，有时会译作其他词性，并根据上下文语义，进行灵活翻译，有时还会根据需要调整语序。

通过论述汉维语多重定语语序，本课题把语言类型学的理论运用到了维吾尔语中；然后运用认知语言学、语义学、语用学中的相关理论来解释造成这些语序的原因；接着通过调查民族学生习得汉语多重定语的情况，指出了学生在习得过程中存在的问题以及产生的原因，并构拟了学生的习得顺序，提出了解决方案；最后本课题探讨了维吾尔语多重定语的汉译问题。通过以上研究，希望能为维吾尔语研究、汉维语言教学、汉维语言翻译提供一定的指导和帮助。

参考文献

阿不都克里木·巴克：《现代维吾尔语》（维吾尔文），民族出版社 1983 年版。

伯纳德·科姆里：《语言共性和语言类型》（第二版），沈家煊、罗天华译，北京大学出版社 2010 年版。

陈满华：《"VO 的 N"转化为同义粘合式偏正短语的规则——附论述宾结构作定语》，《汉语学习》1997 年第 1 期。

陈平：《释汉语中与名词性成分相关的四组概念》，《中国语文》1987 年第 2 期。

陈琼瓒：《修饰语和名词之间的"的"字的研究》，《中国语文》1955 年10 月号。

陈世民、热扎克：《维吾尔语实用语法》，新疆大学出版社 1991 年版。

程适良主编：《现代维吾尔语语法》（维吾尔文），新疆人民出版社 1996 年版。

储泽祥：《"细节显现"与"副+名"》，《语文建设》1997 年第 6 期。

大河内康宪：《量词的个体化功能》，载《日本近、现代汉语研究论文选》，北京语言学院出版社 1993 年版。

戴浩一：《时间顺序和汉语的语序》，黄河译，《国外语言学》1988 年第 1 期。

戴浩一：《以认知为基础的汉语功能语法刍议》（上），叶蜚声译，《国外语言学》1990 年第 4 期。

戴浩一：《以认知为基础的汉语功能语法刍议》（下），叶蜚声译，《国外语言学》1991 年第 1 期。

戴曼纯：《句法推导中的语序确定机制》，《语言教学与研究》2004 年第 4 期。

戴庆厦：《景颇语"形修名"两种语序对比》，《民族语文》2002 年第 4 期。

丁凌云：《定语语义指向分析》，《安徽教育学院学报》1999 年第 2 期。

丁声树等：《现代汉语语法讲话》，商务印书馆 1999 年版。

范继淹：《形名组合间"的"字的语法作用》，载《范继淹语言学论文集》，语文出版社 1986 年版。

范晓：《关于汉语的语序问题》，《汉语学习》2001 年第 5 期。

范晓：《关于汉语的语序问题》，《汉语学习》2001 年第 6 期。

方希：《黏合式多重定名结构的语序》，载《语言学论丛》（第二十五辑），商务印书馆 2002 年版。

房玉清：《实用汉语语法》，北京语言学院出版社 1992 年版。

格林伯格：《某些主要跟语序有关的语法普遍现象》，陆丙甫、陆致极译，《国外语言学》1984 年第 2 期。

古川裕：《"的 s"字结构及其所能修饰的名词》，《语言教学与研究》1989 年第 1 期。

古川裕：《外界事物的"显著性"与句中名词的"有标性"——"出现、存在、消失"与"有界、无界"》，《当代语言学》2001 年第 4 期。

顾菊华：《语序、词汇与翻译》，云南大学出版社 2007 年版。

古丽克孜·阿不都热合曼：《对复主语和定语的一些看法》，《语言与翻译》（维文版）1987 年 12 期。

哈米提·铁米尔：《现代维吾尔语语法》（维吾尔文），民族出版社 1987 年版。

胡裕树、陆丙甫：《关于制约汉语语序的一些因素》，《烟台大学学报》1988 年第 1 期。

黄伯荣、廖序东主编：《现代汉语》（增订五版），高等教育出版社 2012 年版。

黄成龙：《羌语名词短语的词序》，《民族语文》2003 年第 2 期。

黄忠廉：《翻译方法论》，中国社会科学出版社 2009 年版。

金立鑫：《对一些普遍语序现象的功能解释》，《当代语言学》1999 年第 4 期。

金锡谟：《关于定语之间的关系》，载《语言论集》（第一辑），中国人民大学出版社 1980 年版。

居买洪：《谈翻译中定语的位置》，《语言与翻译》（维文版）1987 年 12 期。

黎锦熙：《新著国语文法》，商务印书馆 2001 年版。

李芳杰：《定语易位问题刍议》，《语文研究》1983 年第 3 期。

李晋霞：《双音节动词作定语时"的"隐现的制约条件》，《汉语学习》2003 年第 1 期。

李晋霞：《论动词的内部构造对动词直接作定语的制约》，《语言教学与研究》2004 年第 3 期。

李晋霞：《现代汉语动词直接作定语研究》，商务印书馆 2008 年版。

李素秋：《汉维多重定语语序对比研究》，中央民族大学博士论文，2009 年。

李素秋：《现代汉语定语研究综述》，《山西大学学报》2009 年第 1 期。

李素秋：《汉维语名词在多重定语中的分布顺序及其理据》，《语言与翻译》2011 年第 3 期。

李素秋：《维吾尔族大学生多重定语习得情况考察》，《喀什师范学院学报》2012 年第 5 期。

李晓：《活化语法教学的策略》，《外语与外语教学》2002 年第 2 期。

李乐平：《现代汉语多层定语层次划分及其规律性》，《河南科技大学学报》2004 年第 2 期。

吕文华：《对外汉语教学语法探索》（增订本），北京语言大学出版社 2008 年版。

李泽然：《哈尼语形容词修饰名词的语序》，《民族语文》2003 年第 2 期。

梁伟：《现代维吾尔语的动名词定语及其分类》，《民族语文》1999 年第 1 期。

廖秋忠：《〈语言的范畴化：语言学理论中的典型〉评介》，《国外语言学》1991 年第 4 期。

蔺璜：《状态形容词及其主要特征》，《语文研究》2002 年第 2 期。

刘丹青：《汉藏语言的若干语序类型学课题》，《民族语文》2002 年第 5 期。

刘丹青：《语序类型学与介词理论》，商务印书馆 2003 年版。

刘丹青：《汉语关系从句标记类型初探》，《中国语文》2005 年第 1 期。

刘丹青：《汉语名词性短语的句法结构类型》，《中国语文》2008 年第 1 期。

刘珉：《汉维共时对比语法》，新疆人民出版社 1991 年版。

刘宁生：《汉语偏正结构的认知基础及其在语序类型学上的意义》，《中国语文》1995 年第 2 期。

刘永耕：《试论名词性定语的指称特点和分类——兼及同位短语的指称问题》，《福建师范大学学报》1999 年第 3 期。

刘月华等著：《实用现代汉语语法》（增订本），商务印书馆 2001 年版。

陆丙甫：《流程切分和板块组合》，《语文研究》1985 年第 1 期。

陆丙甫：《语句理解的同步组块过程及其数量描述》，《中国语文》1986 年第 2 期。

陆丙甫：《多项定语的语序规律》，《中文自修》1986 年第 4 期。

陆丙甫：《"的"的基本功能和派生功能——从描写性到区别性再到指称性》，《世界汉语教学》2003 年第 1 期。

陆丙甫：《核心推导语法》，上海教育出版社 1993 年版。

陆丙甫：《语序优势的认知解释（上）：论可别度对语序的普遍影响》，《当代语言学》2005 年第 1 期。

陆丙甫：《语序优势的认知解释（下）：论可别度对语序的普遍影响》，《当代语言学》2005 年第 2 期。

陆丙甫：《定语的外延性、内涵性和称谓性及其顺序》，载《语言研究和探索》（四），北京大学出版社 1988 年版。

陆丙甫：《作为一条语言共性的"距离—标记对应律"》，《中国语文》2004 年第 1 期。

陆俭明：《汉语口语句法里的易位现象》，《中国语文》1980 年第 1 期。

陆俭明：《关于定语易位的问题》，《中国语文》1982 年第 3 期。

陆俭明：《关于定语和状语的区分》，《汉语学习》1983 年第 2 期。

卢英顺：《汉语定语位置上代词句内同指现象考察》，《杭州师范学院学报》2000 年第 1 期。

吕叔湘：《吕叔湘文集第一卷·中国文法要略》，商务印书馆 2004 年版。

吕叔湘、饶长溶：《试论非谓形容词》，《中国语文》1981 年第 2 期。

马建忠：《马氏文通》，商务印书馆 2004 年版。

马庆株：《多重定名结构中形容词的类别和次序》，载《著名中年语言学家自选集·马庆株卷》，安徽教育出版社 2002 年版。

玛依拉·阿吉艾克帕尔：《维吾尔语名$_1$+名$_2$短语结构》，《民族语文》2009 年第 5 期。

买买提明·沙力主编：《现代维吾尔语》（维吾尔文），新疆大学出版社 2000 年版。

那斯肉拉：《现代维吾尔语》（维吾尔文），新疆人民出版社 1980 年版。

尼亚孜·吐尔地：《浅议现代维吾尔语定语的构造形式》，《语言与翻译》（维文版）1995 年第 3 期。

潘晓东：《浅谈定语的易位现象》，《中国语文》1981 年第 4 期。

彭玉兰：《定语的语义指向》，《徐州师范大学学报》2001 年第 2 期。

普通逻辑编写组：《普通逻辑》（增订本），上海人民出版社 2001 年版。

前苏联哈萨克斯坦社会科学院语言研究所维吾尔语研究室：《现代维吾尔语》，陈世民、廖泽余译，新疆人民出版社 1987 年版。

齐沪扬等：《与名词动词相关的短语研究》，北京语言大学出版社 2004

热依木江·努尔耶夫、努尔尼沙·热依木:《浅谈现代维吾尔语中属格附加成分niŋ出现与否的条件》,《语言与翻译》(维文版)1995年第6期。

邵菁、金立鑫:《认知功能教学法》,北京语言文化大学出版社2007年版。

邵敬敏:《量词的语义分析及其与名词的双向选择》,《中国语文》1993年第3期。

邵敬敏:《从语序的三个平面看定语的移位》,载《著名中年语言学家自选集·邵敬敏卷》,安徽教育出版社2002年版。

宋宝强:《范畴化:不同民族的认知》,《喀什师范学院学报》2008年第1期。

沈家煊:《"有界"与"无界"》,《中国语文》1995年第5期。

沈家煊:《类型学中的标记模式》,《外语教学与研究》1997年第1期。

沈家煊:《不对称和标记论》,江西教育出版社1999年版。

沈家煊:《形容词句法功能的标记模式》,《中国语文》1997年第4期。

石毓智:《论语言的基本语序对其语法系统的影响》,《外国语》2002年第1期。

石毓智:《论"的"的语法功能的同一性》,《世界汉语教学》2000年第1期。

石毓智:《语法的认知语义基础》,江西教育出版社2000年版。

史震天、马维汉、张玮、陈世民、艾合迈德·叶合雅:《汉维翻译教程》(维吾尔文),新疆人民出版社1991年版。

宋丽萍:《数量名结构语序及其分布的类型学考察》,载《语言学论丛》(第三十四辑),商务印书馆2006年版。

唐翠菊:《数量词在多层定名结构中的位置》,《语言教学与研究》2002年第5期。

唐翠菊:《话语中汉语名词短语的形式与意义及相关问题》,北京语言文化大学博士论文,2002年。

田惠刚:《多层定语的次序及其逻辑特性》,《世界汉语教学》1994年第3期。

唐正大:《关系化对象与关系从句的位置——基于真实语料和类型分析》,《当代语言学》2007年第2期。

唐正大:《与关系从句有关的三条语序类型原则》,《中国语文》2006年第5期。

王艾录:《非区别性的定语》,《语文研究》1985年第3期。

王光全：《动词直接作定语时的位置》，《中国语文》1993年第1期。
汪化云：《"中心语+后定语"质疑》，《汉字文化》2004年第2期。
王进安：《定语的语义指向及表述功能的差异》，《集美大学学报》2005年第4期。
王景丹：《形容词定语的语义指向分析》，《长春大学学报》1999年第1期。
王珏：《介词短语作定语四论》，《华东师范大学学报》1999年第4期。
王力：《中国现代语法》，商务印书馆2000年版。
王利锋、肖奚强：《形容词定语后"的"字隐现习得研究》，《汉语学习》2007年第2期。
王群力：《"副+名"讨论补议》，《辽宁大学学报》2007年第3期。
王寅：《认知语法》，上海外语教育出版社2006年版。
威廉·冯·洪堡特：《论人类语言结构的差异及其对人类精神发展的影响》，商务印书馆2004年版。
温锁林、雒自清：《定语的移位》，《山西大学学报》2000年第4期。
文贞惠：《表属性范畴的"N1（的）N2"结构的语义分析》，《世界汉语教学》1998年第1期。
肖悉强：《从内涵角度看程度副词修饰名词》，《修辞学习》2001年第5期。
肖奚强等：《汉语中介语语法问题研究》，商务印书馆2008年版。
邢福义：《关于副词修饰名词》，《中国语文》1962年5月号。
邢福义主编：《现代汉语》，高等教育出版社2001年版。
徐建华：《多项多元性单音形容词定语的语序规则》，《汉语学习》1996年第3期。
徐建华、刘富华：《单音形容词定语的合指析指与语序问题》，《语言教学与研究》1999年第3期。
徐建华：《单音形容词定语连用的语序规则》，《吉林大学社会科学学报》1998年第4期。
徐烈炯：《语义学》，语文出版社1990年版。
徐通锵：《语言论——语义型语言的结构原理和研究方法》，东北师范大学出版社1997年版。
亚库甫·巴合提：《浅谈修饰性定语》，《语言与翻译》（维文版）1994年第4期。
杨承兴：《现代维吾尔语语法》，新疆大学出版社2002年版。
易坤秀、高士杰：《维吾尔语语法》，中央民族大学出版社1998年版。

于根元：《副+名》，《语文建设》1991年第1期。
袁毓林：《谓词隐含及其句法后果》，《中国语文》1995年第4期。
袁毓林：《定语顺序的认知解释及其理论蕴涵》，《中国社会科学》1999年第2期。
尤努斯·库尔班：《谈谈现代维吾尔语中的修饰语》，《语言与翻译》（维文版）1993年第4期。
再乃甫·尼亚孜：《维吾尔语修饰性定语略论》，《语言与翻译》（维文版）1997年第2期。
张国宪：《"动+名"结构中单双音节动作动词功能差异初探》，《中国语文》1989年第3期。
张国宪：《现代汉语形容词功能与认知研究》，商务印书馆2006年版。
赵守弟：《浅议维吾尔语中"名+niŋ+名"结构与"名+名"结构》，《语言与翻译》（维文版）1988年第8期。
赵世举：《定语的语义指向试探》，《襄樊学院学报》2001年第1期。
赵艳芳：《认知语言学概论》，上海外语教学出版社2004年版。
赵元任：《中国话的文法》，丁邦新译，香港中文大学出版社1982年版。
张凤琴、冯鸣：《关于"定语+人称代词"》，《修辞学习》2004年第6期。
张公瑾、丁石庆：《文化语言学教程》，教育科学出版社2004年版。
张静：《新编现代汉语》，上海教育出版社1980年版。
张蕾：《定名结构中"的"字隐现规律探析》，《湖北大学学报》2004年第4期。
张敏：《认知语言学与汉语名词短语》，中国社会科学出版社1998年版。
张念武：《"的"字词组的句法分析》，《外语学刊》2006年第2期。
张玉萍主编：《汉维语法对比》，新疆人民出版社1999年版。
钟志平：《也谈多项定语的顺序问题——兼述多项定语之间的关系》，《赣南师范学院学报》1995年第1期。
周丽颖：《时间副词作定语分析》，《汉语学习》2007年第2期。
周丽颖：《从形名结合方式看多项单音形容词的连用次序》，《苏州大学学报》2007年第3期。
周韧：《多项定语偏正式合格性条件的优选分析——一个汉语韵律、语义和句法互动的个案研究》，载《语言学论丛》（第三十四辑），商务印书馆2006年版。
周一民：《现代汉语》，北京师范大学出版社2006年版。
朱德熙：《定语和状语》，上海教育出版社1984年版。

朱德熙：《说"的"》，载《现代汉语语法研究》，商务印书馆 1997 年版。
朱德熙：《语法讲义》，商务印书馆 1997 年版。
朱德熙：《现代汉语形容词研究》，《语言研究》1956 年第 1 期。
庄文中：《多项定语和多项状语》，《语文教学通讯》1984 年第 9 期。
赵金铭等:《基于中介语语料库的汉语句法研究》，北京大学出版社 2008 年版。

Comrie Bernard. 1981. *Language Universals and Linguistic Typology.* Chicago: University of Chicago Press.

Croft, W.1990. *Typology and Universals.*Cambridge：Cambridge University Press.

Greenberg, J.H.1966. Some Universals of Grammar with Particular Reference to The Order of Meaningful Elements, In Greenberg, J.H.ed.*Universals of Language*. Cambridge, Mass.: MIT Press.

Haiman, J.1983.Iconic and Economic Motivation.*Language* 59.

Halliday, M.A.K.2000.*An Introduction to Functional Grammar.*Beijing：Foreign Language Teaching and Research Press.

Hawkins, J.A.1983.*Word Order Universals.*New York：Academic Press.

Hawkins, J.A.2006.*A Performance Theory of Order and Constituency*. Beijing: Peking University Press.

Lakoff, George.1987. *Woman, Fire, and Dangerous Things: What Categories Reveal about the Mind.* Chicago: University of Chicago Press.

Leech, G.N.1981.*Semantic.*Harmondsworth: Penguin.

Levinson, S.C.2001.*Pragmatics.*Beijing: Foreign Language Teaching and Research Press.

Taylor, J.2007.T*en Lectures on Applied Cognitive Linguistics*. BeiJing: Foreign Language Teaching and Research Press.

后　记

　　本课题是在我博士论文《汉维多重定语语序对比研究》基础上完成的，毕业后又增加了习得和翻译两部分内容。

　　课题完成期间，面临最大的困难就是维吾尔语语法标注问题。好在导师丁石庆教授不断鼓励我、支持我，才让我放下畏难情绪，继续此项研究。在此向丁老师表示深深的谢意！

　　为了标注维吾尔语语法，我尽可能找到各种版本的维吾尔语语法书，努力学习维吾尔语语法，期间遇到了很多问题，是喀什大学的胡传成老师一一给我讲解，让我对维吾尔语语法有了系统了解。在此向胡老师表示衷心的感谢！

　　书中的维吾尔语语料都是我一手收集的，然后转写成国际音标，一句一句进行标注。为了保证语料的正确性，喀什大学阿迪来·艾山老师逐字逐句帮我校对，并指出其中的拼写错误。在此向阿迪来·艾山老师表示由衷的感谢！

　　文中部分汉语语料和学生习得语料是研究生卿萍同学帮我收集的。在此向卿萍同学表示感谢！

　　感谢喀什大学在写作过程中给予我的各种帮助！

　　感谢中南民族大学中央高校基本科研业务费专项资金（CSW14058）和中南民族大学中国语言文学学科建设经费对本课题的资助。

　　最后我要感谢的是我的家人一路以来对我工作和学习的支持！本书献给他们！

李素秋

2014 年 7 月 10 日